循环经济研究

张凯　崔兆杰　编著

中国环境出版社 · 北京

图书在版编目（CIP）数据

循环经济研究/张凯等编著．——北京：中国环境出版社，2013.3

ISBN 978-7-5111-1450-1

Ⅰ．①循…　Ⅱ．①张…　Ⅲ．①自然资源—资源利用—研究—中国
Ⅳ．①F124.5

中国版本图书馆 CIP 数据核字(2013)第 085948 号

出 版 人　王新程
策划编辑　刘　璐
责任编辑　王新程　董蓓蓓
封面设计　金　喆

出版发行　中国环境出版社
（100062　北京市东城区广渠门内大街 16 号）
网　　址：http://www.cesp.com.cn
电子邮箱：bjgl@cesp.com.cn
联系电话：010-67112765（编辑管理部）
010-67179445（能源图书出版中心）
发行热线：010-67125803，010-67113405（传真）

印　　刷　北京中科印刷有限公司
经　　销　各地新华书店
版　　次　2013 年 3 月第 1 版
印　　次　2013 年 3 月第 1 次印刷
开　　本　787×1092　1/16
印　　张　18.5
字　　数　220 千字
定　　价　58.00 元

《循环经济研究》编委会

序

人类是地球上唯一的智者，人类生产活动的本质是人与自然界进行物质交换、循环代谢，并使人类自身生存和发展下去的过程。人们对自然的认识经历了崇拜自然、征服自然、协调自然的不断深化阶段。今天，人们越来越清醒地认识到，将地球资源的有限性和人类繁衍、消费需求、文明进步的无限性协调统一起来，才能够实现人类可持续发展。远古时期人与自然是天然和谐的，我们智慧的祖先，不断战胜大自然的挑战，人类得以繁衍生息。然而人类征服自然的欲望不断膨胀，人们通过生产和消费，高强度地把地球上的物质和能量大量地提取出来，然后又把污染和废物大量地弃置到空气、水系、土壤等大自然中。特别是自18世纪60年代西方工业革命以来，人类对自然的开发能力达到空前水平，伴随着工业化的快速推进，环境污染、生态失调、资源短缺、城市臃肿、气候变化、人口膨胀和粮食不足已经成为经济社会发展的全球性问题，迫使人类重新审视发展历程。于是，循环经济、生态文明等新的理念应运而生。

早在20世纪60年代，经济学家鲍尔丁认为，人类赖以生存的地球，就像在茫茫无垠的太空中飞行且孤立无援的宇宙飞船，一旦内部资源被消耗殆尽，内部环境不再适应人类生存，人类就会在其内部毁灭，人类必须不断地重复利用其有限资源，保护其内部环境，才可能维持该系统的运转，才能够生存并发展下去，这就是著名的“宇宙飞船理论”。同一时期，生物学家R. 卡逊出版了《寂静的春天》一书，对杀虫剂等化学农药破坏食物链和生物链的恶果进行了控诉。几乎同时，1972年，罗马俱乐部在《增长的极限》报告中倡导“零增长”。智者之言，言之凿凿，如今一些工业国家“大量生产—大量消费—大量废弃”的线性增长模式遭到了前所未有的批评。当代人面对资源、环境对经济发展日益严重的制约，开始自觉调整自身的行为。于是，1987年，在《我们共同的未来》报告中，提出了可持续发展的概念，并得到世界各国的积极响应，可持续发展成为各国的国家发展战略，环境保护问题成了人们关注的热点。

在传统经济增长模式日渐难以为继的时代背景下，人类开始寻找一种新的经济模式，试图突破“增长的极限”。20世纪70年代，世界各国主要以污染物产生后的末端治理解决环境污染问题，从长期来看，这种方式不但难以克服生态环境恶化，更不能从根本上缓和遏制资源日益枯竭的进程；进入80年代，随着末端治理的局限性日渐显现，人们开始强调从生产的源头上和过程中防止污染的产生，德国率先提出了废弃物管理计划，一些国际组织开始推行“清洁生产”；到了90年代，工业发达国家提出产业生态学理论，探索出“生态工业”模式，可以说，废弃物管理、污染预防、清洁生产和生态工业等催生了循环经济模式的诞生。

“循环经济”的概念最早见诸1990年英国环境经济学家皮尔斯和特纳的著作《自然资源和环境经济学》中，西方学者认为，循环经济要求生产、生活全过程防治污染，要充分利用废弃资源，实现“资源→产品→废弃物→再生资源”物质流动的良性循环。在国外，循环经济在三个层面上实现物质的循环流动：一是企业内部的小循环，如杜邦化学公司模式；二是区域的中循环，如著名的丹麦卡伦堡生态工业园；三是整个社会的大循环，如日本的循环型社会体系。

在我国，循环经济是指在生产、流通和消费等过程中进行的减量化、再利用、资源化活动的总称，其核心是资源的高效利用和循环利用，基本原则是“减量化、再利用、资源化，减量化优先”，基本特征是低消耗、低排放、高效率，主要指标是资源产出率。循环经济一头连着资源，一头连着环境，是我国破解资源环境瓶颈约束的根本性措施，是实现绿色发展、低碳发展的重要途径和基本方式。循环经济是一种体现生态文明建设要求，符合可持续发展理念的经济发展模式。

中国循环经济系统发展主要从20世纪90年代开始，大致可分为四个阶段：一是理念倡导阶段，1997年亚洲金融危机，引起亚洲各国对传统的经济增长模式进行深刻的反思，循环经济理念被有识者接受，并迅速成为我国关注的热点。2002年10月，江泽民同志在全球环境基金会第二届成员国大会上明确指出：“只有走最有效利用资源和保护环境为基础的循环经济之路，可持续发展才能得以实现”，这标志着循环经济迅速成为国家发展的一项重大政策措施。二是理论研究阶段，进入21世纪一直到2004年，是我国循环经济理论研究最活跃时期，人们普遍认识到，循环利用资源，提高资源利用效率，降低生产成本不仅仅是环境保护的需要，也是涉及国家经济安全和可持续发展的大事。资源节约、综合利用、清洁生产等越来越得到重视，其标志性事件是2004年全国人大环资委、国家发展改革委、原国家环保总局等单位共同在上海举办了中国循环经济发展论坛，并通过了《上海宣言》。三是实践探索阶段，2005—2010年，我国在不断深化循环经济理论研究的同时开始加快循环经济实践的步伐。在这个时期，国务院印发了《关于加快发展循环经济的意见》，国家开展了两批178家循环经济示范试点，发布了《中华人民共和国循环经济促进法》。四是总结提升阶段，2010年以来，我国总结凝炼并发布了60个循环经济典型模式案例，评选出76家循环经济先进单位，培育出9个循环经济教育示范基地，餐厨废弃物资源化探索、“城市矿产”示范基地建设、园区循环化改造实践、再制造产业化发展都取得了突破性进展。目前，我国发展循环经济的思路和模式已逐步成熟，循环经济政策支撑体系基本形成，资源循环利用产业初步形成规模，循环经济理念深入人心。可以说，我国不但积极地践行循环经济，并且创造性地发展了循环经济。

今后一个时期，我国仍将面临经济快速发展、资源约束强化、应对气候变化压力加大的形势，为此，国务院印发了《循环经济发展战略和近期行动计划》，把循环经济作为我国加快经济发展方式转变，推进生态文明建设、实现可持续发展的重要途径和基本方式。按照《循环经济发展战略和近期行动计划》的统一部署，“十二五”期间甚至更长的一个历史时期，我国将紧紧围绕提高资源产出率，健全激励约束机制，积极构建循环型产业体系，推动再生资源利用产业化，推行绿色消费，加快形成覆盖全社会的资源循环利用体系。在工业领域全面推行循环型生产方式，促进清洁生产、源头减量，推进产业间、区域间的共生耦合，实现能源梯级利用、水资源循环利用、废物交换利用、土地节约集约利用，提高产业关联度，促进园区绿色循环低碳发展，增强产业可持续发展能力。在农业领域构建循环型农业体系，推进农林废弃物的资源化利用，推动农业节能、节水、节肥、节药、节地、节粮，构建链条长、产品附加值高的产业链，形成农林牧渔工多业共生的循环型农业生产方式，切实改善农村生产、生活环境，提高农业综合效益。在服务业领域培育绿色消费模式，促进服务主体在服务过程中节约使用资源、提高资源利用效率，鼓励使用非化石能源，推广节能环保和再生产品，发挥服务业对供应商及消费者的反馈约束和影响作用，培育绿色消费理念，转变生活方式，减少浪费和奢华消费，促进低碳消费。在社会层面着力建设循环型社会，推动产业之间、生产与生活系统之间、区域之间的资源循环利用，将循环经济理念融入新型城镇化建设的全过程，推行绿色建筑，开展绿色交通行动，健全再生资源和垃圾分类回收体系，提高城乡公共服务功能和水平，扩大基础设施的共享程度，构建覆盖全社会的资源循环利用体系，努力走向我国社会主义生态文明新时代。

张凯同志长期从事环境保护工作，从环保的角度一直关注并积极推动循环经济的发展，从一线岗位退下来后，更是全身心地投入到循环经济理论研究和工作实践中，为山东省循环经济发展乃至全国循环经济发展作出了自己的贡献。本书是张凯同志总结多年工作实践，通过对我国近年来循环经济发展形成的理论体系进行系统梳理，对发展循环经济的典型经验进行系统总结，研究提出了循环经济发展的技术方法、实施途径。本书还结合山东省及其有关企业、园区发展循环经济的典型案例进行了具体分析，是一本系统学习循环经济理论知识的著作，可为企业、园区及政府相关管理人员推进循环经济发展提供有益的指导和借鉴。

开卷有益，希望读者能够从本书中有所收获！

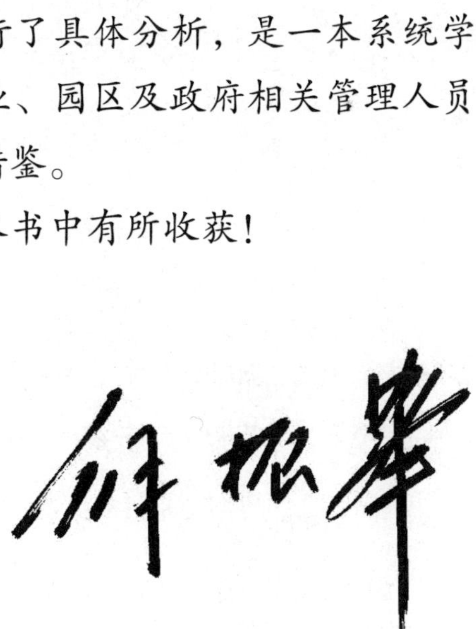

2013年1月于北京

目　　录

第1章　绪　论

第1节　循环经济产生与发展

1.1　循环经济产生背景

1.1.1　社会背景

18世纪60年代工业革命以来，人类对自然的开发能力达到空前水平，在创造越来越多的社会财富的同时，环境问题日益突出，迫使人类重新审视自身的发展历程。

循环经济的思想萌芽产生于20世纪60年代，源于经济学家肯尼思·E. 鲍尔丁（Kenneth E. Boulding）提出的“宇宙飞船理论”。鲍尔丁对传统工业经济“资源—产品—排放”的“开环”范式提出了批评。1972年，意大利的罗马俱乐部在《增长的极限》报告中倡导“零增长”。1992年，联合国世界首脑环境与发展大会发表《里约宣言》和《21世纪议程》，可持续发展观深入人心。2002年，世界环境与发展大会决定在世界范围内推行清洁生产，并制定行动计划。

随着全球经济的扩张，地球生态系统的崩溃正在加速。以60多年前所无法想象的对环境的恶意破坏为基础，全球产品与服务的产出已从1950年的6万亿美元剧增至2000年的43万亿美元，全球经济总量递增了7倍。而增长的另一面是，全球捕鱼业增长了5倍，这促使大部分的海洋渔场超越了其可持续渔业生产能力；全球木材使用量增加了3倍，纸张消耗增加了6倍，这导致世界森林资源严重萎缩；全球畜牧业增长了2倍，这加速了牧场资源的环境恶化，并增强了其荒漠化的趋势；至于对空气、水和土壤的污染和破坏，更是不知道增加了多少倍。在过去60多年中，全世界已经丧失了1/4的表土层和1/3的森林覆盖量，而且以目前的破坏速度计算，在未来的30年中，世界将失去70%的珊瑚礁，而珊瑚礁里寄生着约25%的海洋生物。在过去30多年中，地球上1/3的人类“自然财富”（即自然资源）被消耗殆尽。并且人类目前正在以每年6%的速度失去淡水生态系统，以每年4%的速度失去海洋生态系统。对这样的看法已不再有任何科学上的分歧，即全世界每一种生命系统的衰退正在加速，并已开始失去其维持生命过程的能力及延续能力，而这种衰退的进度往往因为它们在衰退过程中的相互作用而加速，并且已经到了非常危险的境地。

美国地球研究所所长莱斯特·R. 布朗（Lester R. Brown）指出：最为严重的是，由于人类消耗不可再生的化石燃料的急剧增加，排放大量的CO_2，导致全球CO_2浓度骤升，已经严重地打破了自然界最重要的碳循环，导致全球气候变暖，CO_2再循环的容量早已超出了自然界临界极限。与此同时，经济增长带来的资源枯竭、生态破坏和环境污染，对经济发展和人类健康造成了巨大的损害。

根据世界银行估算，在发展中国家，每年由于自然资源的耗竭（森林、能源和矿产）和CO_2带来的经济损失，高达其国内生产总值（Gross Domestic Product，GDP）的5.8%。全球因环境引起的健康损害高达全球疾病总负担的20%。全球因气候变暖而付出的代价可能每年高达5 500亿美元。目前，人类已经用掉了地球上可以得到的一半以上的淡水，改变了1/3～1/2的陆地表面，固定了比陆地上整个自然系统所固定的更多的氮，而且占用了地球全部陆地上的主要生物生产力的2/5。人类对全球资源掠夺式的开发利用，生态环境的破坏，早已经超出了全球或地区生态环境的承载能力，超出了保障人类可持续发展所能够允许的自然极限。不幸的事实是，经济增长仍在全世界继续着，但是经济赖以增长的自然生态系统的承载能力，不但不能增长，而且有自然的极限。

如果全球经济仍然按照这种传统的发展模式，继续以每年3%的速度增长，按照现有的经济模式和产业结构，全球的产品与服务将在未来50年中激增4倍，达到172万亿美元，那么可以肯定，全球生态系统会因此而全面崩溃，人类文明将毁于一旦。

因此，人类发展必须走可持续之路，可持续发展呼唤一种全新的经济发展模式，一种善待地球的经济模式，一种环境友好的经济模式，一种人与自然和谐的经济模式。人类已到了当机立断，改弦易辙，重新设计经济运行系统，从根本上改变这种传统的、粗放型的、不可持续的线性经济发展模式的时候了。幸运的是，人类在对可持续发展理论与实践不断探索和总结的基础之上，找到了通向可持续发展之路的一种崭新的经济发展模式——循环经济。

1.1.2 理论背景

循环经济的发展具有深刻的理念基础[1,2]，主要包括生态经济效益理念、资源系统循环消费生产理念、工业生态系统理念[3]和生活垃圾无废物理念。

循环经济理论是由传统经济学和现代生态学碰撞、融合，并在可持续发展理念的促进下逐步形成和发展的。20世纪60年代，美国经济学家肯尼思·E. 鲍尔丁（Kenneth E. Boulding）提出了循环经济理论的雏形——“宇宙飞船经济理论”。这一理论强调指出，人类社会的经济活动应该从服从以线性为特征的机械论规律，转向遵循以反馈为特征的生态学规律，进而提出了循环经济的思想——将污染物视为未得到合理利用的“资源”。

循环经济思想的提出推动了20世纪60年代末开始的关于资源和环境的国际经济研究。20世纪70年代可持续发展思想的提出与形成，又促进了循环经济思想发展成熟。1989年，福罗什（Robert A. Frosch）和加劳布劳斯（Nicolas E. Gallopoulos）在《制造业战略》中提出了工业生态学（也称作产业生态学）概念，并借助生态学的一般概念对工业生态学思想进行了初步论述[3]。1990年，英国环境经济学家皮尔斯（David W. Pearce）和图奈（R. Kerry Turner）在《自然资源和环境经济学》一书中第一次使用“循环经济”（Circular Economy）一词，试图依据可持续发展原则建立资源管理规则，并建立物质流动模型[4]。在循环经济思想的推动下，戴利的“稳态经济理论”、库普斯的“资源高价理论”和“消费限制理论”、柯尔姆的“环境使用税理论”、托宾等的“福利经济指标体系理论”等思想相继涌现[1]。

自从循环经济的理念问世以来，发达国家先后把它作为提高国际竞争力的手段。自20世纪80年代末90年代初以来，循环经济在西方发达国家迅速发展，逐渐形成典型的循环经济发展模式，如：以美国杜邦公司为代表的企业内部循环经济模式、以丹麦卡伦堡为代表的工业园区模式等。20世纪90年代末，我国开始引进循环经济的理念，很多学者与专家作了相应的研究并发表了成果，随着我国政府对发展循环经济的重视，以企业实施清洁生产和循环经济以及推进生态工业示范园区为主要途径的循环经济实践实现了快速发展。目前，循环经济理念在我国不断发展，并正在结合我国的国情和具体实践，逐渐发展成为中国特色的循环经济。

1.2　循环经济发展历程

1.2.1　循环经济思想的萌芽

循环经济思想最早萌芽于环境保护思潮和运动崛起的时代。

从理论溯源上，经济学和生态学是当代的两个既密切关联又对立紧张的学科和领域。在世界范围内颇有影响的美国后现代思想家小约翰·科布（John B Cobb）认为，经济学家和生态学家之间的争论乃是一种现代主义者和后现代主义者之间的争论。经济学和生态学之间的关系是人类今天面临的最重要问题。争论的实质是有关环境与发展的关系问题，并为彻底解决全球性问题提供最佳方案。生态学家们的思想虽然仍受到传统势力的挑战，但是他们的判断更接近于客观事实，即经济发展最重要的目标必须具有可持续性，否则当达到增长的极限时，整个人类将被卷入一场由可怕的破坏而导致的灾难之中。不管这场争论如何，但"后现代的绿色经济思想"、"后现代的稳态经济思想"、"后现代的可持续发展经济理论"等思想的出现，都是循环经济理念的萌芽，它的目的在于寻求一个"既是可持续的，又是可生活的社会"。

1.2.2　循环经济的产生与发展

20世纪60年代，美国经济学家肯尼思·E. 鲍尔丁（Kenneth E. Boulding）提出了"宇宙飞船经济理论"（即"航天员经济"），这就是循环经济理论的雏形[5]。鲍尔丁受当时发射的宇宙飞船的启发来分析地球经济的发展，他认为飞船是一个孤立无援、与世隔绝的独立系统，靠不断消耗自身资源存在，最终它将因资源耗尽而毁灭。唯一使之延长寿命的方法就是实现飞船内的资源循环，尽可能少地排出废物。同样，地球经济系统如同一艘宇宙飞船，尽管地球资源系统大得多，地球寿命也长得多，但是也只有实现对资源循环利用的循环经济，地球才能得以长存。这一理论强调指出，现代社会必须淘汰传统的“牛仔经济”（或称为“牧童经济”）这种不可持续的经济模式，取而代之的将是“宇宙飞船经济”，它意味着人类社会的经济活动应该从服从以线性为特征的机械论规律，转向遵循以反馈为特征的生态学规律。

在环境保护兴起的20世纪60年代，随着生态学的迅速发展，人们产生了模仿自然生态系统的愿望，按照自然生态系统物质循环和能量流动规律重构经济系统，使得经济系统和谐地纳入到自然生态系统的物质循环过程中，建立起一种新的经济形态——循环经济。

1.2.3　循环经济的实践与推广

1972年，在意大利“罗马俱乐部”发表的题为《增长的极限》的研究报告中提出了增长的极限的观点，当时在世界上引起了极大的震动，经济界和企业界开始考虑资源问题。1983年，联合国环境与发展委员会开始研究“没有极限”的可持续发展问题，并于1987年提交了题为《我们共同的未来》的研究报告，报告提出既满足当代人的需求，又不危及后代人满足其需求能力的“可持续发展”。这一永续利用、持续发展的思想，在1992年联合国环境与发展大会所通过的《21世纪议程》中，成为世界共同追求的发展战略目标。环境与发展协调问题被提到如此的高度，这在人类历史上是空前的。

到了20世纪90年代，随着可持续发展战略的普遍采纳，发达国家逐渐把发展循环经济、建立循环型社会，作为实现环境与经济协调发展的重要途径，并已经取得了成功的实践。目前，发展中国家循环经济正在成为一股潮流和趋势，并已经取得了成功的实践。

国外循环经济的实践经历了微观企业、生态工业园区和循环型社会三个阶段，出现了“杜邦模式”、“卡伦堡模式”等许多成功案例[6]，并形成了许多各具特色的发展模式，如德国的双元回收系统模式、日本的循环型社会立法模式、美国的循环消费模式、丹麦的生态工业园模式和法国的行业协会模式等[7]。同时，循环经济立法成为发达国家推动循环经济所普遍采用的途径[2]。德国循环经济起源于垃圾处理，并于1996年颁布了《循环经济与废物管理法》，把废物提高到发展循环经济的思想高度[8]。日本把建立循环型社会作为实施可持续发展战略的重要途径，于2000年颁布了《促进建立循环社会基本法》[9]，并形成了三个层面的循环经济法律体系，是世界上循环经济立法最完备的国家[10]。美国和欧盟在废物回收和绿色包装方面也制定了一系列法规[11]，并在不同行业和区域开展实践[12]。

20世纪90年代末，循环经济思想被引入中国。此后，循环经济在我国迅速得到实践。1999年，在原国家环保总局的大力推动下，我国开始在企业、园区、社会三个层面展开循环经济建设的试点工作。在这一过程中，涌现出一批极富特色的循环经济实践典范；同时，通过开展生态工业、循环经济发展规划的编制工作，使循环经济理念更为充分地融入到这些试点的发展战略之中。这为我国循环经济实践的深入和推广奠定了坚实的基础。为有效保障循环经济实践的开展，我国在循环经济的制度建设方面也开展了卓有成效的工作。2004年，党的十六届四中全会通过的《中共中央关于加强党的执政能力建设的决定》明确提出：“大力发展循环经济，建设节约型社会。”2005年，国务院发布了《关于加快发展循环经济的若干意见》。2008年，我国第十一届全国人民代表大会常务委员会第四次会议正式通过了《中华人民共和国循环经济促进法》（以下简称《促进法》)。这为我国循环经济实践提供了坚实的制度保障。国家发展和改革委员会接替环境保护部负责循环经济工作之后，继续对试点工作进行了推广。截止到2012年12月，我国已经批准建设60多个国家级生态工业示范园区，并出台了一系列政策推动大量省级、市级的工业园区向生态化方向转型发展；以此为基础，还将循环经济实践进一步扩展到城市矿产、再制造等领域，扩大了循环经济实践的深度和广度。总体而言，“十一五”时期，我国通过健全法规标准、完善政策机制、强化技术支撑、开展示范试点等重要举措，促进资源高效、循环利用，推动资源循环利用产业规模不断扩大。在“十二五”时期，我国仍面临资源约束强化，应对气候变化压力加大的形势，必须从源头减少资源消耗和废弃物排放，实现资源高效利用和循环利用，通过大力推动循环经济的发展来带动绿色发展和低碳发展。事实证明，与发达国家相比，虽然我国引入循环经济理念的时间不长，但循环经济在我国得到了有力的实践。我国的循环经济实践，在吸收发达国家经验的基础上，充分融入了我国的特色，从而丰富和拓展了循环经济理念的内涵，并使循环经济成为中国在发展理论和模式领域的一个创新。中国对循环经济实践的大力倡导，极大地推进了世界循环经济的实践和发展。

1.3 循环经济的发展现状与趋势

1.3.1 循环经济的发展现状

自1992年里约热内卢环境与发展会议掀起可持续发展浪潮后，如何缓解和解决生产生活与环境资源之间的矛盾成为可持续发展的核心问题和国际社会关注的焦点。各国学者纷纷涉足循环经济领域，对循环经济理念及其相关理论进行研究，世界范围内关于循环经济的研究和实践迅速发展，循环经济已经成为实施可持续发展战略的重要途径。

循环经济的发展引起了各国经济学界的广泛重视，相关学者对循环经济理论的多个方面进行了研究，并取得了相应的研究成果：许多学者在循环经济的概念、内涵、发展及实践等方面进行了研究[13,14]；也有部分学者从生态学角度论证了循环经济的合理性[15,16]；还有少数学者尝试应用经济增长模型来论证循环经济是实现经济可持续增长的一种途径[17]。

发达国家和地区（各国）如美国、日本和欧盟在不同层次上进行的循环经济实践[18-21]，主要可以归纳为三个层面：企业层面的清洁生产、园区层面的生态工业园区、社会层面的废弃物再利用和可持续消费。我国的循环经济建设，在借鉴发达国家循环经济建设经验的同时，必须立足我国经济发展与资源环境之间的基本矛盾，以生态规律为指导，围绕产业结构的生态转型，紧密结合我国社会经济发展阶段的基本特征和建立生态文明的要求来开展。

总体而言，世界范围内的循环经济实践和理论研究都已展开。但实践中对循环经济建设如何操作和执行依然存在着较大分歧，并且对循环经济建设关键技术的研究和应用还不够深入。循环经济作为实现人类可持续发展的必然选择，其发展离不开社会和经济活动的实践。因此，在已有循环经济实践的基础上，建立起一套循环经济的理论支撑体系，并且用这一理论体系进一步指导循环经济实践，是当前乃至今后发展循环经济必须重视的一项内容。

1.3.2 循环经济的发展趋势

在西方国家，循环经济已经成为一股潮流和趋势[13,22]。自从20世纪90年代确立可持续发展战略以来，发达国家正在把发展循环经济、建立循环型社会看做是实施可持续发展战略的重要途径和实现方式，并以立法的方式加以推进。德国在1996年颁布实施了《循环经济与废物管理法》，确立产生废物最小法、污染者承担治理义务以及政府与公民合作三原则[1,2,7,8]。该法规定对废物问题的优先顺序是避免产生—循环使用—最终处置。其要义是，首先要减少经济源头的污染物产生量，因此，工业界在生产阶段和消费者在使用阶段就要尽量避免各种废物的排放；其次是对于源头不能削减又可利用的废物和经过消费者使用的包装废物、旧货等要加以回收利用，使它们回到经济循环中去；只有那些不能利用的废物，才允许作最终的无害化处置[7,8]。在德国，家庭废物利用率从 1996 年的 35% 上升到 2003 年的 60%。此外，2003 年在冶金行业，95% 的矿渣、75% 以上的粉尘和矿泥，以及至少有 2 000 万 t 废旧钢材被重新利用。日本是发达国家中循环经济立法最全面的国家[7,9,21]。2000 年日本召开了"环保国会"，通过和修改了多项相关法规，成为日本建设循环型社会过程中关键的一年。《促进建立循环社会基本法》、《家用电器回收法》、《促进资源有效利用法》、《食品循环再生利用促进法》、《绿色采购法》、《建筑工程资材再资源化法》、《促进容器与包装分类回收法》等七部法律，对不同行业的废物处理和资源再生利用作了具体规定[7,9,21]。美国自 1976 年制定了《固体废物处置法》，现已有半数以上的州制定了不同形式的再生循环法规。2003 年，美国城镇产生的废物为 5.5 亿 t，回收利用率达到 40%。同时，美国制定了一系列以循环为目标的能源政策，其核心内容一直围绕三点：一是促进可再生能源的开发利用，二是充分合理利用现有资源，三是鼓励节能。

同时，循环经济在不同层次也得到了响应。西方许多企业在微观层次上，运用循环经济的思想，进行了有益的探索。如杜邦化学公司模式，可称为企业内部的循环经济，其实质是组织厂内各工艺之间的物料循环。区域层面上，丹麦卡伦堡工业园区是目前世界上工业生态系统运行最为典型的代表，其模式为企业之间的循环经济，即把不同的工厂联结起来，形成共享资源和互换副产品的产业共生组合，使得一家工厂的废气、废热、废水、废物成为另一家工厂的原料和能源，实现园区的污染物排放最小化[23]。社会层面上，德国的双轨制回收系统（Duales System Deutschland，DSD）具有很好的示范作用。DSD是一个专门组织对包装废物进行回收利用的非政府组织。它接受企业的委托，组织收运者对他们的包装废物进行回收和分类，然后送至相应的资源再利用厂家进行循环利用，能直接回收利用的包装废物则送返制造商。DSD系统的建立大大地促进了德国包装废物的回收利用。例如政府曾规定，玻璃、塑料、纸箱等包装物回收利用率为72%，1997年已达到86%；废物作为再生材料利用1994年为52万t，1997年达到了359万t；包装垃圾已从过去每年1300万t下降到500万t。可见，发达国家循环经济发展的总体特点表现为立法先行，并在社会范围的废弃物再利用方面取得了更为显著的成效；同时，由于发达国家国民具有相对较高的环保意识，这在一定程度上有力地推动了循环经济的发展。

如前所述，我国循环经济在有关部门的大力推动下，以建立试点示范的方式实现了快速发展。特别值得一提的是，在这一过程中，我们充分认识并发挥了规划的重要作用，编制了各种类型的循环经济规划。通过规划，科学规范了试点单位的循环经济发展，并使试点示范单位在战略上确立了循环经济的发展道路。同时，我国也极为重视立法工作，集中成果就是颁布了《促进法》和《清洁生产促进法》等法律法规。循环经济已成为我国实践科学发展观的重要途径，被确立为我国经济社会发展的一项重大战略。目前，循环经济正在得到系统全面的推进，并与产业结构调整、产业生态系统建设更加密切地结合[24]。党的十八大报告中，进一步明确指出了

"发展循环经济"。今后，深入落实《促进法》中的各项要求，是我国循环经济发展的重要任务。并且，随着发展区域经济上升到国家战略的层面，大力发展区域循环经济，也是我国循环经济发展的必然趋势。

第 2 节　循环经济的概念、内涵与原则

2.1　循环经济的概念

许多学者从不同角度对"循环经济"进行了定义。笔者对我国循环经济研究领域中关于循环经济定义的文献进行了检索和梳理，发现目前具有代表性并被较多采用的定义主要包括以下八种：

定义一：诸大建（1998）[25]提出："循环经济是一种善待地球的经济发展新模式。它要求把经济活动组织成为'自然资源—产品和用品—再生资源'的反馈式流程，所有的原料和能源都能在这个不断进行的经济循环中得到最合理的利用，从而使经济活动对自然环境的影响控制在尽可能小的程度。"

定义二：曲格平（2000）[26]提出："所谓循环经济，就是把清洁生产和废弃物的综合利用融为一体的经济，本质上是一种生态经济，它要求运用生态学规律来指导人类社会的经济活动。按照自然生态系统物质循环和能量流动规律重构经济系统，使得经济系统和谐地纳入到自然生态系统的物质循环过程中，建立起一种新形态的经济。"

定义三：周宏春（2002）[27]提出：循环经济的基本含义是指"通过废弃物或废旧物资的循环再生利用来发展经济，其目标是使生产和消费过程中投入的自然资源最少，向环境中排放的废弃物最

少，对环境的危害或破坏最小，即实现低投入、高效率和低排放的经济发展。”

定义四：吴季松（2003）[28]提出：“循环经济就是在人、自然资源和科学技术的大系统内，在资源投入、企业生产、产品消费及其废弃的全过程中，不断提高资源利用效率，把传统的、依靠资源净消耗线性增加的发展，转变为依靠生态型资源循环来发展的经济。”

定义五：解振华（2003）[29]提出：“循环经济作为一种新的生产方式，它是在生态环境成为经济增长制约要素、良好的生态环境成为一种公共财富阶段的一种新的技术经济范式，是建立在人类生存条件和福利平等基础上的以全体社会成员生活福利最大化为目标的一种新的经济形态。其本质是对人类生产关系进行调整，其目标是追求可持续发展。”

定义六：冯之浚（2004）[30]提出：“所谓循环经济，就是按照自然生态物质循环方式运行的经济模式，它要求用生态学规律来指导人类社会的经济活动。循环经济以资源节约和循环利用为特征，也可称为资源循环型经济。”

定义七：马凯（2004）[31]提出：“循环经济是一种以资源的高效利用和循环利用为核心，以‘减量化、再利用、资源化’为原则，以低消耗、低排放、高效率为基本特征，符合可持续发展理念的经济增长模式，是对‘大量生产、大量消费、大量废弃’的传统增长模式的根本变革。”

定义八：《中华人民共和国循环经济促进法》中指出[32]：“循环经济，是指在生产、流通和消费等过程中进行的减量化、再利用、资源化活动的总称。”

上述定义虽然表述不同，但其之间是相互联系的。对这些定义进行分析归纳，可以得出循环经济的内涵及特征主要包括：① 循环经济是一个经济概念，其本质是生态经济。② 充分利用资源、防治污染、与环境协调发展是贯穿循环经济始终的理念。③“循环”是循环经济系统通过模拟自然生态系统的物质循环所形成的一种表现形态，生动地说明了循环经济是一种反馈式的经济发展模式，反映了人类对自然生态系统物质流动规律的科学认识。④ 实现人类的可持续发展是循环经济发展的目标。

通过对上述循环经济概念的总结，结合当前循环经济发展的实践，笔者认为，循环经济是物质流动的全过程防治污染、充分利用资源、人与自然和谐的一种可持续经济模式[33]。这一定义包含了以下几方面的内容。

① 循环经济注重考察物质流动的全过程

世界统一于物质，物质是运动的，物质世界是普遍联系的。人类无法脱离物质世界而生存；经济发展也要以物质为基础。自然生态系统具有物质流动、能量流动和信息流动的基本功能，其中物质流动是基础，能量流动和信息流动都需要以物质为载体。循环经济是一种经济概念，应遵循经济规律；同时还应遵循自然生态系统的物质流动这一基础规律。长期以来，自然生态系统生产者、消费者和分解者的功能匹配，物质在流动过程中得到充分利用，物质代谢的产物大都能够被生态系统降解。回顾人类社会经济的发展历程，其中出现的环境污染、生态破坏、资源短缺等问题，大多源于人类没有对自然生态系统的物质流动规律给予科学的认识，导致生态系统正常的物质流动出现了问题。在传统的农业社会，人类科学技术水平有限，物质流动过程中出现的问题主要表现为局部物质流动的规模超出了生态阈限，引发人类区域性文明的衰落甚至消亡，例如美索不达米亚文明、玛雅文明和我国的楼兰古国；而在这一时期，物质的种类并未发生大的变化，对环境造成污染的物质性质相对稳定，在生态阈限的范围内是大多能够被生态系统降解的，因此，总体上并未对自然生态系统的整体造成破坏。进入工业社会后，科学技术飞速发展，人类改造自然的能力变得空前强大，这一时期物质流动问题出现了新的特点：

首先，物质流动的规模迅速扩大。表现为人类大量开发资源（其中更多的是不可再生资源），大量生产产品，将产品消费后大量废弃。并且，在整个物质流动的全过程中，对资源的开发和利用方式是粗放的，导致资源的大量浪费和污染物的大量产生。这样，一方面加剧了资源的存量不足，引发资源匮乏和能源短缺；另一方面，对生态阈限构成了前所未有的威胁。

其次，物质种类迅速增加。随着科技发展，尤其是化学的进步，物质的种类迅速增加。新的物质满足了人类的各种需要，同时许多新的污染物也在不断出现，并具有污染速度快、隐蔽性强、范围大、持续时间长等新的特点，有毒有害成分难以被自然生态系统降解，长期累积对生态系统和人类健康的危害难以估量。这为人类社会的可持续发展埋下了隐患。

再次，物质流动对人类及自然生态系统影响的广度和深度在扩大。在人类影响物质流动的同时，物质流动也反作用着人类。如污染物在迁移过程中，会通过食物链富集进入人体，以更强的毒性作用于人类，严重影响人类健康；如化肥的使用虽然可以增加土壤肥效，提高作物产量，但如果盲目使用，将使得部分被作物吸收，相当一部分则进入水体、土壤、大气及农产品中，成为污染物，威胁人类健康并破坏生态系统。在这种形势下，发展循环经济，就必须注重对物质流动全过程的考察，遵循自然生态系统的物质流动规律，进行物质流动全过程的防治污染和充分利用资源。这一全过程，并不仅仅限于传统经济活动中的生产、流通和消费环节，而是“从摇篮到摇篮”的整个物质流动的全过程。

② 防治污染和充分利用资源

我国发展循环经济是在环境污染、资源短缺的形势下展开的，这决定了防治污染和充分利用资源是当前推进循环经济过程中的主要任务。防治污染，要求改变以往单纯以末端治理为主的方式；采取以预防为主，防治结合的策略，注重在物质流动的全过程控制污染的产生，包括末端治理措施。充分利用资源，要求在资源利用过程中系统遵循减量化、再利用、再循环的“3R”原则；同时，还要注重时代性，即在经济发展的不同时期，科学技术水平和市场需求的不同决定了资源充分利用的程度也不相同，因此，充分利用资源是指在技术可行和符合市场规律的基础上，尽可能地提高资源利用率。

③ 实现人与自然的和谐

人与自然的关系是人类生存和发展必须面对的最基本的关系。只有正确处理和协调好人与自然的关系，才能实现经济、社会和环境的可持续发展。在传统的经济发展模式中，人类将自然置于与自身对立的地位，将其视为征服、改造和统治的对象，并逐渐加速了对自然的征服、控制和支配；这种对立也在一定程度上使人类改造自然的力量转化为毁害人类自身的力量，人类在快速征服自然的同时也正在更快速地受到自然的反抗和报复。恩格斯在《自然辩证法》一书中写道：“我们不要过分陶醉于我们人类对自然界的胜利，对于每一次这样的胜利，自然界都要对我们进行报复。”

循环经济要求重新审视人与自然之间的关系，强调人与自然的和谐相处。这就应当认识到：第一，人不是自然的主宰，人是自然的一部分，人类的生存发展一刻也离不开自然。人类应从根本上摒弃人与自然对立的关系，善待自然，实现人与自然的和谐相处。第二，人与自然的和谐并不意味着人类屈服于自然。人类具有主观能动性，具有认识自然和改造自然的能力，从而实现自身的发展；发挥主观能动性应当以尊重自然生态系统的客观规律为基础，必须按规律办事。发展循环经济，就是顺应规律来解决人类社会经济发展与资源、环境之间的矛盾，这样才能正确处理主观能动性和客观规律性之间的关系，从而实现人与自然的和谐。

④ 是一种可持续的经济发展模式

循环经济作为一个经济概念，是一种经济发展模式。传统的经济发展模式在推动人类社会的发展进程中发挥了一定作用，但也引发了资源短缺、环境污染、生态恶化等制约人类可持续发展的一系列问题。传统经济发展模式在更多意义上体现出的是一种经济增长的概念。在资源环境问题日益严峻的今天，继续沿用这种模式，将无法实现人类社会的可持续发展，最终会导致人类文明走向灭亡。循环经济源于对生态系统客观规律的认识和遵循，不是单纯追求经济的增长，而是追求经济的发展，注重物质流动的全过程防治污染，充分利用资源，能够从根本上解决社会经济发展与资源、环境之间的矛盾，协调人与自然的关系。这种经济发展模式，同时考虑到当代人和后代人的利益，既满足当代人的需要，也为后代人留存生存发展空间，满足后代人的需要，因此是一种可持续的经济发展模式。

2.2　循环经济的内涵

循环经济从人类社会是生态系统的子系统、资源环境是支撑人类经济发展的物质基础这一根本认识出发，不断减少人类社会线性物质代谢过程对生态系统的冲击压力，力求实现人类社会子系统与生态环境的协调相容。

循环经济的内涵可以从广义和狭义两个方面认识。狭义循环经济是针对线性经济模式的弊端所提出的一种人类社会未来应该建立的以物质闭环流动为特征的经济模式，现实中体现在人们从保护环境角度更多地关注生态效益。广义循环经济的主要创新在于强调循环经济包括经济、自然环境及社会三个方面的相互作用及相互衔接，涵盖了经济发展、社会进步、生态环境三个方面，追求三个系统之间达到一种理想的优化组合状态。广义循环经济不仅关注工业系统、社会系统内部循环经济体系的建设与发展，更重要的是把人口、资源、环境、经济、社会等因素纳入循环经济理论体系，构建完全意义、具有广泛理论价值和实践指导意义的循环经济理论体系。

循环经济内涵丰富，涉及了多门学科，以下主要分析循环经济所蕴涵的经济学内涵、生态学内涵、社会学内涵、文化学和伦理学内涵以及哲学内涵。

（1）循环经济的经济学内涵

循环经济的基本特征具体体现在：其物质流动方式是循环、非线性的，即“资源→产品→再生资源”，循环经济把经济系统看做是自然生态系统的子系统，两者相互联系和作用，循环经济把经济活动组成一个反馈式流程，它同时考虑物质流和价值链。

循环经济的核心是物质的“循环”，落脚点仍然在“经济”上，前者通过一定的技术条件来实现，以提高资源效率和减轻资源环境压力；后者主要通过市场需求和生态需求来达到，以增加社会财富和提高福利水平。我国循环经济的理论内涵是建立在一定技术基础上和特定制度安排下的一种经济发展模式。

首先，从宏观层面分析，循环经济是一种经济发展模式。为彻底摆脱传统的线性经济发展模式所带来的经济与生态相抵触的困境，必须走科技含量高、资源消耗低、环境污染少的新型工业化道路，循环经济被客观地提出，循环经济倡导的是一种与生态环境相和谐的经济发展模式。循环经济把自然资源和生态环境都看成是稀缺的内在生产要素和公众应该共享的社会福利，承认资源与环境对经济增长的贡献，要求将资源与环境纳入到经济系统之中参与定价和分配，以消除生产的社会成本与私人收益的不对称性。

其次，循环经济作为一种经济发展方式，需要政府特定的制度安排来推动。在中观和微观层面上，循环经济就是“经济”活动，既然是“经济”活动，主要应倚重经济和生态需求的市场。矿产资源、生态环境、废弃物等不可能像其他生产要素那样自发形成机制完备的市场，要把这些要素纳入经济系统，完善价格形成机制和培育市场尤为重要。政府制定的标准、法规、产业政策等特定的制度安排，规制市场主体的行为并促进“绿色”市场的形成，政府不是抑制或替代市场的作用而是支持或补充市场的作用，唯有如此，才能使循环经济真正具备“经济”性。2009 年我国正式开始实施《循环经济促进法》，这表明循环经济已上升到法规层面。

再次，循环经济作为一种经济发展模式，还需要建立在资源节约技术和物质循环利用技术基础之上。循环经济的“3R”和“三化”（减量化、资源化、无害化）原则，每一个环节都离不开先进的资源节约与替代技术、资源处理和转化技术来支撑。技术上的突破很关键。循环经济的重大关键技术、共性需要国家科技专项计划的支持。大量的循环经济技术主要靠市场主体自主研发。

（2）循环经济的生态学内涵

循环经济模式就是模拟自然生态系统中物质循环和能量流动原理建立起来的，本身就是一种生态经济。

循环经济的生态学理念是人的生态意识在经济生产领域中的反映，它的实施需要人们清晰地认识到传统经济模式对自然界的忽视以及资源循环利用的必然性。区域是一个自然、社会、经济的复杂系统，也是协调人口、资源、环境、发展四位一体的综合管理体系。循环经济的概念来源于自然生态系统长期进化的形成过程。一个成熟的、健康的生态系统，取决于其内部各个要素之间所具有的动态稳定关系，以及这些关系的互相作用、互相制约与互相影响，最终产生出生态系统整体效益的最大化，以及其中的物质流、能量流的平稳运行与流畅互补。自然界的各类生态系统，既是自然历史长期选择的结果，又是参与进一步选择的起点，其所表现出的结构与功能以及相应的生态、反馈、抗逆、共建共享，形成一个有序的具有自我组织功效和有较强抗干扰能力的取得物质能量损耗最小而系统内部寻求优化的整体运行模式。

在分析自然生态系统的宏观构成中，一般均把一个生态系统划分为生产者、消费者、分解者三个有机的成分。对于生产者而言，主要指地球上一切高级生命赖以生存的基础，即绿色植物利用 CO_2 和水，在太阳能的作用下，将辐射能转变为化学能的过程，亦即通常所谓的地球第一生产力。这种合成的碳水化合物是地球上一切高级生命形式取得活力的基础。所谓消费者，是利用第一生产力的各种群体，例如食草性动物、食肉性动物、杂食性动物等，它们的规模和等级取决于生产者所能提供的承载力。所谓分解者是指生产者在其生命过程中会产生出枯枝落叶或死亡体，而消费者在其生命过程中也会产生出废弃物和死亡体，这些废弃物通过分解者（主要由微生物）的作用，重新变成矿物质，再去参与生产者和消费者的活动。一个成熟的、健康的生态系统会将这三者的互相作用纳入到一个整体的循环之中，即生产者会满足消费者的需求，二者所产生的废弃物又会通过分解者（即通常所称的环境自净能力）完整地形成一个良性循环的有效系统。

与自然界这种长期进化的模式相似，在人类的发展中，也存在构成生产者、消费者和分解者三者之间有机匹配，由此形成一种效率最高、物料最省、需求得到充分满足、生态环境维系良好的区域发展模式，即通常所谓的循环经济模式。区域发展与社会经济运行同样具有生产者、消费者和分解者的三大功能。

循环经济模式是一种深生态论，它不仅强调技术进步，而且将制度、体制、管理、文化等因素通盘考虑，注重观念创新和生产、消费方式的变革。它防微杜渐，标本兼治，从源头上防止破坏环境因素的出现。生态学的生态阈值原理是循环经济范式的基本前提之一，环境的净化能力和承载力是有限的，一旦社会经济发展超越了生态阈值，就有可能发生波及整个人类的灾难性后果，并且这个后果是不可逆的。循环经济范式强调在生态阈值的范围内，合理利用自然资本，从原来的仅对人力生产率的重视转为从根本上提高资源生产率，在尊重自然的基础上切实有力地保护生态系统的自组织能力，达到经济发展、环境保护的“双赢”目的。

（3）循环经济的社会学内涵

循环经济体现了经济制度、社会结构、社会运行和法律法规的内容，这体现了其社会学的内涵。循环经济是在“3R”和“三化”的原则下，通过清洁生产、生态工业、生态农业、绿色消费、废物处理各个环节，使物质和能量在企业内、企业间乃至整个社会循环流动，达到平衡的一种经济运行系统。作为一种根本不同于传统的新型经济体系，循环经济对一个国家的社会发展机制提出了不同于传统经济增长模式的要求，发展循环经济需要政府的大力推动、企业的积极参与和公众的热情支持。然而将循环经济发展模式从理念转变为现实，则需要制度作为基本保障。从社会形态的角度进行考察，可以把社会结构部分划分为经济基础、政治基础、意识形态三大类，或者说分为经济领域、政治领域和文化领域三个基本活动领域。它们是相互联系的，是对整体的社会体系的基本特征和本质属性的静态概括，是相对于社会变迁和社会过程而言的。在社会各种基本活动领域中，社会经济结构对于社会政治结构、文化结构等具有决定性的影响和制约作用，它是社会的基本基础，具有将其他社会领域结合成一个有机整体的作用。其他社会领域具有相对独立性和稳定性，并对社会经济具有能动的反作用。社会运行是反映社会有机体自身的运动、变化和发展的概念，它表现为社会多种要素和多层次子系统之间的交互作用以及它们多方面功能的发挥。社会作为一个由多种要素组合的复杂的体系，是动态的不断调整的平衡系统，平衡只是暂时、相对的，社会结构的稳定性是相对于变动性和一种结构转向另一种结构的更替性而言的。实际上结构稳定性是和结构变动性相统一的，这是社会运行过程的两个紧密相连的方面。社会运行的基本类型分为三种，即良性运行、中性运行和恶性运行。发展观的改变，使衡量社会的尺度也由经济指标转变到社会指标。早在20世纪60年代，美国曾掀起了一个社会指标运动，成立由80多名专家组成的社会指标小组，企图用社会指标参与政治决策。虽然社会指标运动并没有达到预期目标，但这项研究开创了社会指标的先例，对世界各国产生了很大的影响，从此社会指标的理论和方法在各国得到了迅速的传播，到20世纪80年代已有80多个国家建立了社会指标体系，联合国等国际社会组织也建立了各种社会指标体系。由于指标繁多，选择有代表性的重要指标组成指标体系，用科学的方法进行综合，以便能进行国家间、地区间、部门间的比较，这种评价方法已被各国和国际组织广泛使用，它成为现代化社会管理和科学决策的重要工具和衡量进步与差距的尺度。我国以宪法为核心的法律体系是发展循环经济、建设和谐社会的法制保障，使国家经济、政治、文化、社会生活的各个方面做到有法可依，依法治国。

（4）循环经济的文化学内涵

循环经济不仅仅是一个自然的历史过程，更是一个创造全新的生态文明和生态文化理念的传播的价值导向问题，亦即生态文化建设问题，这是循环经济取得成功的重要基础之一。生态文化的核心是一种生态理性的生态思维方式和世界观。要形成这样的世界观，一方面，要进行西方“自然法”学传统、中华道学传统、哲学理论，特别是包括现代存在主义的现代西方生命哲学，以及后现代主义生态哲学的对话交流；另一方面，需要人们在一系列巨大的生态灾难面前的警醒与觉悟。生态文化建设的关键环节，是形成生态文化的实践的绿色“公共领域”，通过交往理性主导下的平等对话，形成生态政治文化的“重叠共识”，只有形成一种生态政治文化合法性的公共领域，才能影响现实政治，使生态政治文化、生态哲学成为政治合法性的基础，影响大众形成生态价值观信仰，最终建构生态文明。在这个过程中，生态文化不是无用的书生的乌托邦幻想，而是现实的“循环经济”的制度文化保障，是现实政治经济必需的。

此外，发展循环经济需要一种新的伦理观，这也是循环经济文化的重要内容。因此，在不损害社会福利和生态价值的前提下，市场经济主体在经济利益最大化时的行为规范问题值得开展深入研究。

（5）循环经济的哲学内涵

目前，国内外生态经济学界、环境经济学界以及主流经济学界对循环经济实质的认识至今仍存在较大差异。为深入揭示循环经济的内涵，部分学者从哲学的角度进行了探讨。如董艾辉[34]在分析循环经济与中国传统哲学价值观一致性的基础上，指出循环经济是对近代西方哲学思维方式的扬弃，也符合马克思主义人与自然关系的思想。张连国等[35]认为，循环经济的哲学基础有二，即知识论基础与存在论基础。崔胜辉等[36]则从循环经济与可持续发展在内涵和目标上一致性的角度，分析循环经济的哲学内涵和经济伦理观。应该说，探讨循环经济的哲学内涵，既是对循环经济理论研究的丰富，也为哲学研究领域引入了新的研究课题。

① 循环经济的实践本质

《循环经济理论与方法》一书指出[6]："从哲学的角度讲，循环经济的实质是要将整体论与还原论、定量分析与定性分析、理性与悟性、客观评价与主观感受、纵向的链式调控与横向的网状协调、内部的竞争潜力和系统的共生能力、硬方法与软方法相结合，强调物质、能量和信息三类关系的综合，竞争、共生和自生能力的综合，生产、消费与还原功能的协调，社会、经济与环境目标的融合，时、空、量、构与序的统筹，科学、哲学与工程学方法的联姻。"这是明确阐释了循环经济的实践本质，而马克思主义哲学是实践的哲学，实践性是马克思主义哲学的基础。从这个角度来看，循环经济的实践性符合马克思主义的实践观点。无论是其思想来源和目标指向都是实践，循环经济的理论发展更是离不开实践，需要在实践中反复检验和总结。因此，循环经济具有鲜明的实践性，或者实践是循环经济的基础或唯一尺度。

② 循环经济的产生和发展体现了马列主义的认识论

马克思主义认识论认为，实践是认识的基础并对认识起决定作用；人的认识的发展总是从感性到理性；认识总要有一个过程，充满着复杂性和曲折性。循环经济的产生和发展正完整体现了上述观点。首先，循环经济在特定时代产生体现了实践是认识的基础。在工业化以前和工业化的低级阶段，人类经济活动对自然环境和资源的消耗较少，还不足以使人类对环境破坏和资源消耗产生像今天这样的深刻后果。只有当经济发展到一定阶段，对环境和资源的产生足够大的冲击和影响时才可能产生循环经济思想。其次，对循环经济的认识是循序渐进的。人类不可能一下子就认识到循环经济发展的主要内涵或全部规律，而且，认识的深化不可能脱离经济和历史发展阶段。最后，对循环经济的认识是能动的认识。这不仅仅停留于理论层面，也不是对实践的简单反映和被动认识，而是为了应用于实践，改造经济发展的模式。通过循环经济的这些特点，可以较好地理解当前在我国开展循环经济所遇到的种种思想障碍。比如，有人抱怨目前我国生产方式仍较粗放、环境破坏和资源消耗较大等。这是事实，但也要注意到，我们不可能脱离我国的历史前提来谈论这些问题。马克思主义者从来就不是先知先觉的智者，而是实事求是的实践者。在实践的过程中可能会犯这样或者那样的错误，但错误本身并不可怕，关键要遵循规律，对自身发展方式进行反思和扬弃，最终解决问题。毕竟，在一穷二白的薄弱基础上搞史无前例的社会主义建设，没有现成的道路和方法可以照搬。尤其在我国社会主义初级阶段，社会主要矛盾决定了首先需要解决的是经济起步、经济总量和人民温饱问题，难以为了保护环境从一开始就放弃经济和工业发展。

③ 循环经济体现了历史唯物主义和辩证唯物主义的统一

马克思主义哲学是辩证唯物主义和历史唯物主义的统一。辩证唯物主义和历史唯物主义正确地揭示了人类社会的本质，为理解纷繁复杂的社会现象提供了强大的思想武器，是建设中国特色社会主义的理论基础和认识论基础。循环经济作为一种新的经济范式，强调资源节约和环境保护、代际公平以及国际视野，最终实现可持续发展。这些思想体现了马克思主义哲学历史方法和逻辑方法的统一，既包含科学的逻辑推论，也汲取国内外经济发展的正反经验；既体现了科学发展的态度，也体现了对历史、对子孙的负责态度。循环经济是在环境已遭受重大破坏、资源过度消耗的情况下产生的。根据环境破坏和资源过度消耗的历史教训、现代科学和经济学的推断，如果这种趋势不加以阻止和逆转，造成的后果将不堪设想。但环境破坏和资源过度消耗的趋势并非不可逆转，通过循环经济的途径，人类完全有可能实现可持续发展。这种分析和对比揭示了人类对自身经济、社会发展规律的认识，体现了马克思主义哲学观历史唯物主义和辩证唯物主义的统一。

根据马克思主义的基本原理，人类社会总是不断由低级向高级演变，每个社会历史阶段都有与其相应的社会形态。因此，循环经济应是人类社会在特定历史阶段选择的经济发展模式或者技术范式。循环经济在特定的历史阶段产生和发展，承载着特定的历史使命。可以预见，循环经济将对世界的可持续发展进程起重大的历史作用；同样可以预见，循环经济绝不是万能的，不是人类社会经济发展技术范式的最高形态或终极形式。

综上所述，循环经济的内涵十分丰富，不仅体现了经济学和生态学内涵，还体现了文化学、哲学范畴的含义。这充分表明，循环经济具有十分重要的科学意义。循环经济将各学科有机地联系在一起，有理由相信，随着循环经济实践的推进和循环经济理论研究的深入，循环经济必将成为一门指导人类社会实现可持续发展的重要学科。

2.3　循环经济的原则

在我国推进循环经济的进程中，对循环经济原则的认识已初步经历了3个阶段，即理念提出、初步探索和再实践再探索。我国于20世纪末期总结推广了目前大家广为熟悉的循环经济“3R”原则；在初步探索阶段，学术界开始出现了各种关于循环经济原则的论述，如除“3R”原则外，又补充了“再思考”、“再修复”、“再组织”、“再制造”等原则。这些观点，对循环经济的“3R”原则进行了拓展，进一步发展和完善了循环经济的原则，反映了学术界在理论方面的思考；在再实践、再探索阶段，随着发展循环经济的逐步深入，学术界开始针对我国循环经济实践中存在的问题，系统考虑与我国的实际相结合，以便形成更能适合我国国情的循环经济原则。如在“3R”原则后补充了“无害化”，即“减量化、再利用、再循环和无害化”；或直接将“再利用”与“再循环”合并为“资源化”，再补充“无害化”，即“减量化、资源化、无害化”的“三化”原则。通过与我国实践的结合，使循环经济原则具有了更强的可操作性，能够更有效地指导我国循环经济实践[37]。

（1）循环经济的“3R”原则

在循环经济发展的进程中，国际上德国、日本、美国、丹麦等对循环经济认识比较早的国家，在实践中形成并推广了循环经济的基本原则。我国吸取发达国家的经验，结合自己在废旧物资回收、资源综合利用方面的实践，在政府部门与学术界的共同推动和倡导下，于20世纪末期总结推广了目前大家广为熟悉的循环经济“3R”原则（见图1－2－1），概括为减量化（Reduce）、再利用（Reuse）、再循环（Recycle）。同时，“3R”原则具有一定的顺序性，即由减量化到再利用，再到再循环。

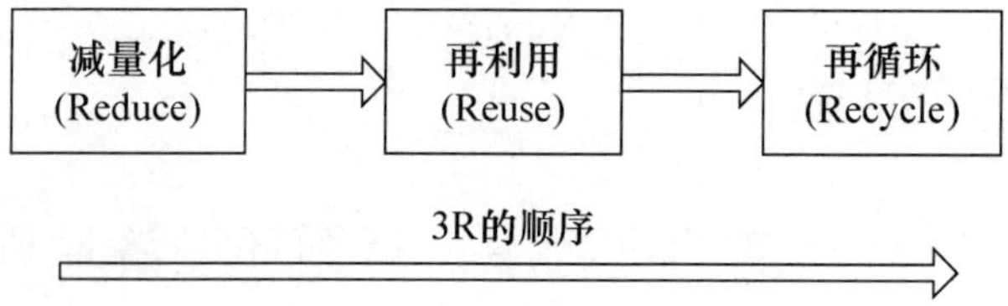

图 1－2－1　循环经济的"3R"原则

减量化（Reduce）原则属于输入端方法，是指在生产活动的源头减少进入生产和消费流程的物质量，用尽可能少的原料和能源投入来达到既定的生产目的和消费目的，进而节约资源和减少污染。

再利用（Reuse）原则属于过程性方法，是指通过尽可能多次以及尽可能多种方式使用物品以减少资源使用量和污染排放量，其目的在于延长产品和服务的使用时间，提高产品和服务的利用效率。

再循环（Recycle）原则属于输出端方法，是指物品在完成使用功能后重新变成再生资源，以减轻经济发展对资源和环境的压力。

循环经济的"3R"原则，是我国引入国外循环经济理念后进行的总结概括，对推动循环经济的发展起到了积极的作用。

（2）循环经济的"三化"原则

循环经济的"三化"原则是指减量化、资源化、无害化。这是中国在推进循环经济过程中的深化认识。无害化是循环经济运行的基本前提和基础，在"减量化、再利用、再循环"的"3R"原则中，不能忽视无害化的基础作用，需要始终贯穿无害化的原则（见图 1－2－2）。同时，无论是再利用还是再循环，实质上都是为了更充分地利用资源，即是资源化的过程。这样，可以将再利用和再循环合并为资源化，从而形成"减量化、资源化、无害化"的"三化"原则（见图 1－2－3）。"三化"原则反映了循环经济的本质特点，深化了对循环经济原则的认识，是对循环经济理论认识的升华。

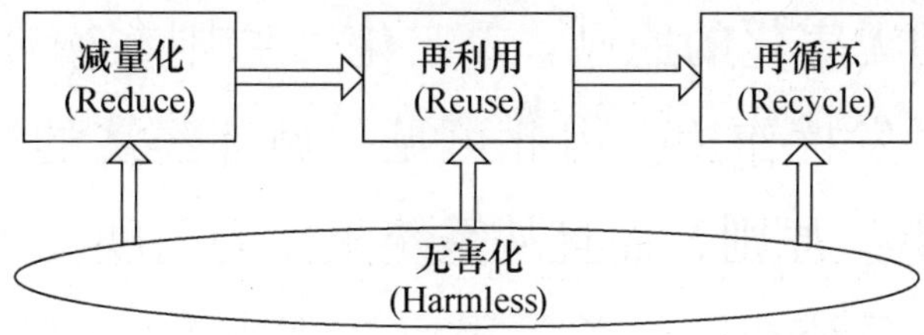

图1－2－2　循环经济无害化原则是“3R”原则的基础

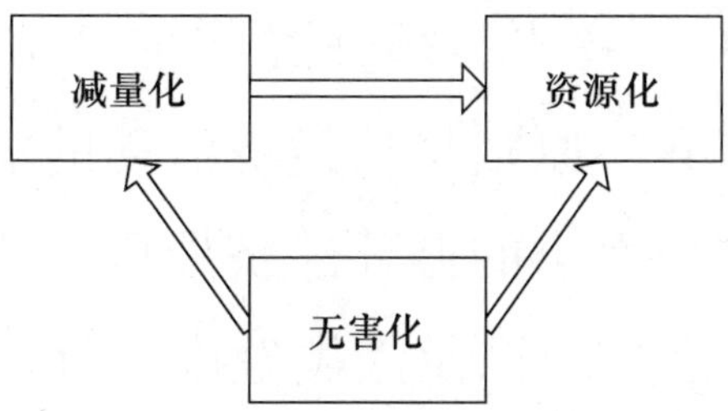

图1－2－3　循环经济的“三化”原则

（3）“3R”原则与“三化”原则的关系

“3R”原则具有顺序性。减量化原则是首先在输入端即生产活动的源头减少进入生产和消费的物质量。再利用原则是在经过源头减量之后，在过程中通过尽可能多次以及尽可能多种方式的使用物品以减少资源使用量和污染排放量，以延长产品和服务的使用时间。再循环原则是在经过源头减量和过程的再利用之后，在输出端即物品完成使用功能（包括以再利用的形式多次及多种方式的利用）后使其重新变成再生资源，以减轻经济发展对资源和环境的压力。可见，“3R”原则具有明显的先后顺序（图1－2－1），即由减量化到再利用，再到再循环。

“3R”原则中的再利用和再循环，实质上都属于资源化的过程，与“三化”原则中的资源化是对应的。可见，减量化、资源化、无害化的“三化”原则实际涵盖了“3R”原则。“三化”原则充实了基础性原则，即无害化的原则。“三化”原则在循环经济的整个运行过程中，同时发挥作用。由此可见，循环经济的“三化”原则，不仅涵盖了“3R”原则，而且从系统整体的角度，使循环经济运行过程与自然生态系统和人的关系得以客观真实的反映，即不仅要充分利用资源，同时还要对自然生态系统（包括人）无害，这种无害是充分利用资源的基础，也是实现资源持续充分利用的保障。

通过上述分析可以看出，循环经济的“3R”原则和“三化”原则是不矛盾的。“3R”原则是从经济活动的输入端、过程端和输出端的顺序的角度总结得出的循环经济原则。“三化”原则是从包括经济活动、自然生态系统以及人类健康生存的系统整体的角度总结得出的循环经济原则，并且同时作用于循环经济运行的全过程。“三化”原则涵盖了“3R”原则，贯穿于循环经济从摇篮到摇篮的全过程，更为全面地表达了循环经济的内涵。从“3R”原则到“三化”原则，是对循环经济基本原则认识的深化，可以更为全面地指导循环经济的实践。

参考文献

［1］汤天滋．主要发达国家发展循环经济述评［J］．财经问题研究，2005（2）：21－27.

［2］王敏旋．发达国家循环经济理论与实践历程及启示［J］．经济界，2005（5）：62－67.

［3］Robert A. Frosch，Niclolas E. Gallopoulos. Strategies for manufacturing［J］. Scientific American1989（9）：106－115.

［4］刘长灏．循环经济输入输出问题研究［D］．山东大学，2011.

［5］鲍健强，方申国，陈明．用循环经济理念重构传统经济流程［J］．自然辩证法研究，2007（4）：90－95

[6] 崔兆杰，张凯．循环经济的理论与方法［M］．北京：科学出版社，2008.

[7] 李伟,白梅．国外循环经济发展的典型模式及启示［J］．经济纵横,2009（4）：80－83.

[8] 高晓露．德国循环经济立法实践及其启示［J］．广西社会科学，2006（8）：66－69.

[9] 廖成忠，彭敏莉．日本循环经济立法的原因、意义及对我国的启示［J］．改革与开发，2008（6）：24－25.

[10] 徐铄．循环经济发展的国际比较与启示［J］．中国资源综合利用，2009，27（5）：14－16.

[11] 吴大华．国外循环经济实践的经验与启示［J］．昆明理工大学学报（社会科学版），2007，7（7）：1－5.

[12] Spengler Th.，Püchert H.，Penkuhn T.，et al. Environmental integrated production and recycling management［J］. European Journal of Operational Research，1997，97（2）：308－326.

[13] 段宁．清洁生产、生态工业和循环经济［J］．环境科学研究，2001，14（6）：1－4.

[14] 谢军安，郭苏智，王锡莲．循环经济的理念与模式建构［J］．石家庄经济学院报，2003，26（4）：494－498.

[15] 李有润，沈静珠，等．生态工业与生态工业园区的研究与进展［J］．化工学报，2001，52（3）：25－28.

[16] 乔琦，夏训峰，姚扬．生态工业园区规划理论与方法研究［M］．北京：新华出版社，2006：10－26.

[17] 杜晓荣．企业发展循环经济的经济学分析［J］．中国流通经济，2007（10）：41－44.

[18] 高红贵．国外发展循环经济的经验及其启示［J］．统计与决

策，2006，9：35 – 36.

[19] 黄海峰，徐明，陈超，等．德国发展循环经济的经验及其对我国的启示［J］．北京工业大学学报（社会科学版），2005，5（2）：38 – 42.

[20] 黄海峰，刘京辉，等．德国循环经济研究［M］．北京：科学出版社，2007：31 – 177.

[21] 赵立祥，朴玉，杜军，等．日本的循环型经济与社会［M］．北京：科学出版社，2007：73 – 213.

[22] 王金南．发展循环经济是21世纪环境保护的战略选择［J］．环境科学研究，2002，15（3）：33 – 36.

[23] Jacobsen N. B. Industrial symbiosis in Kalundborg，Denmark：A Quantitative Assessment of Economic and Environmental Aspects［J］. Journal of Industrial Ecology，2006，10（1 – 2）:239 – 255.

[24] 张凯．发展循环经济走可持续发展之路［M］．济南：山东人民出版社，2003：89 – 112.

[25] 诸大建．可持续发展呼唤循环经济［J］．科技导报，1998（9）：39 – 42.

[26] 曲格平．循环经济与环境保护［N］．光明日报,2000 – 11 – 20.

[27] 周宏春．循环经济：一个值得重视的发展趋势［J］．新经济导刊，2002（9）：70 – 73.

[28] 吴季松．循环经济［M］．北京：北京出版社，2003.

[29] 解振华．关于循环经济理论与政策的几点思考［N］．光明日报，2003 – 11 – 03.

[30] 冯之浚．循环经济与可持续发展［J］．浦东开发，2004（7）：16 – 18.

[31] 马凯．贯彻落实科学发展观推进循环经济发展［N］．人民日

报，2004-10-19.

[32] 中华人民共和国循环经济促进法［M］．北京：人民出版社，2008.

[33] 刘长灏．对循环经济概念和内涵的再思考［J］．环境保护科学，2009，35（1）：130-133.

[34] 董艾辉．循环经济的哲学思考［J］．长沙理工大学学报，2005，20（1）：40-42.

[35] 张连国，栾贻信．循环经济的哲学基础［J］．东岳论丛，2005（2）：87-91.

[36] 崔胜辉，洪华生，黄云凤．关于循环经济的哲学思考［J］．科技进步与对策，2003，10月号（下半月）：28-29.

[37] 张凯，刘长灏．对循环经济无害化原则的认识［J］．环境保护，2008，3B：17-19.

思考题

1. 循环经济产生的背景是什么？

2. 如何理解狭义循环经济和广义循环经济的内涵？

3. 什么是循环经济的“3R”原则？什么是循环经济的“三化”原则？论述两者的关系？

第2章　循环经济理论基础

第1节　循环经济理论与其他相关理论的融合

1.1　哲学理论

循环经济的研究和实践是对哲学理论的应用和拓展，哲学理论是研究循环经济的基础之基础，它会引导我们在循环经济研究和实践中把握方向并帮助我们遵循正确的路线。因此，在循环经济探索中应高度重视对哲学理论的研究和运用。下面重点从以下几个哲学观点进行论述。

1.1.1　哲学的物质观

世界的本原是物质，世界统一于物质。这是一切唯物主义的根本观点。世界统一于物质包含两层含义[1]：（1）世界是具有客观实在性的物质统一体。世界上的一切事物和现象，都根源于物质的存在，都是物质演化的表现和结果。客观实在性是物质的根本特性。（2）世界是多样性的物质统一体。物质世界的统一性是多样性的统一。各种具体的物质形态都具有其特殊的质的规定性，它们相互区别，又相互联系、互相作用。

物质是运动的，运动是物质的根本属性。恩格斯指出[2]：“运动，就它被理解为存在方式，被理解为物质的固有属性这一最一般的意义来说，囊括宇宙中发生的一切变化和过程，从单纯的位置变动起直到思维。”物质世界的一切，都处在永恒的运动变化中，没有什么事物是不运动的。运动和物质不可分割。运动是物质固有的根本属性和存在方式；物质是运动的承担者，是一切运动、变化和发展的实在基础[3]。首先，物质世界是永恒运动着的，没有不运动的物质。恩格斯指出[2]：“整个自然界，从最小的东西到最大的东西，从沙粒到太阳，从原生生物到人，都处于永恒的产生和消失中，处于不断的流动中，处于不息的运动和变化中。”其次，运动离不开物质，物质是运动的承担者。科学发展史表明，“物质是世界上发生的一切变化的基础”[4]。

物质的运动是有规律的。我们把生态规律运用到经济学中以实现可持续发展，就是对物质运动规律的认识和实践，也就是说我们研究循环经济就是对循环经济规律的探索、认识和实践。

地球自然生态系统在长期的进化过程中，形成了健康的物质流动方式，即表现为“生产者—消费者—分解者”的循环型物质流动方式。生态系统这种健康的物质流动方式，是人类社会经济实现可持续发展的基础和保障。以线性经济为主导的人类经济发展模式，忽视了对自然生态系统的物质流动规律给予科学的认识，从而严重影响了自然生态平衡，并进而制约且威胁着人类自身的生存和发展。循环经济理论通过深刻思考生态系统的物质流动方式，提出模拟自然生态系统，建立“生产者—消费者—分解者”基本结构，使人类经济活动的物质流动能够和谐地融入到自然生态系统的物质流动之中，从而实现人类社会经济与环境的协调发展。正是基于世界的物质统一性，我们在本书第 1 章中对循环经济进行了定义，即循环经济是物质流动的全过程防治污染、充分利用资源，人与自然和谐的一种可持续经济模式。

1.1.2　物质世界的普通联系

物质世界的普遍联系性是唯物辩证法的特征之一。在一般哲学范畴上，联系是指事物或现象之间以及事物内部要素之间相互依赖、相互影响、相互作用、相互转化等关系[3]。恩格斯指出[4]："当我们深思熟虑地考察自然界或人类历史或我们自己的精神活动的时候，首先呈现在我们眼前的，是一幅由种种联系和相互作用无穷无尽地交织起来的画面，其中没有任何东西是不动的和不变的，而是一切都在运动、变化、生成和消逝。"

联系具有普遍性、客观性和多样性。联系的普遍性包含两层含义：一是指世界上一切事物、现象和过程都不是孤立存在的，都必然同其他事物发生联系；世界是由万事万物相互联系构成的统一体，任何事物都是这一统一体的联系之网的一个部分或环节，都不能脱离整个世界的联系之网而单独存在。二是指任何事物、现象和过程内部的各个部分、要素和环节之间也是相互联系和相互作用的。联系的客观性是指联系是物质世界本身固有的，是不以人的意志为转移的。事物之间以及事物内部的要素之间总存在着这样或那样的联系。联系的多样性是指具体联系或联系的具体形式是多样的[1,5]。

循环经济理论特别重视物质世界的普遍联系性。传统经济发展模式将视野局限于经济系统内部，割裂了经济系统与生态系统之间的联系。将生态系统简单地视为人类经济活动的"取料场"和"垃圾场"，忽视了生态系统对支撑人类经济发展所发挥的重要作用。循环经济理论科学分析人与自然的相互关系，深刻认识到经济系统和生态系统之间客观存在着不可分割的联系。经济系统只是生态系统的一个子系统，它无法脱离生态系统而存在，失去生态系统的保障，经济系统必将走向崩溃。实现人类经济的可持续发展，必须对经济系统与自然系统之间的联系进行科学的考察和研究。循环经济理论还注重研究经济系统内部各部分、各环节之间的联系，既注重分析经济生产领域各个部门、行业的相互联系，又注重生产、流通与消费各个阶段的相互联系，这为在经济系统内部构建循环经济生态链网，实现资源的充分利用、防治污染提供了具体的模式和途径。此外，循环经济不孤立地探讨经济问题，或单纯采用经济手段分析解决问题；它将社会看成一个有机联系的整体，要求综合考虑制度、技术、意识、文化等层面，制定相应政策措施来规范完善市场的作用，从而推动经济的可持续发展和社会的公平与进步。

1.1.3　事物发展的否定之否定规律

否定之否定规律是物质世界事物发展的一般规律之一。它揭示了任何事物的发展，都不是直线式的，而是曲折前进的；即事物的发展从内容上看，是一个事物自我发展、自我完善的过程。任何事物内部都包含着肯定和否定两个方面。肯定是事物中维持其存在的方面，即维持事物为自身而不是他物的方面。否定是事物中使其灭亡的方面，即促使这一事物转化为其他事物的方面。马克思主义的哲学认为，辩证的否定是指通过事物内在的矛盾运动而进行的自身否定，它不是外在的否定，通过自身的否定，实现自我运动和自我发展。辩证的否定是事物的发展环节，只有通过事物的辩证否定，才能实现旧事物向新事物的转变，实现事物的发展[1,3]。

事物的辩证的否定不是一次完成的，它不只是对肯定的否定，更重要的还在于对否定的否定，即否定之否定。否定之否定是整个事物发展过程的核心。事物的发展总是由肯定到否定再到否定之否定即新的肯定，从而形成一种类似于回到出发点的运动。但这并不是完全复归到原来的出发点，而是在更高发展阶段上重复某些低阶段时的特点。由此可见，否定之否定规律体现了事物自己否定自己、自己完善自己的发展的过程。从表现形式上看，是一个螺旋式上升的过程。

循环经济中的“循环”是模拟自然生态系统物质循环的一种外在表现，但这种循环不是物质重新回到起点的封闭环流。循环经济系统本质上是开放系统。在循环经济模式中，包含了多个循环交叉的节点，即上一环节的废物成为下一环节的原料的结合点，在科技、政策、制度等因素的作用和推动下，这些节点会不断延长、分岔，从而体现出更多的“功效”，资源将会持续得到更为充分的利用，并推动着循环经济系统的不断发展、不断升华。因此，循环经济中物质循环的总体趋向是螺旋式上升；或者说，循环经济所呈现的是螺旋上升的开放式运作模式。由此可见，循环经济的运作模式与事物以否定之否定规律实现自身发展的过程是一致的。这种运作模式正是事物发展的否定之否定规律在循环经济中的直接体现。

1.2 生态学理论

1.2.1 生态学基础原理

生态学是研究有机体及周围环境相互作用的科学。环境包括非生物环境和生物环境，前者如温度、水分、光照等，后者包括同种或异种的其他生物体。

（1）循环、再生原理：从有限到无限的生命法则

在漫长的进化过程中，自然生态系统形成了完整的生产者、消费者、分解者结构，可以自我完成“生产—消费—分解—再生产”为特征的物质循环过程，能量流和信息流畅通，系统对其自身状态能够进行有效的调控，生物圈处于良性发展状态。

以构成生物有机体最重要的元素碳元素来说，碳库中的碳主要包括大气中的二氧化碳、海洋中无机碳和生物体中的有机碳。绿色植物吸收大气中的二氧化碳并产生氧气，而地球上的生物呼吸氧气而排出二氧化碳进入大气，人类的生产活动也消耗一部分氧气并产生二氧化碳，碳还在大气与海洋之间进行交换，如此相互交换与流通，保持生物圈内碳汇的总量，并不断循环。

经历了亿万年的进化过程，地球上有限的资源通过循环、再生为生物的生存和发展提供了（时间积累意义上）近乎无限的资源，孕育并保障了地球生命的生生不息和持续、有序发展。物质循环、再生利用是自然条件下资源与环境从有限到无限的生命法则。

与自然生态系统总体上朝着更加繁荣、更加适合生物生存和更加多样化的方向发展的趋势形成鲜明对比，人类社会的历史不过几千年，尤其是工业革命不过几百年，就因人口膨胀、资源危机、环境破坏、粮食安全等问题而难以为继。人类在深刻反思传统经济与社会发展模式过程中，逐渐形成了循环经济理念。发展循环经济要求模仿自然生态系统的运行规律，构建像自然生态系统一样的物质循环体系，形成社会生产系统的生产者、消费者及分解者，使社会生产系统能够完成“生产—消费—分解—再生产”的物质循环过程，将人类经济与社会活动组织成为以“资源—生产—消费—再生资源”为特征的物质循环流程，构建网络化物流、能流体系，实现资源效率的最大化和污染排放的最小化，使人类经济与社会系统和谐地融入自然生态系统，进而实现生态健康、环境良好、资源持续利用、经济发展、社会和谐、文明进步统筹协调的永续发展。

（2）有限能量单向流动、梯级利用原理

物质循环、再生利用是“生命的法则”，而能量则是物质循环、再生利用的动力，是一切生命活动的基础，一切的生命活动都伴随着能量的变化，没有能量，生命和生态系统就不可能存在。正如报废的汽车可以被回收利用，而运行中我们必须不断给汽车加油一样。正如热力学第二定律所言："不可能把热从低温物体传到高温物体而不产生其他影响；不可能从单一热源取热使之完全转换为有用的功而不产生其他影响；不可逆热力过程中熵的微增量总是大于零。"能量的传递是有方向的，在能量传递和转化的过程中，一部分能量可以继续传递和做功，另一部分能量只能以热能的形式散失，这部分能量使系统的熵值增加。能量在生态系统中单向流动，而且表现出梯级利用、逐级递减的特征。在生态学中分析能量流动把每一个物种归为一个营养级，如绿色植物为第一营养级，食草动物为第二营养级，肉食动物为第三营养级。绿色植物即第一营养级把同化的太阳能传递到第二营养级，但在传递的过程中能量急剧减少，原因是生物呼吸的能量消耗和相当部分的能量没有被消费者利用，而是通向分解者被分解了；当第二营养级传向第三营养级的时候也会出现类似的情况，从而出现了能量金字塔的情况——营养等级越高所获得的能量越少。

（3）整体、协调原理

整体性、协调性、非线性思维是生态学的基本思维方式。生物为了生存和发展不断从自然环境中摄取物质和能量，如水、大气、阳光及其他营养物质，而生物又在不断地排出气体，将自己的排泄物等排放到自然之中去。生物之间相互影响，而生物之间的各种行为又影响着环境，同时环境影响着生物，也影响着生物之间的行为。生物与生物之间、生物与环境之间收支平衡（生态系统的物质输出与输入）、结构平衡（生物与生物之间，生物与环境之间）与功能平衡（生物的代谢过程促使生物圈的正常运行）促使环境和生物构成一个相互协调、共同发展的整体。

(4) 生态环境容纳量原理

生态环境容纳量是环境制约作用的具体体现，有限环境只能为有限的生物的生存提供所需的资源。在自然条件下，起初，种群的生长呈指数型，但随着种群数量的增大，资源的消耗与环境空间及环境污染等的限制，种群的数量增长越来越受限制，并渐渐趋于平衡，使得种群的数量维持在环境容纳量的范围内。环境容纳量概念的实质是：有限环境中的有限增长。环境容纳量有两层含义：一为绝对的环境容纳量，为某一环境能容纳污染物的最大量，到达绝对容量没有时间限制；另一含义为相对环境容纳量或是可变环境容纳量，环境容纳量既然是环境对生物制约的具体体现，那么只要生物或环境因素发生变化，环境容纳量也就会发生相应的变化。它受环境资源状况（数量、质量、分布和波动等）、生物对资源的利用状况（数量、形式、效率和波动等）以及生态调节机制（种内、种间关系等）的制约。也就是说，环境容纳量是一个动态的变量。

(5) 自然—社会双重选择、协同进化原理

达尔文的进化论认为生物都有繁殖过剩的倾向，而生存空间和食物是有限的，所以生物必须“为生存而斗争”。在同一种群中的个体存在着变异，那些具有能适应环境的有利变异的个体将存活下来，并繁殖后代，不具有有利变异的个体就会被淘汰。如果自然条件的变化是有方向的，则在历史过程中，经过长期的自然选择，微小的变异就得到积累而成为显著的变异。由此可能导致亚种和新种的形成。尽管自达尔文创立进化论以来，生物进化研究取得了丰硕的成果，但迄今为止，自然选择仍然处于进化理论的核心地位。生物与环境之间，以及生物与生物之间存在着协同进化的关系，彼此互为生存、进化与发展的条件。协同进化创造了世界上如此丰富多

彩的世界，其促进了生物多样性的增加，促进了物种的共同适应，维持群落的稳定性，并且对基因组的进化也意义非凡。

1.2.2 生态系统理论

生态系统就是在一定空间中共同栖居着的所有生物（即生物群落）与其环境之间由于不断地进行物质循环和能量流动过程而形成的统一整体。生产者、消费者、分解者在生态系统中协调共存。

（1）多元共生原理

平衡状态的自然生态系统是一个稳定高效的共生体系。在这个共生体系中没有真正的废弃物，每一种生物的废弃物都可以成为另外生物的食物。这样，通过复杂的“食物链”和“食物网”，共生体系中一切可利用的物质和能量都能得到充分、稳定和高效的利用。一般来说，具有复杂食物网的生态系统，一种物种的消失不会引起生态系统的失调或崩溃，但是食物网简单的系统，尤其是对生态系统的功能上起关键作用的物种一旦消失或遭到严重的破坏，就可能引起生态系统强烈的动荡甚至崩溃，而要恢复或修复该生态系统也需要很高的成本与很长的时间。如在苔原生态系统，初级生产者地衣因为二氧化硫的排放而死亡，那么整个生态系统就会遭受灭顶之灾，而恢复苔原生态系统需要很高的成本而且需要花费很长的时间。

（2）生态位原理

通俗地讲生态位就是生物在漫长的进化过程中形成的，在一定时间和空间拥有稳定的生存资源（食物、栖息地、温度、光照等），进而获得最大或比较最大生存优势的特定生态定位。对于某一种生物来说，其只能生活在一定环境条件范围内，并利用特定的资源，甚至只能在特殊的时间里在该环境中出现。生态位的形成减轻了不同物种之间的恶性竞争，有效地利用了自然资源，使不同物种都能够获得比较生存优势，这是自然界各种生物欣欣向荣、共同发展的原因所在。

（3）主导性与多样性原理

生物是全球生态系统中主要的调节者和主导因素。在系统中，主导因素对系统的影响巨大。但是，主导因子正常发挥作用的前提是建立在多样性基础上的复杂系统。多样性导致稳定性是一个普遍的现象。系统多样性的降低可能会造成破坏性影响。自然生态系统是各种生物与其周围环境所构成的自然综合体。所有的物种都是生态系统的组成部分。在生态系统之中，不仅各个物种之间相互依赖，彼此制约，而且生物与其周围的各种环境因子也是相互作用的。从结构上看，生态系统主要由生产者、消费者、分解者所构成。生态系统的功能是对地球上的各种化学元素进行循环和维持能量在各组分之间的正常流动。生态系统的多样性主要是指地球上生态系统组成、功能的多样性以及各种生态过程的多样性，包括生境的多样性、生物群落和生态过程的多样化等多个方面。其中，生境的多样性是生态系统多样性形成的基础，生物群落的多样化可以反映生态系统类型的多样性。正是由于这种复杂性与多样性造就了自然生态系统的稳定性。

1.2.3　资源环境学理论

（1）资源平衡原理

在一个循环体系中，必须具备一定数量、质量和结构的“流体”才能循环起来，循环经济体系中的流体包括物质资源（存量 + 流量）和推动物质循环流动的能流。因此，实现资源平衡将是循环经济体系不断发展和壮大的物质基础。这决定了发展循环经济的世界各国都必须及时转变资源管理和贸易战略，力争尽早实现从资本平衡向资源平衡的转变，从而为本国循环经济的发展和壮大提供资源保障。

在循环经济条件下，物资资源的竞争将更为激烈，各国在保证自身资源需求的前提下才有可能供给国际资源市场。国际市场资源交易量将会明显减少，预期价格将会有较大幅度的上扬。这显然将对资源短缺型国家的发展造成不利影响。在新的资源贸易战略格局之下，预期当前国际市场上资源廉价的局面将被改变，进一步促进资源供给国与采购国之间的利益分配更趋合理，并促使资源利用更加合理。

作为人口数量大国和人均资源小国的中国，必须及早做出战略调整，积极参与世界资源竞争，积极储备发展循环经济所需的基础战略资源，限制资源出口或变相资源出口（高能耗、高物耗产品），通过不断积累，逐渐满足中国发展循环经济对资源存量的需求。

（2）资源环境有价原理

在人类发展的历史上，一直认为资源环境是公共免费的，人们从自然界中攫取资源，经过加工使用后将废弃物未经处理直接排放到自然界之中。这种发展模式造成了资源短缺、环境污染及生态破坏等问题的出现。

然而，资源是财富之母，资源是一切经济发展的原材料，而环境是经济发展的保证。资源和环境是有价的，资源与环境的外部性、内在化是调整人们生存和发展方式，促进可持续发展的必需途径。

1.3 经济学理论

1.3.1 生态经济假设原理

生态经济学是指在生态系统的承受范围内，充分利用社会资源和自然资源，使人们既能取得很好的经济效益，又能取得社会和谐的文化以及生态健康、景观适宜的环境。

（1）生态经济的本质

生态经济的本质，就是把经济发展建立在生态环境可承受的基础之上，实现经济发展和生态保护的“双赢”，建立经济、社会、自然良性循环的复合型生态系统。我国要走生态之路，必须增强危机意识，树立绿色、低碳发展理念，遵循生态规律和经济规律，合理利用自然资源与优化环境，在物质可持续利用的基础上发展经济，使生态经济原则体现在不同层次的生态经济形式上。按照我国“十二五”规划纲要，我国应积极应对全球变暖的挑战，大力发展循环经济，加强资源节约和管理，加大环境保护力度，加强生态保护和防灾减灾体系建设，为建设生态经济社会而努力。

（2）生态经济人假设（原理）

从经济活动的主体看，循环经济与传统经济不同。经济人是传统经济学的重要假设，在西方经济学中，经济人的假设是，经济人是以完全追求物质利益为目的而进行经济活动的主体，人都希望以尽可能少的付出，获得最大限度的收获，并为此可不择手段。“经济人”意思为理性经济人，也可称“实利人”。“经济人”通过利他实现利己，利他是利己的手段，利己是利他的目的。而在循环经济理论体系中，完全理性的经济人必须具备生态观念和环境意识，它的选择能够代表生态环境保护和良性发展的需要，这样的经济人就升级为循环经济理论的基础假设：生态经济人（生态人）。“生态人”并不是从纯粹的功利角度来阐述人对自然的依赖性，而是更加强调从人的本质内涵来诠释。在“生态人”的观念中，生态问题的解决不是一种人类生存的某一特定阶段上用来应付特殊生存境遇的权宜之计，而是一种根本的生存原则，因此，“生态人”除了具备关爱自然、生态平衡等生态意识外，还具有整体论世界观或生态世界观范式，具有生态安全观，拥有生态善恶观，推崇经济、社会和生态三者相协调的发展观。“经济人”以高耗费、高污染的方式追求经济效益的最大化，而忽视了生态价值、生态效益和社会和谐，是片面的、不可持续的发展；“生态人”则不然，“生态人”是以全面的、整体的视角来审视问题，坚持经济、社会和生态三者的统一，追求包括自然生态平衡、经济客观增长、社会和谐有序在内的可持续发展。

生态经济人的选择不仅仅建立在市场信息掌握的完全程度上，而且还建立在产品本身的资源和环境信息方面。比如，这类产品是否在具备基本使用功能的条件下，更有利于环境保护和资源的可持续利用。环境保护与资源节约成为循环经济模式的基本责任和义务，环境标志产品就会成为更多人的选择。

1.3.2　功能经济原理

人们可以把中心概念建立在交换价值基础上的现行经济称为生产经济，而把中心概念建立在使用价值基础上的循环经济称为功能经济。循环经济要求强化产品的使用功能，而不是资源消耗。世界第二届零排放大会组织者、设在东京的联合国大学零排放研究局负责人波利说：“人们如今不再期望地球提供更多的资源，而是期望地球提供的资源生产更多的产品。”换言之，线性经济除了资源输入的高开采和污染排放的高输出之外，其重要特征是一切为了生产和销售新的产品。而循环经济的基本战略是优化物品使用的长期性，充分发挥其应有的服务功能，而不是最大限度地生产、最大规模地销售及推销寿命很短的产品。生产者不再是仅仅推销产品，而是含有推销服务的内容，因而，只有循环经济才有可能使服务质量达到最优，从而真正实现从工业社会向服务型社会的过渡。

绿色设计制造和绿色营销是功能经济在微观产业层面上很好的

体现。绿色设计和制造是采用生态、环保、节约、循环利用的理念和方法进行产品的设计和生产，以减少产品在生产、流通、消费和废弃过程中所产生的资源消耗、废弃物排放和生态破坏。以德国为例，德国要求设计师在设计过程中必须考虑原材料和能源的使用，废角料和废弃物的处理，提倡通过设计尽量延长产品的使用寿命，消除一次性产品，提倡产品的重复利用。绿色材料、绿色能源、绿色工艺、绿色包装、绿色回收、绿色使用等环节的设计也是广义的绿色设计概念之中。绿色营销是用生态、环境、绿色的理念和方法对企业传统的营销方式进行变革和创新，除了强调产品的高性能，还要强调产品的无污染和更节能，采取多样的营销方式，如以租代售、以旧换新、主动回收废旧产品等。绿色设计和制造及绿色营销一个很好的例子就是世界上最大的商用地毯制造商 Interface 公司在 1994 年提出的“废物为零，石油消耗为零”的环保目标，研究出新的工艺方法，而后又改销售为出租地毯，将旧的地毯替换和回收利用，这种做法不但给公司带来了很大的利益，也提高了自己的知名度。

随着循环经济的发展和循环经济型社会建立，经济与社会系统中物质资源的存量趋于稳定，流量趋于减少。与之相对应，社会物质产业规模逐渐减小，非物质产业规模进一步增大，功能经济的特点将更加突出。

1.3.3　技术循环与自然循环优势互补原理

生态系统和社会经济系统分别是人类生存的自然环境和人工环境，两者具有不同性质和功能。人类生存与发展所需要的资源归根结底都来源于自然系统（包括生态系统）。自然系统不仅可以为我们的生存直接提供各种原料或产品（食品、水、氧气、木材、纤维等），而且在更大的尺度上具有调节气候、净化污染、涵养水源、保持水土、防风固沙、减轻灾害、保护生物多样性等功能，为经济与社会发展提供良好的生态环境。已有的研究表明，自然系统具体的功能虽然并非人工不可替代（如污水净化、土壤修复等），但是在规模尺度上至少到目前为止仍然没有人工可以替代的可能。但是，社会经济系统可以借助人类生产体系，实现对自然系统无法更新资源（金属、塑料等）的回收和循环利用，减轻经济与社会发展对自然资源的过度依赖、对生态环境的破坏以及对自然循环的干扰。这恰恰是自然生态系统短期内很难做到的。所以，自然生态系统与社会经济系统具有显著的互补性。只有能动地耦合自然系统与社会经济系统的结构和功能，建立统筹协调的社会—经济—自然复合循环，才能最大限度地保护自然、利用自然、适应自然，服务于人类的经济与社会活动，也才能实现人与自然、经济与自然、社会与自然的和谐共生与持续发展。

综上所述，循环经济具有超越生态规律的技术特征。发展循环经济，实现经济系统中资源的循环和高效利用，必须借助于技术的更新和改造。也就是说，循环经济并不是反哺经济，它要求在遵循生态学规律的基础上，充分利用现代科技成果，促进传统技术向循环经济型技术的转型，保障资源的循环利用，促进人与自然和谐，进而实现经济与社会的可持续发展。

1.3.4 适度人口与适度消费原理

环境问题的出现与人是密切相关的，不仅与人口的数量，还与人们的生产和生存方式有关，如使用什么样的资源，消耗多少资源，产生多少污染等。为了计算与判断环境影响，John Holder、Paul 和 Anne Ehrilich 于 20 世纪 70 年代提出了著名的 *IPAT* 方程。

$$I = P \times A \times T$$

根据该方程我们可以定量研究环境与发展的关系。

其中：I（Impact）表示人类发展对资源、环境的压力，P（Population）表示人口总量，A（Affluence）表示人均资源消耗程度或消费水平（可用人均GDP表示），T（Technology）表示提供消费品的各种技术对环境的破坏程度（可以用单位GDP的物质消耗或污染负荷来表示）或是新能源和工业技术带来的好处。根据环境影响公式，人类的发展对资源和环境等自然资本的影响主要受到人口规模、消费水平和技术类型的影响。根据Paul等1990年的计算，一个美国人对环境的影响相当于70个乌干达人或老挝人；或者50个孟加拉国人；或20个印度人；或10个中国人；或2个英国人、日本人、法国人、瑞典人或澳大利亚人。

人类的人口规模、消费水平和技术发展应该能动地适应资源、环境的有限性，而不能挑战甚至超越其极限，以致自掘坟墓。

天赋人权，人只要生存就需要资源。所以，人口是体现和影响经济与社会规模的基础性指标。人口适度是经济、社会需求适度的前提条件，也是实现可持续发展的基础条件。只有把人口规模控制在适度范围内，才能实现经济、社会需求规模的适度。适度人口是指建立在全球或区域资源状况、经济技术水平和一定期望目标（如生活质量）下的最适宜人口，也是社会理想的人口规模。以我国为例，利用不同的最优人口模型推算出的我国适度人口规模在4亿~10亿。大量的超载人口已经对我国生态环境健康与可持续发展构成严重威胁。

消费水平是人类可以能动选择的因素，它与自然限制因素共同影响人口容纳量和适度人口规模。而生产依靠消费拉动，过度消费导致过度生产、过度资源消耗和环境压力，甚至资源耗竭和环境破坏。提倡在满足基本生存需要条件下的适度、适量消费和节俭生活方式，可以从源头减轻资源和环境压力。所以，适度、适量消费，节俭生活是符合循环经济要求的生活和消费观，它应该成为人们普遍遵循的准则。

传统经济以刺激和鼓励消费的方式来拉动经济的增长，而不顾及资源与环境后果。在更多的传统经济学家的眼中，只有消费才能拉动经济的增长，也才能创造财富。所以，拉动消费、增大公共投资等就成了时髦的名词。事实上，消费其实在更多的情况下意味着消耗，而不是财富的积累，尤其是对不可再生资源而言。所以，适度、适量消费，节俭生活才能够保证资源不会耗竭、财富不会荡尽，人类才能持续其生存与发展。消费主义对于人口基数巨大的中国是不切实际的，也是根本行不通的。

我国要全面建成小康社会，循环经济型社会，必须调整产业结构，转变经济发展方式，不断提高资源的利用率和利用效益，必须增强危机意识，树立绿色、低碳发展理念，以节能减排为重点，健全激励和约束机制，加快构建资源节约型、环境友好型的生产方式和消费模式，增强可持续发展能力。

1.4 社会学理论

1.4.1 理性选择理论

原始农业和畜牧业的产生，是人类进入农业文明时代的开始。但由于自然经济的无序增长，农业文明发展不当，肆意砍伐森林、过度放牧、无休止地垦耕等，破坏了人与自然的亲和性，又摧毁了这些文明。如诞生于尼罗河流域的古埃及文明、发源于美索不达米亚平原的巴比伦文明的繁荣与消亡，不仅证明了农业革命使自然经济发生了质的飞跃，也让人们领教了大自然的威力。因此，恩格斯告诫人类：不要过分陶醉于我们对自然界的胜利，对于每一次这样的胜利，自然界都报复了我们。

18 世纪 60 年代，随着英国第 1 台纺织机和蒸汽机的运转，人类进入了以线性经济为主的工业文明时代。社会经济以空前的规模和速度发展，自然生态相对稳定的循环链条被一次次强烈而粗暴地打破。人们在享受生产力大幅度提高、生活快速富裕的欢乐同时，却忽视了生态灾难的隐患。环境污染、生态破坏的问题随着工业化历史的进程积聚起来，世界发展史上人所共知的“八大公害”就是其爆发的佐证。环境污染急剧蔓延引发了“环境运动”，污染治理引起了人们的关注和重视。此时，污染治理只是迫于社会和舆论的压力，大多考虑“三废”的出路，采用的是“先污染、后治理”的方法，即“末端治理”。“末端治理”并未从根本上解决环境污染，线性经济使工业文明陷入窘迫的境地。

随着人类在实践中对环境与发展问题认识的深入，人们认识到环境问题源于工业文明的发展理念和生活方式，必须变革旧的机制和文化。在工业文明的中后阶段，20 世纪 60 年代经济学家鲍尔丁提出“宇宙飞船理论”。1972 年 6 月 5 日，联合国人类环境会议提出了“只有一个地球”的口号，从此生态经济的模式孕育发展，循环经济的理念呼之欲出。1992 年 6 月联合国环境与发展大会提出了全球实施可持续发展战略的纲领，向人类展示了生态文明的美好前景。

1.4.2　社会进化理论

我们正处在工业文明时代的中后期，正向生态文明迈进。相对于农业、工业、生态三大历史文明阶段，人类经济的发展模式大致可称为自然经济、线性经济和生态经济。从参与经济活动的物质要素流动形式来划分，流动形式是资源的直接取用，且其影响在自然界本身恢复、补偿能力之内的，称为自然经济；流动形式是线状特征的，即“资源—产品—废物”，称为线性经济；流动形式具有环状（立体交叉）特征的，即“资源—产品—资源”，称为生态经济。当前，人类社会正处于线性经济向生态经济的经济转型期。这个较长的量变到质变的经济转型期有大量令人深思的生态现象，值得从生态文化和理论角度去认真思考和研究。人类要更好地生存与发展，必须善待自然，由发展线性经济转向发展生态经济。只有发展生态经济，自然界才会为经济的发展提供强有力的支撑。因此，发展生态经济是实现可持续发展，迈向生态文明的必经之路。

1.5 控制理论

控制论是20世纪中叶诞生的一门重大科学理论。“控制论”（cybernetics）一词源于诺伯特·维纳（Nobert Wiener）在1948年出版的著名的《控制论——关于在动物和机中控制和通讯的科学》一书。在控制论中，控制是指在获得充分信息的基础上，经过系统的分析与总结，并把相关性的功能信息作用于控制对象上的过程[6]。目前，控制论的思想和方法已经渗透到了几乎所有的自然科学和社会科学领域。著名科学家钱学森指出：控制论是更广泛的一门学问，它不但是工程技术里自动控制和自动调节系统的理论，它也包含一切自然界的控制系统，像生物的控制系统[7,8]。

反馈是控制论中的主要概念，也是当代科学技术中的一个重要概念。控制论首先是关于反馈过程的科学。不论怎样划分控制论的界限，有一种作用始终处于它的中心位置，即反馈作用。维纳在控制论中从许多反馈系统的实例分析出发，认识到这些系统中存在信息传送和返回的过程，把它称为反馈过程。反馈过程，是一切控制论系统所共有的需要着力探讨研究的对象之一。反馈（feedback），在控制系统中是指将施控系统的信息（又称给定信息）作用于被控系统（对象）后产生的结果（真实信息）再输送回来，并对信息的再输出发生影响的这种过程；一般把这种用系统活动的结果来调整系统活动的方法称为反馈方法[9]。简单地说，任何控制都需要反馈的不断推进，输送回来的反馈信息，会对信息的再次输出发生影响，通过往复多次的循环运作，以达到控制论的预期目的[6]。

反馈也是自然生态系统的重要特征和规律之一。自然生态系统的生态平衡，正是在负反馈的作用下实现。循环经济理论遵循自然生态系统的规律，提倡人类经济活动不能以破坏自然生态系统的平衡为代价。这需要将经济活动对自然生态系统的影响的信息及时地反馈给经济系统，以便及时地调整经济活动，从而使经济发展与自然生态系统保持协调。同时，循环经济还注重将经济活动过程中产生的副产品和废弃物的信息反馈给经济系统，以实现资源化利用，从而模拟自然生态系统建立经济系统物质流动的反馈式流程。可见，信息系统在循环经济发展中发挥着重要作用，尤其是经济活动与自然生态系统所进行的物质交换，对生态系统的影响重大，对于这些信息，特别需要进行系统的收集和科学的分析。

第2节　循环经济特色理论

2.1　工业代谢分析

工业代谢是对物质从最初的开采，到在工业生产、产品消费系统的使用，直至变成最终的废物这一全过程进行跟踪，是原材料、能源和劳动力转化为最终产品和废物的所有过程的完整集合。工业代谢分析是研究工业系统中的物质和能量流动状况，是以质量守恒定律为理论基础的模拟生物和自然生态系统代谢功能的一种系统分析方法[10]。

工业代谢研究形式有多种：① 可以在有限的区域内追踪某些污染物。② 可以分析研究一组物质，特别是某些重金属。③ 也可以仅限于某种物质成分，以确定其不同形态的特性及其与自然生物地球化学循环的相互影响，比如硫、碳等的工业代谢分析。④ 也可以研究不同的与产品相联系的物质与能量流，比如橙汁或电子芯片。

2.2 物质流分析

物质流分析（Materials Flow Analysis，MFA）是在工业代谢理论和社会代谢理论基础上提出的，是对某个区域的物质出入量进行分析的一种方法。MFA 是国家和一定行政区域循环经济规划建设的基础和核心，通过对投入到区域内的物质进行全过程追踪考察，可准确掌握区域投入、输出的物质量和废物产生量，以便有效调控经济系统与生态环境间物质的流动方向和流量，进而达到减少资源投入量，提高资源利用效率，减少废物排放量的目的，使经济发展对生态环境的影响降至最低[11]。

目前物质流分析所采用的方法较多，主要有以下几种：

（1）输入—输出分析方法

输入—输出（I/O）分析方法的思想是由法国经济学家魁奈·弗朗斯瓦在 18 世纪首先提出。20 世纪 30 年代美国经济学家瓦西里·列昂惕夫应用该方法首先发现了经验性的 I/O 表。输入—输出分析方法描述了部门间的按照货币或商品量的相互交付情况，通常被应用于国家水平来获得经济结构图和经济部门之间的相互交付关系，并鉴别经济和商品在经济系统内的主要流动。从 20 世纪 60 年代末以来，输入—输出分析方法用来解决经济和环境问题。

（2）质量平衡方法

质量平衡方法针对每种特殊要素在不同时间与地点的流动，包括向环境的散失，估计并核算在物质流动的每一阶段的输入和输出关系，研究并提出与物质流动全部途径相关的分析观点。

总的来说，物质流分析可以在国家、区域以及经济实体三个层面进行研究，其目的是试图超越描述性的分析而进行较为严格的量化，以便找出社会经济系统物质、能量流动与环境问题之间的量化关系，从而为解决这些问题提供依据。

物质流分析主要有以下几方面的作用：① 调控经济系统与生态环境之间的物质流动方向和流量，从而达到减少资源开采与投入，提高资源利用效率，减少污染物排放的目的。② 对社会生产和消费领域的物质流动进行定量和定性分析，了解和掌握整个经济体系中物质的流向、流量，评价和量化经济社会活动的资源投入、产出和资源利用效率，找出降低资源投入量、减少废物排放量，提高资源利用率。③ 核算结果可为制订循环经济发展规划、建立循环经济指标体系提供依据。

2.3　生命周期评价

生命周期评价（Life Cycle Assessent，LCA）是一种评价产品、工艺或活动，从原材料采集，到产品生产、运输、销售、使用、再利用、维护和最终处置整个生命周期阶段有关的环境负荷的过程。它首先辨识和量化整个生命周期阶段中能量和物质的消耗以及环境释放，然后评价这些消耗和释放对环境的影响，最后辨识和评价减少这些影响的机会。生命周期评价，又被称为“从摇篮到坟墓”分析，目前生命周期评价的定义有多种提法，其中国际标准化组织和国际环境毒理学和化学学会的定义最具权威性。

ISO 的定义：汇总和评估一个产品（或服务）体系在其整个生命周期内的所有投入及产出对环境造成的和潜在的影响的方法。

SETAC 的定义：生命周期评价是一种对产品生产工艺以及活动对环境的压力进行评价的客观过程，它是通过对能量和物质的利用以及由此造成的环境废物排放进行识别和量化的过程。其目的在于评估能量和物质利用，以及废物排放对环境的影响，寻求改善环境影响的机会以及如何利用这种机会。评价贯穿于产品、工艺和活动的整个生命周期，包括原材料提取与加工、产品制造、运输以及销售，产品的使用、再利用和维护，废物循环和最终废物处理与处置。

生命周期评价过程包括四个步骤[12]：

（1）目标与范围定义

该阶段是对 LCA 研究的目标和范围进行界定，是 LCA 研究中的第一步，也是最关键的部分。目标定义主要说明进行 LCA 的原因和应用意图，范围界定则主要描述所研究产品系统的功能单位、系统边界、数据分配程序、数据要求及原始数据质量要求等。目标与范围定义直接决定了 LCA 研究的深度和广度。鉴于 LCA 的重复性，可能需要对研究范围进行不断的调整和完善。

（2）清单分析

清单分析是对所研究系统中输入和输出数据建立清单的过程。清单分析主要包括数据的收集和计算，以此来量化产品系统中的相关输入和输出。首先是根据目标与范围定义阶段所确定的研究范围建立生命周期模型，做好数据收集准备。然后进行单元过程数据收集，并根据数据收集进行计算汇总得到产品生命周期的清单结果。

（3）影响评价

影响评价的目的是根据清单分析阶段的结果对产品生命周期的环境影响进行评价。这一过程将清单数据转化为具体的影响类型和指标参数，更便于认识产品生命周期的环境影响。此外，此阶段还为生命周期结果解释阶段提供必要的信息。

（4）结果解释

结果解释是基于清单分析和影响评价的结果识别出产品生命周期中的重大问题，并对结果进行评估，包括完整性、敏感性和一致性检查，进而给出结论、局限和建议。

2.4 生态结构重组

生态结构重组旨在按生态学方式对生态系统进行重组，使之由低级生态系统向高级生态系统转化的推动工业体系演进的战略。

生态系统重组过程意味着运用已经成熟的自然生态系统作为模型对物质和能量流动进行重新组织。狭义的生态结构重组主要针对工业系统，包括各种不同数量和类型工厂企业的组合、企业的地理布局、相互间的物质、能量和信息的流动、交流和层叠；广义的生态重组是指对现有经济体系的重组和经济结构的调整，包括能源结构、产业结构、交通和基础设施、商业流通以及消费结构等。前者从微观和中观层次上推动工业企业和区域实施循环经济和产业生态学，而后者从宏观层次上为实现可持续发展奠定基础。

生态结构重组的内容包括废物资源化、物质流动的闭路循环、产品与经济活动的非物质化和能源脱碳。

生态结构重组的作用可从宏观、中观和微观三个层次上进行描述。宏观层次上，生态结构重组是封闭工业体系乃至全社会的物质循环，实现工业生态系统向高级生态系统进化和可持续发展的根本途径。中观层次上，生态结构重组是工业企业从认识原料和产品的生命周期开始重新审视产品设计、制造与消费过程，延长产品生命。微观层次上，生态结构重组将优化反应过程，实现“原子经济化”，即在分子原子层次上，提高反应的效率，设计最为高效简洁的化学合成反应。

2.5 生态足迹

生态足迹（Ecological Footprint，EF），也称“生态占用”，是指特定数量人群按照某一种生活方式所消费的、自然生态系统提供的各种商品和服务功能，以及在这一过程中所产生的废弃物需要环境（生态系统）吸纳，并以生物生产性土地（或水域）面积来表示的一种可操作的定量方法。

在生态足迹计算中，各种资源和能源消费项目被折算为耕地、草场、林地、建筑用地、化石能源土地和海洋（水域）等6种生物生产面积类型。生态足迹将每个人消耗的资源折合成为全球统一的、具有生产力的地域面积，通过计算区域生态足迹总供给与总需求之间的差值——生态赤字或生态盈余，准确地反映了不同区域对于全球生态环境现状的贡献。生态足迹既能够反映出个人或地区的资源消耗强度，又能够反映出区域的资源供给能力和资源消耗总量，也揭示了人类生存和持续生存的生态阈值。它通过相同的单位比较人类的需求和自然界的供给，使可持续发展的衡量真正具有区域可比性，评估的结果清楚地表明在所分析的每一个时空尺度上，人类对生物圈所施加的压力及其量级。

生态足迹的应用意义在于[13]：通过生态足迹需求与自然生态系统的承载力（亦称生态足迹供给）进行比较即可以定量地判断某一国家或地区目前可持续发展的状态，以便对未来人类生存和社会经济发展做出科学规划和建议。区域生态足迹如果超过了区域所能提供的生态承载力，就出现生态赤字；如果小于区域的生态承载力，则表现为生态盈余。区域的生态赤字或生态盈余，反映了区域人口对自然资源的利用状况。

参考文献

[1] 上海市高校《马克思主义哲学基本原理》编写组. 马克思主义哲学基本原理 [M]. 上海：上海人民出版社，2008.

[2] 马克思恩格斯选集第 4 卷 [M]. 北京：人民出版社. 1995：270 - 271，346.

[3] 吴倬. 马克思主义哲学导论 [M]. 北京：当代中国出版社，2005.

[4] 马克思恩格斯选集第 3 卷 [M]. 北京：人民出版社，1995：359.

[5] 谭群辉. 哲学基础 [M]. 上海：上海财经大学出版社，2008.

[6] 梁艳琴. 控制论原理在书目控制中的应用 [J]. 发展，2012，4：135 - 136.

[7] 万百五. 社会控制论及其进展 [J]. 控制理论与应用，2012，29 (1)：1 - 10.

[8] 魏宏森. 工程控制论是丰富、发展控制论的科学创新之作 [J]. 系统科学学报，2010，18 (3)：1 - 7.

[9] 魏宏森. 系统科学方法论导论 [M]. 北京：人民出版社，1983：131.

[10] 戴铁军. 工业代谢分析方法在企业节能减排中的应用 [J]. 资源科学，2009，31 (4)：703 - 711.

[11] 王军，周燕，金华，等. 物质流分析方法的理论及其应用研究 [J]. 中国人口·资源与环境，2006，16 (4)：60 - 65.

[12] GB/T 24040—2008 环境管理生命周期评价原则与框架

[13] 王书华，毛汉英，王忠静. 生态足迹研究的国内外近期进展 [J]. 自然资源学报，2002，17 (6)：776 - 780.

思考题

1. 工业代谢分析的理论基础是什么？
2. 什么是物质流分析？物质流分析的主要方法是什么？
3. 生态结构重组的作用和目标是什么？
4. 生态足迹的意义是什么？如何计算？

第3章　循环经济理论研究

第1节　循环经济中的环境库兹涅茨曲线分析

1.1　循环经济对环境库兹涅茨曲线良性影响分析

环境库兹涅茨曲线（Environmental Kuznets Curve，EKC）是在库兹涅茨曲线的基础上发展而来的，其理论属于《西方经济学（宏观部分）》，是环境经济学的一个基本命题，它反映了经济增长不同阶段环境状况的不同特征，也是环境经济学最基本的分析工具之一。1955年，美国经济学家西蒙·库兹涅茨（Simon Kuznets，1971年诺贝尔经济学奖获得者）提出了经济增长与收入分配著名的倒U形假定：在经济未充分发展时期，收入分配将随着经济发展而趋于不平等。其后，收入分配经历暂时无大变化的时期，到达经济充分发展的阶段，收入分配将趋于平等。在二维平面空间，以收入差异为纵坐标，以人均收入为横坐标，这一假设便是一个倒“U”字形的关系。这一关系为大量的现实统计数据所证实，通常被称为库兹涅茨曲线。这一曲线所表明的逻辑含义在于，事情在变好以前，可能不得不经历一个更糟糕的过程。这一假定被后人称为“库兹涅茨曲线”。

1990年左右，经济学家格鲁斯曼（Grossman）在环境经济学的研究中，首次提出了“环境库兹涅茨曲线”的现象（图3－1－1）。以后，哈佛大学国际发展研究所帕纳约托证实了环境库兹涅茨曲线，列出了低收入期、转折期和高收入期的环境质量特征值。随后，美国哥伦比亚大学的科恩做了进一步的验证。从总体而言，这种环境质量同经济增长呈倒U形曲线的关系，就其本质去分析，是同整个现代化进程紧密联系在一起的，即低收入国家（发展中国家）与高收入国家（发达国家）在生态环境质量的整体变化中，有比较明确的轨迹可寻。这个动态变化的轨迹被证明可以作为判定现代化实现过程中的程度和方向。

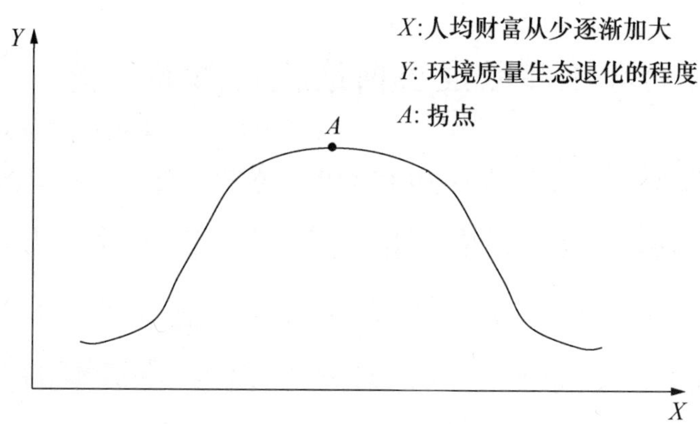

图3－1－1　环境库兹涅茨曲线趋势示意图

环境库兹涅茨曲线建立在一个坐标系里，纵坐标代表环境质量生态退化程度，横坐标代表人均财富逐渐加大的状况（图3－1－2）。

既有的环境库兹涅茨曲线是在历史条件下自发形成的，当我们认识到环境与经济的本质关系时，自觉地调整我们的经济行为和经济方式，必将对环境库兹涅茨曲线产生积极的影响。环境库兹涅茨曲线（图3－1－2）左侧的任何一点 Q 点既表述一个过程点也可以意味着一个新的起点，如果继续沿用传统的经济模式，环境将继续恶化，甚至超出生态阈值而不可恢复；但如果能较好学习、吸取发达国家已经历和积累的经验和教训，尽早实施循环经济，则完全可能建立良性的独特的环境库兹涅茨曲线。实施循环经济的意义在于，尽快建立经济与环境之间良性互动关系，在相对较低的经济规模和相对较低的污染水平下跨越环境库兹涅茨曲线顶点。体现在环境库兹涅茨曲线坐标系上即为：使顶点 A 在横向左移，在纵向下移（如 A' 点）。发达国家在环境库兹涅茨曲线轨迹上留下了循环经济起步的痕迹，循环经济的探索实践也推动了跨越环境库兹涅茨曲线进程。

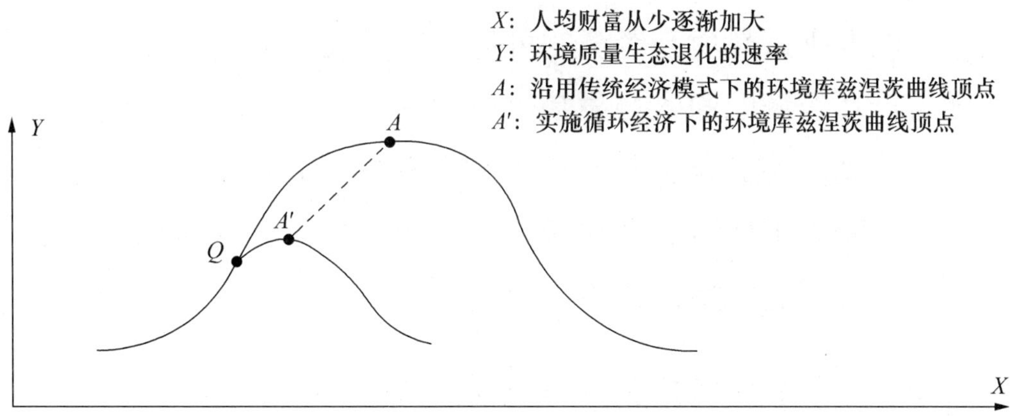

图 3－1－2　循环经济对环境库兹涅茨曲线顶点位置影响的示意图

循环经济探索与努力的程度也直接影响了环境库兹涅茨曲线 A 点的位置。美国是在人均 GDP 达到 11 000 美元左右、德国是在 1 万美元左右、日本达到人均 8 000 美元左右的时候分别到达环境库兹涅茨曲线顶点的，而这也正是因为德国、日本较之美国在实施循环经济方面的努力更多更广的结果。还有一些发展相对滞后的国家和地区，从相对较低的经济水平开始改善经济模式，从而实现了更低水平跨越曲线顶点的实践。

1.2 循环经济对环境库兹涅茨曲线形态的影响

坐标系 A 点左侧曲线（图 3－1－2）显示：早期的工业发展阶段，经济水平较低，环境受影响程度较小，曲线呈缓慢上升趋势，到了工业化进程加快或经济起飞时期，自然资源的耗费、废料、废气的排放逐渐超过了环境自净能力，这一阶段随着人均财富的快速增长，生态环境质量是恶化的，而且，这种恶化呈加速状，环境与经济不可持续性不断增大。A 点附近及右侧曲线显示了一旦到了后工业化社会或经济发展的更高阶段（集中在转型期），人均财富继续增长，生态环境质量维持一定时间的稳定状态（平台期）后，开始逐渐加快改善，环境与经济的可持续性呈现了不断增强趋势。

随着循环经济的深入与发展，环境库兹涅茨曲线的转折点由 A 点左移下移到 A' 点，从而使环境库兹涅茨曲线左移下移，改变了曲线的轨迹，跨越了环境库兹涅茨曲线的顶点，增强了经济与环境的相容性，促进了循环型社会的形成。

1.3 循环经济中环境库兹涅茨曲线的案例分析

发达国家循环经济的研究与实践起步较早，取得了一定的成果，并大大改变了发达国家的库兹涅茨曲线的轨迹，如丹麦卡伦堡工业园区的建立就是循环经济发展的一个很好的例证。较之循环经济对发达国家环境库兹涅茨曲线轨迹的影响，循环经济对中国的环境库兹涅茨曲线轨迹的形成的影响意义更大。发达国家通过消耗大量资源已完成了工业化过程，中国正处于工业化过程中，需要对发展过程进行设计。对于自然资源缺乏、环境容量有限的中国，特别是在目前面临经济全球化，信息产业迅速发展并带动传统产业结构变革和经济、技术革新的背景下，推进循环经济的空间更大，内容也更丰富。发展循环经济以提高资源利用效率，发展循环经济以降低生产过程中的污染成本，发展循环经济以减少消费过程对生态的破坏，循环经济必将大大改善中国发展的环境库兹涅茨曲线。

中国也正在进行着循环经济的实践，并取得了一定成效。许多地区，特别是一些沿海地区，努力实现着循环经济的理念，取得了初步成效。进入 21 世纪以来，中国加速产业调整，完善环境管理体制，增加环保投入，推动循环经济建设，逐步向建设循环经济型社会前进。

山东省威海市多年来坚持环境优先原则，把环境与资源的承载力作为重要因素加以考虑，把城市定位于保护环境和实现资源可持续发展、永续利用上，实现了和实现着循环经济理念的发展之路。在 18% 的经济增长速度发展下，环境质量始终保持着较高水平。市区空气环境质量均达到了《环境空气质量标准》二级标准，城市近岸海域水质和地表水功能区水质达标率继续保持 100%。城市环境基础设施日臻完善。森林覆盖率达到了 35.2%，城市建成区绿化覆盖率达到了 39.82%，自然保护区覆盖率达到了 8.96%。1997 年，威海市首批荣获“国家环境保护模范城市”称号，2000 年初，又通过了原国家环境保护总局和省环境保护局的复核验收，此后，所辖的荣成市、文登市、乳山市，先后加入到国家环境保护模范城市行列，2002 年，威海市形成了全国第一个独具特色的国家环境保护模范城市群格局。2004 年，威海市由于在“改善人居和城市环境方面的突出贡献”，荣获 2003 年度“联合国人居奖”。我们对威海市的经济发展状况与大气和地表水环境指标进行了分析，地表水从 1997 年开始大幅度改善，空气环境质量从 20 世纪 90 年代开始进入稳定状态，并出现进一步改善的趋势，现已越过环境库兹涅茨曲线平台期。2003 年，威海市的人均 GDP 为 33 762 元人民币，约合 4 000 美元，多项数据表明，威海在达到人均 GDP4 000 美元以前已跨越了环境库兹涅茨曲线顶点，污染程度的最高点远远低于发达国家的最高点。

日照也是个典型例子。日照市地处山东省东南部，是山东省最早推行发展循环经济、建设生态市的城市之一，1997 年就开展了生态市建设工作，2002 年被列为全省第一个循环经济试点市。日照之所以选择走循环经济的发展路子，是基于对经济发展规律的深刻认识。日照 1989 年建市，建市时基础差，综合经济实力较弱，结构层次低，特别是工业化水平滞后，因此，如何借鉴和吸取传统发展模式的经验教训，处理好加快发展与保护环境之间的关系，成为一项重大的战略课题。近几年的实践探索证明，日照选择了一条正确的道路。

日照把发展循环经济作为建设生态城市、实现可持续发展的核心工程，纳入经济和社会发展的总体部署，并编制实施了日照生态市建设规划和循环经济发展规划，在不同领域、不同层次进行了积极的探索和实践。

一是培育了生态企业，构筑循环经济微观基础。日照把生态企业建设作为发展循环经济的切入点，引导企业加强环境管理，积极推行清洁生产，使污染防治由末端治理为主向生产全过程控制转变。近年来先后拒绝重污染项目 46 个，其中投资过亿元的大项目 4 个。对新上项目要求尽可能采用国内外先进的生产、环保技术，在项目设计、建设、生产全过程中严格落实循环经济规范。如日照森博浆纸有限公司是国家重点建设项目，一期工程总投资 29.3 亿元人民币，主要生产漂白木浆和纸板。在项目设计和建设过程中，最大限度实现废物的减量化、资源化、无害化，项目用于环保设施的投资达 4.3 亿元。由于采用了国际先进技术和设备，木浆生产工艺各环节相互利用副产品和废物，形成系统内部循环链，使能源和资源利用效率大大提高，各种污染物的排放均优于国家标准。据测算，该企业木浆废液碱回收率达到 98.5%，能源自给率达到 80%，单位产品能耗仅为国内同类企业的 40%。日照近两年先后有 16 户企业通过了清洁生产审计或 ISO 14001 环境管理体系认证。海通制丝有限公司实施废水治理再提高工程，实行生产用水全部循环利用，废水实现了零排放，年综合效益达 100 多万元。

二是建设生态工业园区，构筑循环经济示范基地。在日照经济开发区建设发展上，用循环经济的理念加以设计，在园区启动 ISO 14001 环境管理体系区域认证工作的基础上，成立了全国首家生态企业协会（也叫废物最小化俱乐部），加强产业、企业间的协调合作，通过不同企业或工艺流程间的横向耦合及资源共享，实现了资源利用最大化和废物排放最小化，形成了完善的循环经济产业链。园区内岚桥常青木业公司的废板材被森博浆纸公司用作木浆的生产原料；日照发电厂的粉煤灰和废渣被大宇水泥等企业用于生产新型建材，余热水被用于工厂化海产品养殖；凌云海糖业公司的废糖蜜被酒厂用作酒精生产的原料等，促进了企业间的协调发展。

三是打造环境友好型产业体系，努力建设循环型社会。在培育生态企业、建设生态园区的同时，积极发展环境友好型产业，着力培育具有日照特色的生态产业体系。依托优美的生态环境，大力发展港口经济、大学经济、旅游经济、体育经济、会展经济和房地产业，取得了明显成效。日照还积极开发和利用再生资源，改进了生活垃圾回收处理体系，将原来单一的生活垃圾回收箱改为可回收利用和不可回收利用两种，可用的生活垃圾由全市 40 多家再生资源综合利用企业回收，实行二次开发利用。市岚山办事处安东卫村利用废旧塑料发展绳网加工业，年消化旧网绳、饮料瓶、地膜等废旧塑料1万多吨，生产绳网1.2万t，从业人员1 000多人，年创利税200万元，人均增收1 000元，实现了经济、社会和环境效益的多赢。

循环经济和生态市建设使日照市走上了高点起步、有序发展的路子。近十几年来，日照市环境质量得到持续改善，空气、饮用水、海水质量始终保持在较好水平。2011年，日照市获得“2011中国十佳低碳生态城市”、山东省“污染物总量减排奖”称号，城市环境综合整治定量考核继续保持全省第一。全年市区空气质量功能区达标率为100%；空气质量优良天数达到340天，占93.2%。同时，良好的生态环境促进了日照市经济持续快速增长。2011年，日照市GDP增长率为12.1%，经济增长始终维持在较快水平。从其环境大幅改善，经济持续发展的情况定性来看，日照已经体现了跨越环境库兹涅茨曲线顶点。

山东威海、日照的实践说明，只要发展中国家和地区积极发挥后发优势，倡导循环经济，走可持续发展道路，与发达国家相比，是可以以较低的经济水平和较低的污染程度跨越环境库兹涅茨曲线顶点的。

第2节　循环经济与市场经济关系分析

循环经济本质上是一种生态经济，遵循生态学和经济学的原理，遵循“3R”（减量化、再利用、再循环）和“三化”（减量化、资源化、无害化）的原则，运用系统工程的方法，实现经济活动中资源高效利用和循环利用的一种创新的经济发展模式。它以环境友好的方式利用自然资源和环境容量，通过提高资源利用率，达到经济与环境的协调发展，实现经济、社会、环境效益的共赢。

市场经济是以市场作为实现资源优化配置的基础性手段，以市场机制来启动和调节经济的运行方式。在市场经济条件下，一切经济活动都是直接或间接地处于市场关系之中，所有的劳动产品和生产要素都通过市场加以配置。生产者的生产目的是实现利润最大化，生产什么、生产多少、如何生产都由供求关系以及由此决定的价格机制进行调节。市场机制是推动生产要素流动和促进资源优化配置的基本运行机制。

循环经济与市场经济之间的关系表现为两者具有同一性和互补性。同一性是指两者之间能够共同存在，具有同样的性质。互补性是指两者彼此弥补对方的不足，互为存在和发展的补充条件。

2.1　循环经济与市场经济的同一性

（1）循环经济和市场经济都遵循基于自然资源稀缺性的成本与效率原则

按照著名经济学家亚当·斯密奠定的经济学原理，经济学有两个基本观点：一是人类发展的资源存在着某种稀缺性；二是人类发展需要最有效地配置稀缺资源。当前，人类面临的稀缺资源类型已由 18 世纪工业化运动时期的人力资源稀缺转变为自然资源稀缺，更确切地说是包括自然资源和生态功能在内的自然资本的稀缺。目前，日趋衰减的自然资本已成为人类经济发展的主要制约因素。循环经济理念正是在这一背景之下产生的，它考虑的是如何在既定资源存量下提高资源的利用效率和经济发展质量的问题，把资源环境的消耗严格限制在自然生态系统承载的范围（生态阈限）内。它是根据环境的自净能力和资源的再生能力来使用资源和环境，通过遵循"3R"和"三化"原则，实施清洁生产、建立生态工业园区和循环型社会，从而实现资源的高效利用和社会经济与环境的协调发展。

市场经济认为，价格取决于要素的稀缺程度。当某种要素变得稀缺从而使价格升高时，就促使生产经营者从投入产出的成本与效益出发对该要素节约使用；或者去寻求替代物。然而，自然界中不仅不可再生资源是有限的，即使是可再生资源，如果使用量超出其再生能力，也会转化成不可再生资源。因此，市场经济的成本与效率原则，迫使参与竞争的各方设法提高对资源的利用效率，进而达到社会效益的最大化。

可见，循环经济和市场经济都遵循基于自然资源稀缺性的成本与效率原则。两者都是在自然资本成为制约人类发展主要因素的前提下，运用成本和效率原则，通过提高对资源的利用效率来实现社会效益的最大化。

（2）经济性是同属循环经济和市场经济的根本属性

市场经济规律决定经济活动需要具有经济性。经济性同样是循环经济的根本属性。循环经济本身就是一种经济形态，是否"经济"是循环经济能否得以持久发展的关键问题。只有真正"经济"了，才能调动起企业和全社会发展循环经济的积极性和主动性。如果不能做到"经济"，循环经济就难以有生命力。对于企业而言，只有在有利于降低成本、提高利润的条件下，才会自觉地发展循环经济。虽然循环经济发展离不开政府的作用，如需要政府制定相关政策和法律法规，但最终需要通过市场获得稳定的经济收益，循环经济才能得以持久发展。因此，循环经济必然具有"经济性"，这是循环经济的根本属性。循环经济活动同样需要以市场为基础，在市场经济规律的引导下进行。企业间除了良好的信任机制以外，还应存在切实的经济利益联系，只有这样，企业才能在优胜劣汰的竞争中取得主动，获得最大的经济效益，从而形成发展循环经济的根本动力。例如，丹麦卡伦堡生态工业园成功的重要原因在于园区成员是基于市场经济规律运行的，所有参与企业均通过副产品及废弃物的交换利用取得了良好的经济效益。又如，我国海洋化工行业发展循环经济的典范——山东海化集团，遵循循环经济原理，形成了以海水及地下卤水的综合开发和循环利用为特色的区域循环经济系统，创造了世界制碱史上的先例。其成功的根本原因在于，以制碱和制盐产生的各种废弃物生产的产品具有市场竞争力，能够实现良好的经济效益。

因此，循环经济活动同样遵循市场经济的运行规律，具有“经济性”。这是循环经济的根本属性，也是循环经济发展的根本动力。

2.2　循环经济与市场经济的互补性

（1）循环经济是对市场经济的完善和提升

循环经济为市场经济难以克服的环境污染问题、生态恶化问题和资源枯竭问题提供了解决思路，是市场经济的完善和提升。

① 循环经济使生态环境转化为经济活动的重要内生变量

传统的市场经济理论将生态环境视为经济活动的外生变量，认为它是没有限制和约束的，没有将它作为短缺的生产要素，这成为导致人们在追求其他要素使用效率的同时破坏生态环境的根源。循环经济认为健全的生态条件和优良的环境质量是经济活动中的重要内生要素。当前，日益恶化的生态环境已成为经济增长的主要限制性因素，此外，随着人类社会形态由低级向高级的进化，人们对良好生态环境的需求也越来越强烈，因此，循环经济将生态环境作为生产及生活中的要素给予考虑，以资源的充分利用为核心，并要求市场价格能够准确反映经济活动所造成的环境代价，从而使经济发展和社会活动能够以环境友好的方式进行。

② 循环经济能够解决市场经济条件下产生的外部不经济性问题

在以传统经济学为理论基础的市场经济中，由于市场主体都追求利润最大化，其具体经济行为很少关心甚至不关心外部成本或社会成本，总是试图免费使用生态环境排放废弃物以节约局部私人成本，致使产生外部不经济性，从而导致在环境问题上存在“市场失灵”。循环经济倡导从源头预防做起，主张在物质流动的全过程防治污染，并充分利用资源，尽量不产生污染，从而将经济活动对生态环境的不利影响减少到最小。

③ 循环经济能够协调人与自然关系，实现经济效益和环境效益的“共赢”

在传统的市场经济理论中，人被看作“经济人”，总是追求自身利益最大化，而且这个利益并没有包括良好的生态环境；将人们从事经济活动的目的概括为发展生产力，并将生产力定义为人类征服自然、改造自然的能力，以反映人与自然的关系。这样，人与自然被置于一个相互对立的位置上，自然界有限的资源，要满足无限的需要，就势必导致人类对自然资源最大程度的开发，从而使经济发展与环境保护的矛盾日益深化。循环经济主张生产力的发展应建立在人与自然和谐共生的基础上，资源消耗应严格限制在生态阈值的范围内，不应一味盲目地大量开采利用，以尽量少的资源投入产生尽可能多的经济效益；同时注重生产及生活的环境无害化，把对环境造成的影响减少到最小；并通过加强生态建设，增加生态资本，实施环境经营，从而能够实现经济效益与环境效益的协调统一。

（2）市场经济是循环经济发展的基础和条件

目前，制约循环经济发展的一个重要原因在于环境资源的价格未能正确反映其供求关系，低价甚至免费的资源使用给人们造成了资源丰富的错觉，导致人们对资源的过度开发利用。在这种情况下，人们是不会过多关心如何节约并高效利用资源以及怎样减少和处理污染，循环经济也就很难推行。市场经济是循环经济发展的基础和条件，为循环经济的发展发挥了基础性调节作用。通过完善市场机制，明晰环境资源产权，培育起一个健全的环境保护产品、技术和服务的产业和市场体系，使生态环境和基本资源作为生产要素进入市场交易和流通，使其价格能正确地反映它的全部社会成本，从而建立起一个有效保护生态环境和资源的产权体系和价格体系，为循环经济的建立提供完善的市场体制基础，促使循环经济模式中的各个主体以经济利益为纽带，形成互补互动、共生共利的关系，借助市场的力量来更有效地实现循环经济目标。例如，通过建立并完善生态补偿机制，能够以市场化的方式最大限度地发挥资源效益，实现环境资源的有效配置，浙江省东阳和义乌基于市场机制进行水权交易的实践，就有效实现了区域水资源的共享及优化配置。

综上所述，循环经济与市场经济并不是彼此孤立的，两者不仅具有基本的同一性，还具有强烈的互补性。一方面，循环经济和市场经济都需要遵循经济发展的基本规律，“经济性”是循环经济的根本属性。另一方面，循环经济是对市场经济的完善和提升；市场经济是循环经济发展的基础和条件。同一性和互补性决定了循环经济与市场经济是密切联系、相互融合和贯通的。深刻认识循环经济与市场经济之间的关系，才能有助于推动循环经济的健康发展。当前，我国正以科学发展观为统领，全面建成小康社会和构建生态文明，只有将循环经济和市场经济的作用及优势有机地结合起来，形成整体系统的综合机制，才能使经济、社会、环境协调统一，真正实现科学发展。

第 3 节 循环经济系统稳定性分析

稳定性是描述系统的重要特征之一，系统一定时期内能否稳定，对系统的高效持续运行至关重要。因此，循环经济系统稳定性是循环经济领域中的重要研究课题，对于深化循环经济理论探索，推动循环经济实践，具有重要意义。

3.1 循环经济系统稳定性的概念与内涵[1]

3.1.1 循环经济系统稳定性的概念

循环经济系统稳定性是指在循环经济系统所处条件不变或变化时，系统能够保持稳定状态的能力。这个稳定状态不仅指原有的稳定状态，还包括系统为适应条件的变化而达到新的稳定状态。

3.1.2 循环经济系统稳定性的内涵

循环经济系统稳定性的内涵主要包括：

（1）循环经济系统稳定性是基于生态阈限的稳定

循环经济系统是以自然生态系统为基础，依靠从自然生态系统中取得自然资源而发展的系统。自然生态系统是承载其稳定发展的基础，失去这一基础，循环经济系统将无法运行，其稳定性也就无从谈起。长期以来，在传统的经济发展模式下，人们无视自然生态系统的承载能力，掠夺式地获取自然资源，同时又将大量污染物排入环境，对自然生态系统造成了严重破坏；而自然生态系统所能承受压力的极限即生态阈限是客观存在的，一旦超过这个阈限，经济将趋于崩溃。因此，循环经济系统的稳定性，是以生态阈限为基础的，只有在生态阈限的范围之内，循环经济系统才能得以运行。

（2）循环经济系统稳定性是一种动态稳定

循环经济系统是开放的系统，其所处的条件是动态变化的，系统自身只有随之调整，具备适应变化的能力，才能保持持续稳定的运行。这一过程，是对原有稳定状态不断调整、改造和创新的过程。对于循环经济系统，稳定是相对的，不稳定是绝对的；虽然在一定时期内系统会达到一个相对稳定的状态，但不应将其稳定性理解为维持现状的静止不动，而应理解为过程中的平衡，也就是在通过持续调整以适应条件变化的过程中而实现的平衡；稳定性就是这种系统能够持续实现稳定状态的能力，是一种动态稳定性。

（3）循环经济系统稳定性是发展中的稳定

循环经济系统的稳定是保证发展的基础，循环经济系统的发展是在稳定基础上实现的，只有保持循环经济系统的动态稳定，循环经济才能实现持续发展。发展推进着循环经济的升华，循环经济系统所处的条件是不断变化的，要发展就要适应这种变化，就要打破旧的平衡，建立新的平衡；并且，在这一过程中，要依靠科技进步，依据供求关系，推动系统的发展。否则，一味维持原有的稳定状态，而不去适应条件的变化，系统就会陷入低效率的循环之中，从而失去发展的机会

3.2　循环经济系统的节点（或结构）及其稳定性

3.2.1　循环经济系统的节点（或结构）的概念

循环经济系统中的节点，是相对于系统而言的。如果系统大到一个社会，则与社会相关联的单位（企业）就视为一个节点；如果系统小到一个企业，则生产流程中的每一个工艺链节点就是一个节点。而结构是由若干节点及节点间连接构成的集合体。循环经济系

统都具有一定的结构。对于不同的循环经济系统，由小系统中若干节点及节点间连接组成的结构，同时也可被视为大系统中某一个结构的节点。

由于循环经济系统中的节点处于动态变化的条件之中，于是人们大都认为，节点应当具有柔性，才能适应条件的变化，才能实现循环经济系统的持续发展。而不同的节点，其所处的条件是不同的，受条件的影响也不同。因此，对于节点的性质，不应一概而论，而应根据节点所处条件的不同加以认识。我们可以将节点分为两类，即刚性节点和柔性节点。由上述两类节点分别组成的结构，称为刚性结构和柔性结构。刚性和柔性只是相对的概念，如刚性是相对于柔性而言具有刚性的特点。刚性节点（或结构）和柔性节点（或结构）都能带来稳定性。

3.2.2 循环经济系统的刚性节点（或结构）及其稳定性

（1）刚性节点的概念

刚性节点是指循环经济系统中所处条件相对稳定，自身处于相对稳定状态的一类节点。这类节点在循环经济系统中受所处条件影响较小，自身处于相对稳定的状态，具有刚性的特点。这种情况下，刚性节点（或结构）能够带来循环经济系统的稳定。

（2）刚性节点稳定性的案例分析

以啤酒生产企业为例，从产品及生产工艺方面看，在长期的生产过程中，其主要产品的种类不会出现太大变化，生产工艺流程也保持相对稳定，即包括制麦、糖化、发酵、过滤、罐装五个工艺节点部分；从市场供求方面看，人们对啤酒口味的认可也造成了市场供求关系的基本稳定。因此，若将啤酒生产企业视为循环经济系统，由于啤酒生产流程中的各个节点的工艺是相对稳定的，因而这些节点就可被看作系统中的刚性节点；同时，各节点工艺的相对稳定也决定了整个生产流程的相对稳定，并且这些节点所产生的副产品及利用途径也是相对固定的（见表3－3－1），因而由这些节点及节点间链接所构成的啤酒生产企业循环经济系统的链网结构可被视为刚性的结构。以某啤酒企业为例的循环经济系统刚性节点及结构的概念示意图如图3－3－1所示。若将区域视为循环经济系统，则啤酒生产企业由于生产工艺及产品市场供求相对稳定，就可被看作区域循环经济系统中的刚性节点。可见，啤酒生产企业的刚性节点和结构能够带来循环经济系统的稳定性。

表3－3－1　啤酒生产企业中刚性节点的副产品及利用状况

节点名称	主要作用	主要副产品	副产品的主要利用途径
制麦节点	将大麦经过精选、发芽、干燥、除根后制成麦芽，作为啤酒生产的主要原料	小粒大麦、浮麦、麦根和麦皮等	经过深加工可制成饲料
糖化节点	将大米、麦芽进行糊化、糖化、过滤、煮沸并添加酒花，然后将这些原料制成麦汁，作为发酵的原料输送到发酵罐进行发酵	碎大米、麦皮、啤酒糟和热凝固物（主要成分是酒花糟和蛋白质）	可直接喂养牲畜，也可制作饲料制品（如颗粒饲料）和宠物食品
发酵节点	在冷却的麦汁中添加啤酒酵母，之后经过前发酵、主发酵、后发酵和贮酒等过程制成啤酒	啤酒酵母泥	用作制药企业的原材料，如复合核苷、复合氨基酸和膳食纤维素等
过滤节点	将比较浑浊的酒液变成清酒	废硅藻土	与锅炉煤渣一起作为制砖的原料
包装节点	啤酒产品包装	碎玻璃和废纸板	回收再利用

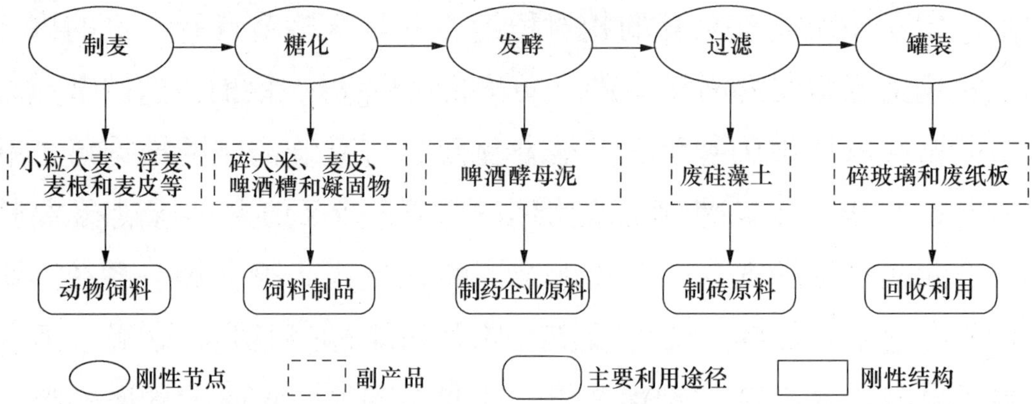

图 3－3－1　某啤酒企业的刚性节点及结构概念示意图

3.2.3　循环经济系统的柔性节点（或结构）及其稳定性

（1）柔性节点的概念

柔性节点是指循环经济系统中所处条件变化相对较快，自身能够随之调整以灵活应对条件变化的一类节点。这类节点，由于受所处条件变化的影响较大，因此需要保持柔性的特点。这种情况下，柔性节点能够带来系统的稳定。柔性节点对保持循环经济系统链网的稳定性具有重要的作用。

（2）柔性节点稳定性的案例分析

以化工企业为例，化工产品的市场供求变化灵活，这就需要企业能够应对市场供求的变化，使产品生产能随之做出反应，即市场需要何种产品，就能够生产这种产品，从而实现产品生产根据市场供求变化的灵活调整；同时，随着科学技术的不断发展，也为更多新产品生产及副产品的资源化利用提供了可能。这样，若将化工企业视为循环经济系统，则能灵活调整产品生产的联结点可被看作系统中的柔性节点；由这些节点及节点间链接所构成的化工企业循环经济系统的结构可被视为柔性的结构。若将社会视为循环经济系统，则化工企业由于能够根据市场供求灵活调整产品生产，就可被看作社会循环经济系统中的柔性节点。

以某化工企业为例的柔性节点及结构概念示意图见图 3－3－2。由图可见，该企业在生产原料基本不变的情况下，其中的甲醇、甲酸甲酯、甲酸三个柔性节点能够根据市场供求信息，通过技术创新，灵活调整生产工艺，生产出不同的产品，从而不断丰富、拓展了产业链网，并形成了柔性结构。目前主要包括五条产业链：第一条生产甲醇、合成氨、尿素；第二条由煤气中提取的一氧化碳和甲醇生产甲酸甲酯，再由甲酸甲酯生产甲酸；第三条是用甲醇与合成氨生产甲胺；第四条是用甲胺与甲酸甲酯生产 DMF；第五条是以甲酸生产甲酸钙、甲酸钾、甲酸铵、甲酸醇等系列产品。这样，产品生产根据市场供求状况灵活调整，能够适应市场需求的变化，抵抗市场风险的能力较强，具有较好的稳定性。可见，化工生产企业的柔性节点和结构能够带来循环经济系统的稳定性。

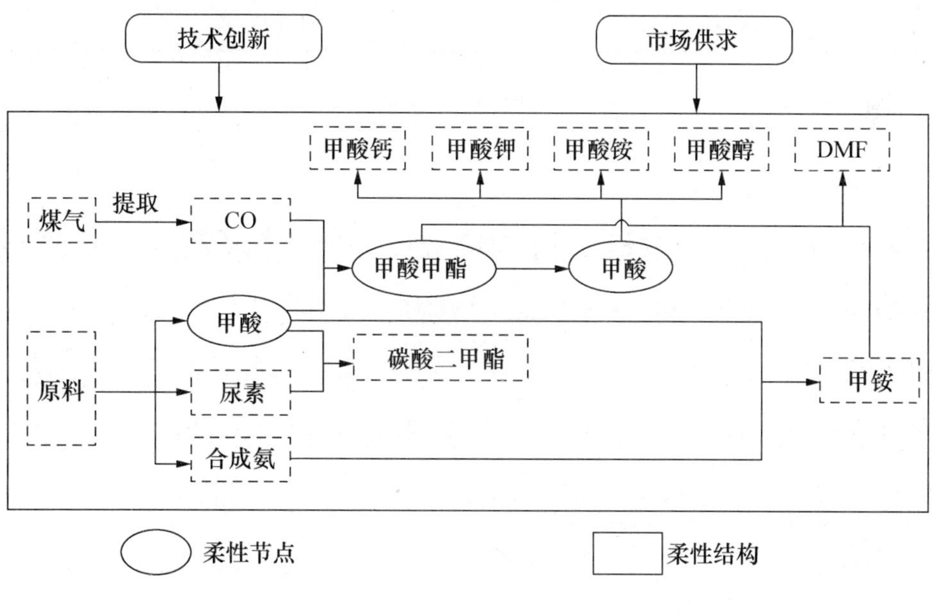

图 3－3－2　某化工企业的柔性节点及结构概念示意图

由上述分析可见，循环经济系统的两类节点中，刚性节点由于受所处条件变化影响相对较小，在系统中自身能够处于相对稳定的状态，可以带来系统的稳定。柔性节点受所处条件变化影响较大，对整个系统链网的稳定性起着至关重要的作用，但通过根据市场供求及时调整产品生产，灵活应对市场变化，并随着科学技术的发展，积极改善生产工艺，也能够带来系统的稳定。刚性节点与柔性节点基本对比见表 3 –3 –2 所示。

表 3 –3 –2　刚性节点与柔性节点的基本对比

类别	刚性节点（或结构）	柔性节点（或结构）
基础构成	刚性工艺链节点	柔性工艺链节点
主要表现形态	刚性节点、刚性结构	柔性节点、柔性结构
受市场供求影响	相对较小	较大，但能够灵活应对
生产工艺	相对稳定	灵活调整以应对市场供求的变化
稳定性	自身处于相对稳定状态，能够带来相对稳定性	以柔性特点应对条件变化，能够带来稳定性

第 4 节　区域循环经济的边界资源平衡——循环经济输入输出问题

4.1　区域循环经济的内涵

4.1.1　循环经济系统

循环经济系统是实践循环经济的具体形态。循环经济的发展，是依托各种不同类型的循环经济系统的发展形态实现的。本书中所指的循环经济输入输出问题即指循环经济系统的输入输出问题。本书认为，循环经济系统可以从实施载体、实施层面以及空间表现形态三个角度划分。

（1）从实施载体划分

循环经济所依托的载体一般包括企业、行业、园区、城市、省域、国家等，根据这些实施载体的不同，可以将循环经济系统相应划分为企业循环经济系统、行业循环经济系统、园区循环经济系统、城市循环经济系统、省域循环经济系统、国家循环经济系统等。

（2）从实施层面划分

循环经济的实施可分为微观、中观和宏观三个层面，对应的循环经济系统为微观循环经济系统、中观循环经济系统和宏观循环经济系统。结合实施载体的划分，可以将企业循环经济系统视为微观循环经济系统；行业和园区（一个或多个行业的组合体）循环经济系统视为中观循环经济系统；城市、省域、国家循环经济系统不仅包括生产领域，还涉及流通、消费等领域，可被视为宏观循环经济系统。

（3）从空间表现形态划分

循环经济系统的运行需要在一定空间范围内进行，具有一定的空间表现形态。从空间表现形态的角度，可以将循环经济系统划分为“点”、“线”、“面”三种类型。

“点”：以“点”为表现形态的循环经济系统主要是指以单个企业为载体建立的循环经济系统。

“线”：以“线”为表现形态的循环经济系统主要是指以行业为载体建立的循环经济系统。

“面”：以“面”为表现形态的循环经济系统主要是指以园区、

城市、省域、国家为载体建立的循环经济系统，分别对应园区循环经济系统、城市循环经济系统、省域循环经济系统和国家循环经济系统。目前，面的表现形式主要是以“行政区域”形成的面；同时，也开始向超越行政区的“面”进行扩展，如我国长株潭城市群等形式[2]。我国已经建立的各类国家级生态工业示范园区，循环经济试点省（如辽宁省）、循环经济试点市（如贵阳市、日照市），以及生态市、生态省，都属于以“面”为表现形态的循环经济系统。日本的循环型社会则可被视为国家循环经济系统的代表。超越国家边界的循环经济系统，也是以“面”为表现形式的循环经济系统的发展方向。因此，以“面”为表现形态的循环经济系统，既包括以行政区域表现的“面”，又包括超越行政区边界乃至超越国家边界形成的“面”。循环经济系统划分见表3－4－1。

表3－4－1 循环经济系统类型划分

空间表现形态	实施载体	对应的循环经济系统	实施层面
点	企业	企业循环经济系统	微观
线	行业	行业循环经济系统	中观
面	园区	园区循环经济系统	中观
面	城市	城市循环经济系统	宏观
面	省域	省域循环经济系统	宏观
面	国家	国家循环经济系统	宏观

循环经济的发展需要依托一定的区域空间为载体实现。企业可形成最基本的循环经济系统。通过推行企业清洁生产和产品生态设计，可以实现企业层面的循环经济发展。将企业层面上形成的循环经济实践经验在行业中推广，可以推进整个行业层面的循环经济发展。例如，钢铁、造纸、啤酒等企业的循环经济实践可以经过总

结，提炼出具有共性的普遍经验在各自行业内推广，从而提高各个行业整体的循环经济水平。然而，无论是企业层面，还是行业层面的循环经济发展，都难以实现资源在各自系统内部的自我完全消化，从而实现资源的充分利用，这就非常需要与其他企业和行业进行资源的交换，构建超越企业边界以及行业边界的循环经济产业链。例如，化工企业产生的危险废弃物铬渣，难以在企业内部消化，但可以被钢铁企业消纳，从而超越企业边界，与钢铁企业构成循环经济链。这同时也为整个化工行业解决铬渣问题，发展循环经济提供了一条跨行业联合的途径。随着循环经济发展由企业层面向行业层面的扩展，又将进一步融合第一、二、三产业，向区域层面扩展。例如，园区循环经济的典型案例——丹麦卡伦堡生态工业园区中，循环经济链网不仅包含了工业企业，还包含了海水养殖、花卉种植以及居民生活等组成部分。又如，我国第一个国家级生态工业示范园区——广西贵港国家生态工业（糖业）示范园区中，甘蔗种植系统为整个园区提供原料，是整个园区循环经济发展重要的资源保障，从而构成工业与农业紧密联合的区域循环经济系统。

可见，无论以“点”还是以“线”为表现形态的循环经济系统，都会形成以“面”为表现形态的区域循环经济系统。区域循环经济的发展通过园区、城市、省域、国家等这些以“面”为表现形态的循环经济系统的运行实现。

4.1.2　区域循环经济

当前，发展区域经济已经上升为我国的一项发展战略。2009 年，国务院先后批复了珠江三角洲、海峡西岸、江苏沿海、关中—天水、辽宁沿海、横琴、图们江、中部地区、黄河三角洲、鄱阳湖、海南国际旅游岛共 11 个区域规划（见表 3 - 4 - 2），批复的区域经济规划数量几乎是过去 4 年的总和，出台速度前所未有。这标志着我国发展区域经济时代的到来。2010—2012 年，国务院又先后批复了《皖江城市带承接产业转移示范区规划》、《长江三角洲地区区域规划》、《成渝经济区区域规划》和《中原经济区发展规划》。

表 3 -4 -2　2009 年我国批准的区域经济规划

序号	名称	批准时间
1	《珠江三角洲地区改革发展规划纲要（2008—2020 年）》	2009 年 1 月
2	《支持福建加快建设海峡西岸经济区的若干意见》	2009 年 5 月
3	《江苏沿海地区发展规划》	2009 年 6 月
4	《关中—天水经济区发展规划》	2009 年 6 月
5	《辽宁沿海经济带发展规划》	2009 年 7 月
6	《横琴总体发展规划》	2009 年 8 月
7	《中国图们江区域合作开发规划纲要》	2009 年 8 月
8	《促进中部地区崛起规划》	2009 年 9 月
9	《黄河三角洲高效生态经济区发展规划》	2009 年 12 月
10	《鄱阳湖生态经济区规划》	2009 年 12 月
11	《国务院关于推进海南国际旅游岛建设发展的若干意见》	2009 年 12 月

其中，《中原经济区发展规划》是党的十八大后首个获批的区域经济规划，被认为具有承前启后的意义[3]。规划所提出的："探索不以牺牲农业和粮食、生态和环境为代价的新型城镇化、工业化和农业现代化协调发展的路子"的指导思想，得到了国家的明确支持，将成为此后区域发展的风向标。西部大开发、中部崛起、东北振兴、东部沿海率先发展的"四大板块"战略是我国的一项长期战略，在这"四大板块"战略之下，未来区域规划将会更注重推进跨越行政边界的区域合作[3]。《中原经济区发展规划》中明确提出[4]："探索跨行政区域产业合作发展新模式，推动共建产业园区"以及

“打破行政界限和市场分割”。国家发改委副主任杜鹰将未来区域政策的重点概括为“细化、实化、差别化”，即在“四大板块”战略之下，细化区域规划，使宏观区域规划落实在空间上，并体现各地的差异性[3]。这将要求进一步突出各区域的特色，避免经济发展中的产业雷同和重复建设等现象。

2011 年，国务院还批复了三个海洋区域经济发展规划，即：《山东半岛蓝色经济区发展规划》、《浙江海洋经济发展示范区规划》和《广东海洋经济综合试验区发展规划》。此外，《京津冀都市圈区域规划》也已上报国务院并即将获得批复实施。目前，我国区域经济规划的范围从东部逐步向中部、西部拓展。三个海洋经济区域规划的批复和实施，标志着我国区域经济重点由陆地向海洋拓展，更好的体现了我国（陆地、海洋）科学发展的全覆盖。2010—2012 年我国批复的区域经济规划见表 3－4－3。

表 3－4－3　2010—2012 年我国批准的区域经济规划

序号	名称	批准时间
1	《皖江城市带承接产业转移示范区规划》	2010 年 1 月
2	《长江三角洲地区区域规划》	2010 年 5 月
3	《山东半岛蓝色经济区发展规划》	2011 年 1 月
4	《浙江海洋经济发展示范区规划》	2011 年 3 月
5	《成渝经济区区域规划》	2011 年 5 月
6	《广东海洋经济综合试验区发展规划》	2011 年 8 月
7	《中原经济区发展规划》	2012 年 11 月
8	《京津冀都市圈区域规划》	待批复

可见，近年来区域经济规划的集中批复表明我国发展区域经济的机遇已经到来，这已经成为我国经济发展需要长期坚持的战略。

在这种背景之下，应当更加重视区域循环经济的研究，需要将循环经济理念充分融入到区域经济的发展之中。区域循环经济是在一定区域范围内进行的循环经济实践。循环经济的发展，归根结底要以特定的区域为载体。目前，区域循环经济已经成为我国当前循环经济实践中的一项重要内容。2009 年 12 月 24 日，《甘肃省循环经济总体规划》获国务院批准实施，这是我国第一个由国家批复实施的区域循环经济发展规划。2010 年 3 月 15 日，《青海省柴达木循环经济试验区总体规划》又获国务院批准实施，这是国务院批复的第二个区域循环经济总体规划[5]。这标志着我国循环经济进入了“区域循环经济”的重要发展阶段。

2012 年 12 月 12 日，我国《“十二五”循环经济发展规划》在国务院常务会议上获得讨论通过。规划从以下几个方面明确了发展循环经济的主要目标、重点任务和保障措施[6]：

（1）构建循环型工业体系。在工业领域全面推行循环型生产方式，促进清洁生产、源头减量，实现能源梯级利用、水资源循环利用、废物交换利用、土地节约集约利用。

（2）构建循环型农业体系。在农业领域推动资源利用节约化、生产过程清洁化、产业链接循环化、废物处理资源化，形成农林牧渔多业共生的循环型农业生产方式，改善农村生态环境，提高农业综合效益。

（3）构建循环型服务业体系，推进社会层面循环经济发展。完善再生资源和垃圾分类回收体系，推行绿色建筑和绿色交通行动。充分发挥服务业在引导树立绿色低碳循环消费理念、转变消费模式方面的作用。

（4）开展循环经济“十百千”示范行动，实施十大工程，创建百座示范城市（县），培育千家示范企业和园区。会议要求完善财税、金融、产业、投资、价格和收费政策，健全法规标准，建立统计评价制度，加强监督管理，积极开展国际交流与合作，全面推进循环经济发展。

我国《“十二五”循环经济发展规划》是目前我国最大范围的区域循环经济规划，也是目前世界上首个国家层面的区域循环经济规划。这充分体现了我国对区域循环经济的深刻认识和高度重视，并表明我国循环经济的发展将实现向整个国家范围的全覆盖。在区域经济战略和我国《“十二五”循环经济发展规划》的指导下，区域循环经济正面临重要的发展机遇期，循环经济发展正全面进入区域循环经济发展的时代。今后时期，开展区域循环经济的实践和理论研究，将具有十分重要的现实意义和理论意义。

通过对相关文献和书籍的详细检索查阅发现，目前关于区域循环经济较为明确的定义主要包括14种，经过对其提炼概括，得到各定义的基本要点主要包括以下内容（见表3－4－4）。

表3－4－4　目前区域循环经济定义中的基本观点

提出者	提出时间	区域循环经济定义中包含的基本要点
冯之浚[7]	2004	（1）以企业、园区和城市循环经济为基础；（2）是循环经济在区域内更高层次、更大范围上的实施；（3）是社会循环经济的基础
丘兆逸[8]	2006	（1）在区域层面上构建生态产业链；（2）在区域内企业群体之间实现循环；（3）实现资源减量化，产品和废弃物的再利用
何丽娜[9]	2006	（1）是在区域经济或者区域发展基础上建立的循环经济系统；（2）以企业、园区和城市循环经济为基础；（3）是循环经济在区域内更高层次、更大范围上的实施；（4）是社会循环经济的基础

续表

提出者	提出时间	区域循环经济定义中包含的基本要点
侯丽萍[10]	2006	（1）依托一定的经济地域；（2）是一种以资源循环利用为基础和核心的经济发展模式；（3）目标是实现经济、社会、环境之间的协调发展以及区域的全面可持续发展；（4）区域循环经济不局限于区域内部，还包括区域间的资源交换
张燕[11]	2006	（1）是区域经济发展的一种新的模式；（2）依托一定范围的区域；（3）以区域的资源、环境和社会经济发展特点为基础；（4）目标是实现区域经济、社会、生态的协调和可持续发展；（5）需要对区域的整体发展和资源循环利用进行统筹规划；（6）遵循区域经济规律和生态规律
肖华茂[12]	2007	（1）依托一定的行政区域；（2）遵循循环经济理念和生态学原理，建立生态产业链；（3）在区域内企业群体之间实现循环；（4）实现资源减量化，产品和废弃物的再利用以及整个区域经济社会的可持续发展；（5）是社会循环经济的基础；（6）以区域经济或区域发展为基础；（7）遵循区域经济规律
何东[13]	2007	（1）依托一定区域；（2）目标是实现可持续发展为目标，核心是资源的高效利用和循环利用；（3）遵循“减量化、再利用、资源化”的原则；（4）建立低消耗、低排放、高效率的经济增长模式；（5）包括四重空间：区域内企业（家庭）、产业园区和区域的三重循环，以及区域之间的资源物质循环和协调发展
张广利，李华东[14]	2007	（1）模拟自然生态系统，建立产业中“生产者—消费者—分解者”的循环经济网络；（2）通过企业、政府和公众等主体的共同参与，实现生产、循环和自组织的功能
陈小敏等[15]	2008	（1）依托一定的区域；（2）遵循循环经济理念和生态学原理，建立生态产业链；（3）在区域内企业群体之间实现循环；（4）实现资源减量化，产品和废弃物的再利用以及整个区域经济社会的可持续发展；（5）运用生态学理论规划区域经济活动

续表

提出者	提出时间	区域循环经济定义中包含的基本要点
李岩[16]	2009	（1）是一种新的经济形态；（2）按照区域生态系统规律建立经济系统
林维柏[17]	2009	（1）依托一定的区域范围，并且区域的概念是相对的；（2）以区域的资源、环境和社会经济发展特点为基础；（3）目标是实现区域经济、社会、生态的协调和可持续发展；（4）对区域的整体发展和资源循环利用进行统筹规划
尹科等[18]	2009	（1）以区域经济或区域发展为基础；（2）须遵循区域经济规律和生态循环原则；（3）实现整个区域内资源节约、废弃物资源化利用、提高资源利用率；（4）涵盖经济活动的流通和消费环节，将循环经济理念体现在区域发展的全过程
薛冰[19]	2009	（1）依托一定的区域空间范围；（2）核心是资源的高效利用和循环利用，遵循“减量化、再利用、资源化”原则，以信息为纽带，建立产业共生；（3）是一种环境友好型的社会经济活动组织和发展形式；（4）目的是使区域人类社会经济活动实现完善和重组
邹红等[20]	2010	（1）以高效利用资源和防治环境污染为出发点；（2）遵循“减量化、再利用、资源化”原则；（3）以实现经济效益、生态效益和社会效益提升为核心；（4）转变生产方式和消费方式；（5）是一种实现区域人与自然和谐的创新经济增长方式

上述区域循环经济定义中包含的基本要点，可以主要归纳为以下几个方面：

（1）区域循环经济的依托载体：区域循环经济的实施需要在一定的区域范围内进行，这一点已经基本得到学者们的共识。

（2）区域循环经济需遵循的原则：发展区域循环经济需要遵循区域经济规律和生态规律，以及“减量化、再利用、资源化”原则等。

(3) 区域循环经济的实施途径或内容：实施区域循环经济主要内容涉及构建生态产业链，建立区域企业群体内的循环，建立循环经济网络，推动资源减量化、产品和废弃物的再利用，进行资源的循环利用和高效利用，开展区域间的资源循环等。

(4) 区域循环经济的目标：发展区域循环经济的目标是实现经济、社会和环境的协调发展，以及区域的可持续发展。

(5) 区域循环经济的性质：区域循环经济被认为是一种新的经济形态，新的经济增长方式，是社会循环经济的基础，是区域层面的循环经济系统，是环境友好型的社会经济活动组织和发展形式。

笔者认为，“区域循环经济”一词是“区域”与“循环经济”的有机组合，理解和定义区域循环经济，应当建立在对“区域”一词概念认识的基础上。区域可以理解为一个客观存在的空间概念，目前对于区域尚未有一个明确统一的定义[21]。美国区域经济学家胡佛（E. M. Hoover）于1970年给出的定义影响较为广泛。他认为，区域是基于描述、分析、管理、计划或制定政策等目的而作为一个应用性整体加以考虑的一片地区。它可以按照内部的同质性或功能一体化原则划分[22]。区域科学的创始人，美国学者艾萨德（Walter Isard）认为，较为可行的区域范围一般是某一给定的行政区域，当该行政区不适合研究问题的要求时，需要根据具体情况确定新的范围[23]。区域包含了诸多区域要素，如资源禀赋、生态环境状况、经济发展阶段、文化、制度（一般体现在国家区域）等。这些要素构成了一个区域的特色，同时也持续作用于该区域的发展过程中。不同的区域，区域要素往往是各不相同的。可以认为，循环经济在区域范围内实施的过程，是循环经济理念优化区域发展的过程，同时也是区域要素作用于循环经济运行的过程。显然，区域循环经济具有明显的区域特色。区域循环经济是以循环经济理念向区域中的嵌入，是区域要素与循环经济理念的有机结合。

从区域的概念出发，结合循环经济的理念，笔者认为，区域循环经济是指以区域为空间载体，以区域要素（如资源、生态、环境、经济、文化、制度）为基础，遵循减量化、资源化、无害化的原则，构建区域以及跨区域的生态产业链网，充分利用资源、防治污染，使区域经济社会发展与生态环境相协调，实现区域可持续发展的一种经济发展模式。区域循环经济以区域循环经济系统的形态存在和发展。区域循环经济中的区域是一个相对的概念，按照通常的行政区域边界划分，可以是一个园区，也可以是一个城市、省、国家乃至更大范围。当然，区域循环经济中的区域，还包括跨行政区域边界的特定区域等。该定义主要体现了以下几个方面的内容：

（1）区域性。区域是循环经济实践的空间载体，区域要素是实施循环经济的基础或者说是条件，这决定了区域循环经济具有鲜明的区域特色。

（2）遵循的原则。“减量化、资源化、无害化”的“三化”原则。

（3）实施内容。区域循环经济实践的基本内容主要可概括为生态产业链网，这种链网结构，不是仅仅局限于区域内部，还包括跨区域的范畴。同时，链网构建的过程，也是充分利用资源并防治污染的过程。

（4）目标。区域循环经济的目标是使区域经济社会发展与生态环境的协调，以实现整个区域的可持续发展。

4.2　区域循环经济输入输出问题的基本分析

目前，在对循环经济“循环”的认识上仍存在着误区，如认为区域循环经济系统是一个完全闭合的“循环”系统，循环经济的目标就是追求资源的“循环”利用等。有些认识还局限于对“循环”望文生义的表意的理解。受这些认识的影响，在循环经济实践中，往往过于追求循环经济系统内部的“零排放”、“吃干榨尽”；表现在区域循环经济规划编制中，就是一味地追求构建规划区域内部的完美“循环”，这极大地限制了循环经济的运行效果，不利于循环经济的发展走向深入。应当看到，循环经济的“循环”不是封闭的循环，循环经济系统具有开放性，开放性决定循环经济系统必然存在着与系统外部之间的输入输出关系，输入输出体现着循环经济的开放性。循环经济的输入输出问题，是任何循环经济系统客观存在的一个共性问题，也是区域循环经济发展中面临的重要问题。

发展区域循环经济已成为历史发展新阶段的必然要求。我国幅员辽阔，各地区的资源禀赋和生态功能差异较大，发展区域循环经济意义重大。我国将循环经济的发展推向深入，需要重视发展区域循环经济，区域循环经济的发展需要向更大范围扩展，这样才能有效扩大循环经济的规模，这必然要重视区域循环经济的输入输出问题。

4.2.1 循环经济系统的输入输出问题

（1）输入输出体现着循环经济系统的开放性

① 循环经济中“循环”的内涵

循环经济中的“循环”，源于生态学意义上的“循环”，即模拟自然生态系统中生产者、消费者、分解者的功能构建链网形态的结构，使各组成单元之间建立物质、能量、信息等传递关系，从而使资源以循环的方式得以充分利用，并减少废弃物排放。循环经济中的“循环”不是目的，循环经济不是为追求“循环”而“循环”。“循环”的建立既要符合经济规律，又要符合生态规律。循环经济中的“循环”是经济系统模拟自然生态系统的一种表现形态，反映了人类对自然生态系统物质流动规律的科学认识。通过“循环”的过程，能够使物质得以充分利用，使经济活动与生态系统相协调，但“循环”的建立要基于经济规律和生态规律，而不应一味地追求“循环”。

② 输入输出反映了循环经济系统的开放性

循环经济系统中的“循环”不是封闭的循环，循环经济系统是开放的系统。链网结构的循环经济系统由内部的循环链网和外部链网的连接部分组成，与外部链网连接部分反映了循环经济系统的开放性，并表现为循环经济系统的输入输出。循环经济系统追求资源的充分利用，但资源的充分利用不是仅局限于通过系统内部的循环实现，同时还需要通过系统与外部的输入输出来实现。循环经济系统就是兼具资源内部循环和输入输出功能的系统。

循环经济的输入输出问题是任何循环经济系统客观存在的一个共性问题。无论是以“点”、“线”，还是以“面”为表现形态的循环经济系统，在系统的边界，都必然存在着系统与外部的资源输入输出。循环经济系统的内部循环与输入输出示意图如图 3－4－1 所示。

（2）输入输出对循环经济系统的健康运行发挥着重要作用

循环经济系统的链网结构表现了系统在充分利用资源的过程中达到的一种平衡状态。循环经济系统所处的外部条件（如科学技术、市场条件、生态环境）是不断变化的，当条件发生变化时，循环经济系统原有的平衡状态将被打破，循环经济系统只有适应这种变化，重新建立新的平衡，才能实现健康的运行。例如循环经济应当满足经济性（市场经济性和生态经济性），当在系统内部进行的资源的循环利用不经济时，就需要考虑系统外部是否存在更为经济的循环利用途径。可见，循环经济系统需要在一种动态平衡的状态下运行，当外部条件发生变化使系统内部的平衡不科学或内部无法

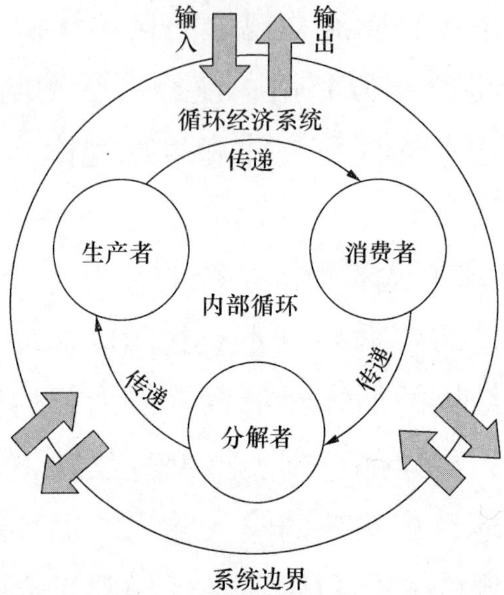

图 3 -4 -1　循环经济系统的内部循环与输入输出示意图

平衡时，就应当考虑系统与外部建立平衡，这种平衡的建立是通过循环经济系统的输入输出实现的。

（3）输入输出是实现循环经济系统扩展的必然选择

循环经济系统整体的最优是循环经济发展所追求的目标。各种不同类型的循环经济系统是相互套嵌的，一个循环经济系统由若干个子系统构成，同时自身又是构成更大系统的一个子系统，各子系统的发展需要在实现大系统最优的前提下进行。例如，对于以“面”为表现形态的园区、城市、省域和国家循环经济系统，系统的范围依次扩大，当前实现国家循环经济系统的整体最优是一个国家发展循环经济的最高目标，这就需要在这一前提下对省域、城市、园区的循环经济系统发展进行统筹考虑。因此，某个循环经济系统的发展，不能仅仅孤立地考虑其内部的发展，需要从更大系统发展的角度进行统筹考虑，这实质上决定了循环经济系统的发展需要向更大的系统进行扩展。这种扩展，就需要通过循环经济系统边界的输入输出实现。循环经济系统扩展示意图如图 3 -4 -2 所示。

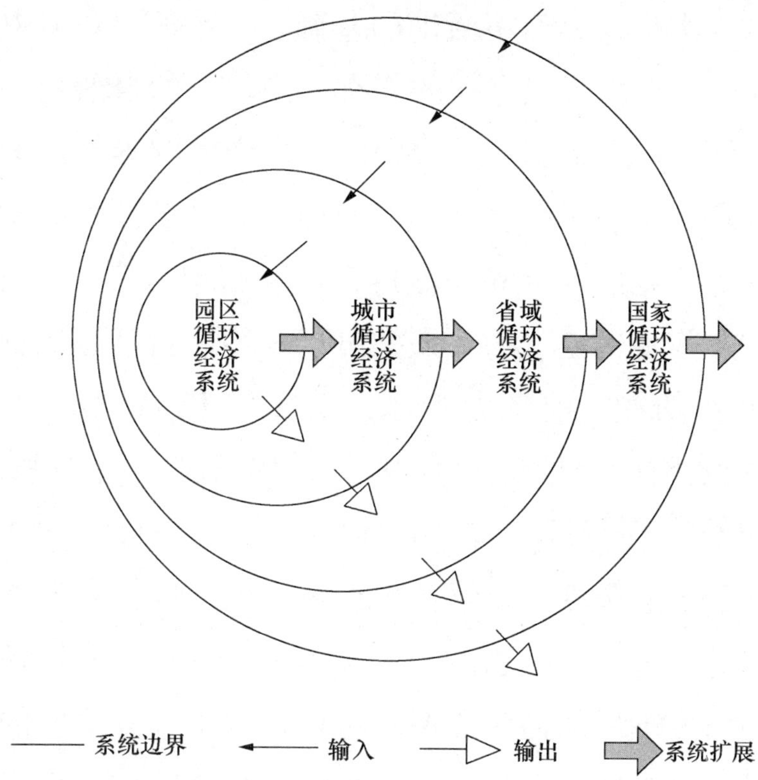

图 3-4-2　循环经济系统扩展示意图

循环经济系统的输入输出问题是循环经济发展中面临的一个客观存在的问题。循环经济的发展，不应仅局限于循环经济系统内部的循环，必须同时考虑循环经济系统的输入输出问题。通过循环经济系统的内部循环和输入输出，综合体现资源平衡，才能实现循环经济系统运行的最佳状态。循环经济系统的输入输出问题，推进了循环经济系统向更大的系统扩展。

4.2.2　循环经济系统输入输出的要素分类

循环经济系统输入输出的要素主要包括资源、劳动力、资本、科技、信息。循环经济以资源的高效利用和循环利用为核心，本书主要指以资源为主的输入输出。

（1）资源

资源是人类生存和经济活动的基础。《辞海》一书中关于自然资源的定义：一般指天然存在的并有利用价值的自然物，如土地资源、矿产资源、水利资源、生物资源、海洋资源等，是生产的原料来源和布局场所。随着社会生产力的提高和科学技术的发展，人类开发利用自然资源的广度和深度也在不断增加[23,24]。《大英百科全书》中对自然资源的定义为：人类可以利用的自然生成物，及其生成源泉的环境功能。前者为土地、水、大气、岩石、矿物、生物等，后者为太阳能、地球物理化学循环机能、生态系统的机能等[24,26]。联合国环境规划署（UNEP）所给出的自然资源定义为：在一定时间、地点条件下能够产生经济价值，以提高人类当前和将来福利的自然环境因素的总称[27]。除自然资源外，资源还包括自然资源经加工、处理后的衍生资源，这些资源也十分重要的体现在循环经济的输入输出中。并且，在循环经济的视野中，垃圾是放错了位置的资源。“废物”的概念不是绝对的，是动态变化的，当前的“废物”今后并非是“废物”。有些废物甚至具有战略意义，如电子废弃物因含有多种稀有金属，可以认为是一种战略资源。同时，自然生态系统所具有的生态功能，对经济发展发挥着重要的保障作用。因此，废物和生态功能都被视为循环经济输入输出中的资源。

（2）劳动力

劳动力是经济发展的重要生产要素之一，是经济发展过程中最积极、最活跃的要素，是推动技术进步和经济发展的主要力量，具有能动性[28]，并且是一种可持续开发的生产要素。著名经济学家西奥多·W. 舒尔茨指出：“人类的能力和智力能够减轻对耕地、传统的农业以及正在被消耗的能量资源的依赖，而且能够降低日益增长的世界人口提供食物的物质生产的成本”[29]。劳动力是循环经济系统输入输出的基本要素之一。随着世界人口数量的快速增加，目前一般意义上的劳动力已经不再是以往制约经济发展的稀缺要素。循环经济对劳动力提出了新的要求。循环经济系统的发展需要在不断提高劳动力素质的基础上进行，从而缓解对自然资源的过度依赖，在一定程度上替代自然资源，并减少对环境污染。

（3）资本

资本要素在经济发展中的作用历来受到重视。资本通过资本市场对推进产业结构调整、推动风险投资和技术创新、推动企业组合等的作用，随着市场经济的发展越来越明显。

在工业化进程开始的时候，人造资本相对稀缺，自然资本则相对富足。但时至今日，制约人类经济发展的已不再是人造资本而是包括自然资源和生态环境在内的自然资本的缺乏。自然资本正越来越严重地制约经济社会的可持续发展。发展循环经济，需要重新审视资本的内涵和作用，在重视传统资本要素作用的同时，更加关注自然资本的作用和存量，并引导资本投入，弥补因人类经济发展大量获取自然资源和超量使用生态承载力而造成的生态资本的流失。

（4）科技

科技，是科学和技术的简称。科学是关于自然、社会和思维的知识体系，技术是指依据科学原理而发展成各种操作工艺和技能，以及生产的作业程序和方法。现代科学技术贯穿于社会生产全过程，其重大发现和发明，常常在生产上引起深刻的革命，使社会生产力得到迅猛的提高和发展[23]。技术创新是“经济发展最重要的因素”[30]。在经济发展中，科技是作为一种渗透性要素作用到资源、劳动力、资本等要素之中的，通过提高生产要素的质量、系统地改善生产要素的组合过程从而提高生产要素的使用效率，提高经济发展的质量。

先进的科学技术是发展循环经济的根本保证，循环经济系统运行的全过程都离不开科学技术的支撑。循环经济发展所倡导的资源利用率的提高，污染的防治，以及对生态系统的修复，都需要以科学和技术的进步为依托。没有科技的支撑，循环经济所追求的目标将难以实现。循环经济对科学技术的发展提出了新的要求，科学技术不能仅考虑对自然资源开发的能力，还必须考虑对资源高效利用的能力以及对生态系统保护和修复的能力；并且，科学技术的应用不应破坏自然界的生态平衡。

（5）信息

信息在生物进化和人类社会发展过程中均发挥着十分重要的作用。生物的不断进化，离不开生物信息的积累；人类社会的发展，同样也离不开社会信息的积累[31]。目前，随着信息革命的迅速发展和科技水平的日益提高，信息要素的地位和作用日益上升，已逐渐成为经济社会发展的重要战略资源。信息的利用程度也已经成为衡量一个国家经济发展水平和综合国力的标志之一。

循环经济系统的运行离不开信息的输入输出。信息不是物质也不是能量，但是信息离不开物质载体，信息的传递也离不开能量，物质和能量总是包含有信息的物质和能量。信息在循环经济运行的全过程均发挥着重要作用。循环经济系统的运行是物质流、能量流和信息流的交融过程。实现资源的最优化利用，需要循环经济系统具有通畅的信息传递渠道和信息的有效反馈。没有信息的输入输出，就无法实现反馈，也就难以保证循环经济系统的高效运行。

4.3　区域循环经济规划的区域边界资源平衡

4.3.1　区域循环经济规划应当体现区域边界的资源交换与平衡

规划是科学推进事业的基础。循环经济的推进需要科学的规划。区域循环经济规划对推进区域循环经济的科学发展具有十分重要的作用。我国 2009 年 1 月 1 日开始施行的《促进法》，为推进我国循环经济发展提供了法律依据。《促进法》第十二条指出："国务院循环经济发展综合管理部门会同国务院环境保护等有关主管部门编制了全国循环经济发展规划，报国务院批准后公布施行。设区的市级以上地方人民政府循环经济发展综合管理部门会同本级人民政府环境保护等有关主管部门编制本行政区域循环经济发展规划，报本级人民政府批准后公布施行。"

我国在循环经济发展的过程中，各地区先后编制过一些区域循环经济规划，包括园区、城市、省等不同的层面。但这些循环经济规划存在着一个共同现象，就是将研究视野普遍集中在区域内部，在区域内部寻找资源最大化利用的方式和途径，注重在区域内部规划出完美的循环经济链网，追求实现资源在区域内部的"吃干榨尽"乃至"零排放"，形成区域内部的资源平衡。然而，再完善的区域循环经济也不能且没有必要实现区域内部资源的完全平衡。在现实情况下，需要面对区域边界的资源输入输出问题，这也就是区域边界的资源交换与平衡问题。区域边界的资源交换问题是循环经济系统的输入输出问题在区域循环经济规划中的体现，区域边界的资源交换达到平衡状态表现为区域边界资源输入输出的平衡。

我国幅员辽阔，各区域自然资源禀赋和生态功能的状况差异很大，发展区域循环经济意义重大。当前，我国循环经济发展已经到了需要大力推进区域循环经济的重要阶段。我国各区域自然资源禀赋和生态功能的差异主要表现在：

（1）自然资源分布不均

从水资源分布看，我国水资源南北分配的差异非常明显。长江流域及其以南地区人口占我国人口总数的 54%，但是水资源却占了 81%；长江流域以北地区的人口占 46%，水资源只有 19%。从各地区资源分布来看，东部地区资源相对贫乏，矿产资源特别是能源严重短缺。能源探明储量仅占全国的7.4%，45种主要矿产工业储量的潜在价值只占全国的15.5%。中部地区拥有丰富的能源、多种金属和非金属矿产资源。45种主要矿产潜在储量占全国的44.8%，有多种主要矿产资源的储量占全国的半数或更多。中部地区的铜产量、磷矿石产量都占全国的40%左右。西部地区矿产资源的远景储量很可观。能源矿产在全国占有重要地位，新疆的煤炭远景储量居全国首位。塔里木盆地、准噶尔盆地、吐（鲁番）哈（密）盆地、柴达木盆地、四川盆地的石油天然气的勘探前景良好。根据目前探明储量，西部地区煤炭的保有储量占全国的36%，石油占全国的12%，天然气占全国的53%，铁矿占全国的24%。

（2）各地区的生态功能差异明显

根据环境保护部和中国科学院2008年7月31日发布的《全国生态功能区划》，全国被划分为216个生态功能区。其中，具有生态调节功能的生态功能区148个，面积占国土面积的78%；提供产品的生态功能区46个，面积占国土面积的21%；人居保障功能区22个，面积占国土面积的1%。生态功能区划客观反映了我国生态系统生态功能空间分异规律。各地区经济结构和产业布局的制定，都应以《全国生态功能区划》作为科学的依据。

区域循环经济的发展以实现区域整体的最优为目标，我国发展循环经济的目标是实现整个国家层面的最优（当然，我国也需要与世界的资源交换）。我国各地区资源禀赋的不同和生态功能的差异，决定了我国的循环经济发展，需要从整个国家区域的层面进行统筹，才能实现循环经济的高效运行。各省区循环经济的发展，都是在基于各自的资源和生态环境条件下展开的，由此形成的区域循环经济模式也各不相同。不同区域模式之间需要通过区域边界资源的输入输出，相互补充，从而实现区域间的资源平衡。各地区如果单纯追求实现各区域内部的完美“循环”，将难以实现整个国家区域范围的循环经济最优。因此，我国各地区区域循环经济的发展，应树立跨区域、向更大范围扩展的思路，建立区域边界的资源输入输出，实现区域边界的资源平衡，这是推动循环经济深入发展的必然要求，应成为我国发展循环经济的一项基础内容，并应十分重要地体现在区域循环经济规划的编制之中。

4.3.2 区域循环经济规划中编制输入输出内容应把握的要点

我国在发展循环经济的过程中，各地区先后编制的规划包括园区、城市、省等不同的区域层面。这些规划，对各区域推动循环经济的发展、提高对循环经济的认识、积累循环经济的实践经验、实现区域的科学发展均发挥了重要作用。但所编制的规划还应强调区域边界资源输入输出的内容，在编制中应重点把握以下几个方面的问题。

4.3.2.1 编制区域循环经济规划应遵循统筹层次

(1) 资源的逐级统筹调控（纵向）

党的十七大报告指出，要“形成有利于科学发展的宏观调控体系”，“发挥国家发展规划、计划、产业政策在宏观调控中的导向作用，综合运用财政、货币政策，提高宏观调控水平”。国家的宏观调控对促进经济的健康发展发挥着统筹全局的作用。区域循环经济以实现区域整体的最优为目标。我国发展循环经济的目标，就是要实现整个国家范围的循环经济最优。国家循环经济发展规划是我国最高层面的区域循环经济发展规划，对我国循环经济发展起着决定性的作用。实现整个国家的循环经济最优，必须以国家规划统筹各省的规划。同样，各省规划应统筹各市及县的规划。也就是说，小局要服从大局，局部要服从全局。这样，遵循着规划的统筹层次，才能够逐级地、有效地发挥各类规划的宏观调控作用，循环经济的综合效益也能够得到更高层次的实现。

（2）资源的区域间统筹（横向）

区域间统筹，体现了区域间的资源交换。缺少区域间的统筹，势必会影响规划编制的全局性。同时，区域循环经济的实现是一个复杂的过程，是一个互动（统筹）的过程；通过区域间统筹，逐步优化循环经济链网。这个过程，实质上是循环经济在更大范围内的扩展，是循环经济深入发展的必然要求。

（3）区域统筹体现于区域边界的资源输入输出

纵向区域（上、下层级的区域，如省和市）和横向区域（同一层级的区域，如省和省）之间的资源交换的统筹简称为区域统筹。上一层级区域综合协调下一层级区域及同一层级区域之间的资源输入输出都是至关重要的；同时，下一层级区域自下而上地提出边界资源输入输出的条件以及寻求建立同一层级区域之间的资源输入输出，也是不可缺少的。根据下一层级区域的边界供需条件，上一层级区域来协调各区域间（也包括各区域主动寻求横向的边界资源平衡）实现供需以达到区域整体的资源平衡。按照这一理念，也能更好地处理我国与国际间的资源输入输出问题，包括对进出口、避免生物入侵等问题的处理。

4.3.2.2 区域边界资源输入输出（实现平衡）应遵循的条件

区域循环经济规划中区域边界资源输入输出，即实现边界资源平衡应遵循的条件可分为市场条件下的输入输出和生态环境条件下的输入输出两部分。

（1）市场条件下的输入输出

这种输入输出，是基于市场规律，满足市场供求关系，遵循价值规律条件下实现的边界资源输入输出。基于这种输入输出，当资源在区域内部的循环不经济时，就不应再单纯地考虑内部循环以及追求资源在区域内部的“吃干榨尽”和“零排放”；而应构建与外部区域进行的符合价值规律的资源输入输出。

（2）生态环境条件下的输入输出

这种输入输出，是基于区域生态环境条件下实现的资源输入输出。在这种输入输出中，该区域的生态环境优良还是恶化（生态承载力），资源（包括再生资源）丰富或缺乏，都是区域边界资源输入输出的约束条件。

区域边界的资源输入输出，应综合考虑市场条件和生态条件，通过边界资源输入输出，实现区域循环经济系统的综合平衡。

4. 3. 2. 3　明确规划区域的边界条件

根据以上分析，在规划编制中，需要科学地确定规划区域的边界条件，即明确本区域中哪些物质（生产产出的物质和自然产出的物质）丰富、哪些物质缺乏、生态功能状况和定位，以此作为资源输入输出的条件，这是实现区域边界资源平衡的基础。

4. 4　区域边界资源输入输出的制约因素分析

涉及区域边界资源输入输出的制约因素较多，本书重点从认识、法规政策、机制体制、管理四个方面进行归纳分析。

4. 4. 1　认识方面

目前，我国循环经济发展中还存在着认识的误区，表现为仅从资源的综合利用、回收利用的角度而不是从经济活动全过程的角度认识循环经济，仅从区域环境保护的角度而不是从区域经济、社会、环境协调发展的角度认识循环经济，仅从“循环”的形式的角度认识循环经济而不是从“循环”的经济性的角度认识循环经济，仅从区域局部层面而没有从全局、战略的层面认识循环经济。同时，对循环经济理论的研究不够充分，理论落后于实践；对循环经济理论的研究不够深入，缺乏将实践中存在的问题提炼为理论问题进行研究，影响了理论对实践的指导作用。

各地区在循环经济实践中，往往将区域循环经济理解为区域内部的封闭循环，更多地关注自己管辖区域内的循环经济发展，追求在各自区域内拉长产业链，构建区域内部的“完美”循环，没有认识到区域循环经济应在更大的范围内实现，对区域边界的资源输入输出缺少考虑，忽略了本区域潜在的与其他区域更为合理的资源输入输出，这样将会造成“大而全”、“小而全”以及循环经济产业链网的雷同等问题，影响循环经济的综合实施效果。

4.4.2 法规政策方面

(1) 推进循环经济发展的法律体系尚未建立

当前，我国还没有形成推进循环经济发展的完善的法律体系。虽然《促进法》已开始实施，但总体上看，循环经济方面的法律建设仍然薄弱，不能满足发展循环经济的要求。尤其是各专项法、地方性法规缺位，距离实现由基本法、综合法、专项法和地方性法规构成的完整的循环经济法律体系的目标差距还很大。由于缺少法律保障，推动循环经济发展的激励和约束机制没有普遍形成，与发展循环经济的要求不适应[32]。

(2) 推动循环经济发展的相关政策还不完善

我国推动循环经济发展的相关政策还不完善，主要体现在：

① 生态补偿政策不到位。生态系统服务功能的价值在我国还没有得到足够重视，存在着国家重要的生态功能区生态环境保护与建设投入不足，生态税费制度尚未建立，扶贫工作与生态补偿脱节等问题，已有的政策容易产生管理职责交叉、资金使用不到位、生态保护效率低等问题，而且会造成补偿缺乏连续性和稳定性，难以实

现保护与治理的可持续性，导致提供生态服务功能的区域得不到应有的补偿。

② 对市场失灵的政策制定不充分。对于公共产品的市场失灵，需要政府发挥主导作用，通过制定相关政策予以解决。但目前政策的制定还不够充分，如企业排污造成了环境污染，缴纳排污费是用于弥补市场失灵的一种手段，是企业理应缴纳的。因此，目前企业缴纳的排污费不应再主要返还给企业，应当主要由政府用于对公共环境的保护和治理。

③ 完善循环经济链网的政策缺失。消解副产品和废弃物的循环经济链条对循环经济链网的通畅运行具有不可或缺的重要作用。在这些链条中，存在着效益不高或没有效益的链条，属于循环而不经济的链条，是企业不愿参与的，这就需要政府通过制定优惠的政策鼓励和引导企业参与其中，但目前这方面的优惠政策缺失，从而制约了企业参与的积极性，导致这类链条的断裂和缺失，对整个循环经济链网的通畅运行造成障碍。

（3）配套支持政策欠缺

《促进法》出台后，对相关政策法规的梳理尚未完成，相关政策的衔接性和关联性较差，不少政策法规与该法不相适应，操作难度大。相关的配套政策不到位，使政策缺乏系统性，难以发挥应有的效果，尚不能满足现实的需要。

4.4.3　体制机制方面

循环经济的推进是一项社会系统工程，需要经济发展、环保、科技、财政、国土管理、法律制定、监察等多个行政管理、立法监督和司法机关的协作。虽然《促进法》中要求由国家发展和改革委员会这一综合的经济主管部门牵头，会同国家环保总局（现环保部）等有关部门建立健全推进循环经济发展的协调工作机制。但总体而言，目前仍然缺乏集中的领导机构和合理的协调机制，容易出现政策盲区、政出多门或政策冲突；政策的制定因部门之间的利益纷争而滞后；以及在政策执行时行动难以协调一致等问题，从而直接或间接地阻碍着循环经济的发展。

在循环经济推进中，中央政府要求的不仅是经济的增长而且包括环境保护和改善以及社会的可持续发展。但地方政府的政绩目前还是以 GDP 为主。在发展循环经济的过程中，有些地方和部门缺乏从全局、跨区域的战略层面上考虑问题，从而制约了循环经济发展的扩展和深入。

发展循环经济的机制尚未有效建立。目前，资源性产品的价格形成机制不健全。许多资源性产品价格没有反映资源稀缺程度、生态环境成本和市场供求关系，造成资源短缺与浪费并存的现象。此外，循环经济发展的动力机制、生态补偿机制、各级政府支持发展循环经济的稳定投入机制以及区域循环经济的协调机制等，都还有待建立完善。

4.4.4 管理方面

循环经济的推进需要各级政府之间的利益协调，也需要各相关部门之间的合作。目前，尚未建立起强有力的循环经济管理机构，不利于循环经济推进过程中各级政府或相关部门之间的配合以及多领域、跨区域的合作。

物质流管理尚未得到足够重视。物质流管理是循环经济的重要调控手段，对提高循环经济系统的运行效率发挥着重要作用。它借助物质流分析（Materials Flow Analysis，MFA）的方法，对社会经济体系中物质输入量、输出量、储存量的物质流动状况进行定量分析，了解和掌握整个社会经济体系中物质的流向、流量，从而识别经济系统中环境问题的来源，找出经济系统物质流动与环境问题之间的量化关系，以此对物质流动方向和流量进行科学调控，提高资源的利用效率。世界上发展循环经济较好的国家，均十分重视物质流管理，特别是欧洲各国和日本，采用物质流分析方法对本国的资源利用状况与经济发展的关系进行分析，并完成了国家报告。物质流管理在我国尚未得到足够的重视，尤其是统计数据不全，难以对区域循环经济系统的资源流动状况进行科学的定量分析，不利于为区域边界的资源输入输出以及相关政策的制定提供有效的依据。

区域循环经济信息网络还很不完善。企业、各区域获取信息的渠道有限，用于区域边界资源输入输出的边界条件信息缺乏。区域之间缺少信息交流，许多跨行业、跨区域的循环经济项目难以进行跨区域的合作，不利于区域循环经济的发展突破区域内部的范畴，循环经济的规模效益难以扩大，制约了在更大区域范围构建和完善循环经济链网。

4.5　区域边界的资源平衡中市场和政府的作用

区域边界的资源输入输出平衡的实现需要综合发挥市场和政府的作用。一方面，要充分发挥市场配置资源的基础性作用，即边界资源的输入输出应遵守市场规律，满足市场供求，遵循价值规律，以实现资源的优化配置。同时，还要充分发挥政府的作用。生态环境作为一种公共物品，具有外部不经济性，属于市场失灵的部分，市场难以发挥作用。这种情况下，区域边界的资源输入输出不经济时，就需要充分发挥政府的宏观调控作用。另一方面，市场失灵的地方，恰好为政府发挥作用打开了空间，为政府有针对性地制定政策指明了方向。例如，对于生态功能区，其区域边界输出的资源属于一种生态产品，这是发展不可缺少的，对于这种公共物品的输入输出，市场往往难以发挥作用，这时就需要政府发挥主导作用，制定出符合生态产品供给与需求关系的相关政策，对不经济的环节给予补偿，以政府的“有形之手”引导市场的“无形之手”发挥作用，从而推动区域边界资源输入输出平衡的实现。此外，由于区域边界的资源输入输出涉及的是不同行政区域，这就一方面需要中央政府及各级政府做好相应区域间的统筹；另一方面，各区域政府之间也要主动进行紧密协作，发挥各自政府的力量，共同推进区域之间的合作。

4.6 区域循环经济输入输出案例

就一个国家而言，以“面”为表现形态的区域循环经济系统包括园区层面、城市层面、省域层面和国家层面，以下选择体现循环经济输入输出问题的三个层面的相关案例，即山东潍坊滨海开发区、青海省和南水北调工程进行分析，它们分别代表了区域循环经济的园区层面、省域层面和国家层面。

4.6.1 山东潍坊滨海开发区循环经济输入输出分析

（1）山东潍坊滨海经济开发区概况

山东潍坊滨海经济开发区（以下简称开发区）是我国园区层面区域循环经济实践的典型代表。2005 年，开发区被原国家环境保护总局（现环境保护部）批准为国家级生态工业园示范区，成为我国海洋化工领域的第一个生态工业示范园区。该区域位于山东省潍坊市北部沿海地区，以海洋化工为主导行业，是我国乃至亚洲地区最大的纯碱生产基地，也是我国重要的海洋化工产品生产和出口基地，主要产品包括原盐、纯碱、溴素、溴化物、氯化钙、三聚氰胺等。

（2）山东潍坊滨海经济开发区的循环经济实践

在循环经济实践中，开发区以海化集团为龙头企业，通过区域边界资源的输入输出，将区域循环经济的发展不断推向深入，在更大的区域范围内实现了循环经济。截至目前，总结开发区循环经济实践的过程，可以将其主要分为三个阶段。

第一阶段——起步阶段：

这一阶段是开发区循环经济实践的起步阶段，其特点表现为突破行业边界，建立不同行业间的工业共生。山东羊口盐场和山东潍坊纯碱厂是当时的两家大型企业，原盐是纯碱生产的主要原料，用盐成本占到纯碱生产总成本的 30% 左右。在计划经济体制下，国内盐场归属轻工行业分管，纯碱企业归属化工行业分管，这造成了盐场和纯碱厂两家企业虽然仅一墙之隔，却不能根据市场供求，直接进行原盐的买卖，因此两家企业一直缺乏生产的合作关系。1995 年 8 月，羊口盐场和潍坊纯碱厂建立了跨行业的盐碱联合，成立了山东海化集团，这是当时我国最大的盐场与最大的碱厂的联合，也是盐、碱两家企业冲破行业界限和地区割据，进入市场，重新组合的第一个成功案例。羊口盐场与潍坊纯碱厂联合成立山东海化集团后，工业盐销售出现了前所未有的好形势，1995 年比 1994 年增加销售量 25.5 万 t，扭转了工业盐严重积压的局面；同时，纯碱出口量同比增长了 144.6%，经济效益得到显著提高。这一突破行业边界的盐碱联合，为开发区后续的循环经济发展奠定了坚实的基础。

第二阶段——发展阶段：

在第一阶段的基础上，海化集团的循环经济实践进一步在盐碱联合的基础上扩展到开发区的区域范围，建立了由盐场、纯碱厂、热电厂、溴素厂、氯化钙厂、硫酸钾厂、小苏打厂、白炭黑厂等若干企业构成的循环经济链网，形成了以地下卤水和海水“一水多用”为特色的区域循环经济模式，生产中产生的苦卤、蒸氨废液等副产品和废弃物得到了有效利用，实现了卤水资源的充分利用，并减少了工业生产对沿海生态环境的影响。这样，在原有盐、碱联合优势的基础上，开发区又进而发展成为全国最大的溴化物生产基地；循环经济链网不断丰富，产品的种类和规模实现了突破，产品增加到40多种，其中主导产品纯碱、原盐、溴素、氯化钙、三聚氰胺、硝盐的规模、质量、效益、市场占有率等各项指标，均居全国同行业第一。

第三阶段——深入发展阶段：

地下卤水是开发区工业生产的主要原料，但地下卤水属于一种不可再生资源。随着当地工业生产规模的扩大，地下卤水的用量相应增加，卤水品位出现了下降。当地监测数据表明，地下卤水的卤度和含溴量均已呈现出下降的趋势。虽然在生产中利用海水（经过海水养殖，逐级提高海水卤度）替代一部分地下卤水，但难以从根本上解决制约当地工业发展的资源问题。开发区循环经济的深入发展，必须突破资源瓶颈。潍坊市与东营市相邻，东营市具有丰富的盐矿资源，目前开发区正在将东营的盐矿资源输入开发区作为生产原料。并且，东营盐矿距离开发区较近，通过采用管道输送盐水的方式即可供盐，这与采用运输固体盐方式相比，可以进一步省去纯碱生产时化盐的步骤，降低能耗。据预测，东营盐矿建成投产后，能够为开发区生产提供充足的原料来源，并大幅降低成本，使其在纯碱行业的成本优势愈加明显。

（3）山东潍坊滨海经济开发区案例的启示

通过对山东潍坊滨海经济开发区循环经济输入输出案例的分析，可以得到如下启示：

① 区域边界的扩展，是区域循环经济深入发展的必然要求

区域循环经济的深入发展需要在区域边界范围不断扩展的条件下实现。潍坊滨海经济开发区的循环经济实践就体现了突破行业边

界、园区边界、城市边界这样一个边界不断扩展的过程，这是扩大循环经济规模，在更大的范围内实现循环经济的必然要求。这一过程正是通过边界资源的输入输出实现的。

② 区域边界资源的输入输出应当遵循的条件

一是市场条件，即遵循市场规律，充分发挥市场的作用。如盐场与纯碱厂之间的联合，是基于原盐的市场供求关系建立的；在盐碱联合基础上建立起来的区域循环经济链网，是基于企业之间物质、能量的供求关系建立的；开发区与东营市进行的盐矿资源输入输出，也是基于市场的供求建立的。二是生态环境条件，包括资源和生态环境状况。如盐碱联合生产中产生的苦卤如果直接排放，将严重破坏当地的海洋生态环境，通过进一步在开发区区域范围建立循环经济链网，使苦卤得到了充分利用，并减少了对环境的污染；随着生产规模的扩大，地下卤水的品位逐渐下降，为缓解资源约束，进而突破区域边界，与盐矿资源丰富的东营市之间构建资源的输入输出关系。

4.6.2 青海省循环经济输入输出分析

(1) 青海省概况

青海省是我国西部地区经济相对滞后的内陆省，地处青藏高原东北部，接近欧亚大陆中心地带，地理位置特殊，战略地位重要。东部与甘肃、四川相邻，西部与新疆、西藏接壤，南部以唐古拉山与西藏分界，北部以阿尔金山东段和整个祁连山与甘肃河西走廊相隔。东西长 1 200 多公里，南北宽 800 多公里，面积 72.23 万 km^2，仅次于新疆、西藏、内蒙古，居全国第四位。境内有全国最大的内陆咸水湖——青海湖，青海因此而得名。青海省资源丰富，现已发现各类矿产资源 125 种，其中 54 种储量居全国前 10 位，9 种居全国首位，尤其是柴达木盆地素有“聚宝盆”之称。2010 年，青海省地区生产总值（GDP）为 1 350 亿元，全国排名列倒数第二位，人均 GDP 低于全国水平。

（2）青海省生态环境的重要性

① 青海省具有的重要生态功能

青海独特的地理环境和气候特征，造就了全球高海拔地区独一无二的大面积湿地生态系统，孕育了高原独特的生物源系，是珍贵的高寒生物自然种质资源和高原基因库。青海是欧亚大陆上孕育大江大河最多的区域，我国著名的三大江河——黄河、长江和澜沧江均发源于此。我国地表水总径流量 2 700 亿 m^3，来自青藏高原的约 1 000 亿 m^3，占总径流量的 37%，仅黄河、长江和澜沧江三大江河每年向下游供水约 600 亿 m^3，因此青海发挥着“中华水塔”乃至“亚洲水塔”的重要功能。青海的生态环境状况直接影响着我国的国家生态安全和中华民族的未来发展，乃至东南亚地区的生态平衡，具有重要的无可替代的生态战略地位。国内外研究证明，由于青海省所在的青藏高原的隆升，极大地改变了大气环境以及大洋环流的形式，导致地球上最强大的季风系统的产生，不仅形成东亚季风，而且强化了南亚的夏季风环流。青藏高原对气候的影响并不局限于其所在区域及周围地区，甚至可扩大到整个北半球。对我国而言，青藏高原给予我国东部地区充沛的雨量；如果没有青藏高原，长江中下游和华南地区就会出现类似北非和阿拉伯半岛那样的沙漠，而不是气候湿润、水网密布的平原[33-35]。青海省所在的青藏高原的存在，对我国、亚洲乃至全球气候变化都具有深刻的影响，被称为北半球气候变化的启动区和调节区、全球气候变化的敏感区和风向标。青藏高原涵盖了多种类型的生态系统，被喻为是“东南亚所有生态系统类型的总庇护伞”[36,37]。

② 青海省生态环境的脆弱性

青海省的自然生态系统和土壤环境十分脆弱。由于特殊的地理位置、复杂的地质地貌以及高寒、干燥的高原大陆性气候，决定了青海是我国生态环境脆弱和生态问题比较突出的地区。胡锦涛同志曾指出："青海的生态环境十分脆弱，一旦破坏很难恢复"[38]。有资料显示，由于青藏高原隆起的时间不长，下垫面的物理属性较差，多数土壤、植被尚处于年轻的发育阶段，土壤厚度只有 20 ~ 30 cm，一旦破坏，很容易造成水土流失，并极难自然恢复。"三江源"地区既是世界高海拔地区生物多样性最集中的地区，又是我国生态系统最脆弱和最原始的地区之一。尤其是近年来由于受到人为因素的破坏，草场退化与沙化加剧、水土流失日趋严重，使世界上许多珍奇野生动植物失去繁衍生息领地，处于濒危的物种已占地区物种总数的 15% ~20%，高于世界 10% ~15% 的平均水平。如果青海的生态环境遭到破坏，生态系统服务功能退化，受损害的区域就不止青海省，而是由河流廊道连接的广大中下游地区以及其他接受青藏高原生态功能的广大区域。

（3）青海省的区域边界特点

从区域边界的资源输入输出来看，青海具有为我国乃至世界提供丰富生态资源的极为重要的生态功能，其输出的生态产品，体现的是生态价值（这种生态价值也附加在青海输出的资源之中），经济社会的持续快速发展是建立在使用这种生态产品的基础之上。因此，其他相关区域对青海提供的这种生态产品必须应当支付合理的费用，这种费用不应理解为其他区域向青海提供的"援助"，而是青海提供持续良好的生态产品理应得到的正常回报。

（4）青海省的循环经济实践

生态环境一旦遭到破坏，遏制和恢复将需要很长时间，会付出很高的经济和社会代价，有时甚至难以逆转或者无法修复。对于青海这样一个全国乃至全球的重要生态屏障和生态功能区，生态环境遭到破坏的后果将难以估计。因此，青海牢固坚持“生态立省”的发展战略，在循环经济实践中，根据国家主体功能区划分的要求，将全省一半以上的土地列为限制开发区和禁止开发区，将全省发展的重点选择在资源富集、环境容量相对较大、生态环境较为独立、与三江源地区无直接联系的柴达木盆地地区。并且，在柴达木地区的发展中，严格遵循循环经济的理念和原则进行建设，目前正在建设柴达木循环经济试验区，被列为国家首批循环经济产业试点园区，它是按照《青海省柴达木循环经济试验区总体规划》进行建设的，该规划是继甘肃省之后第二个获国务院批准实施的区域循环经济总体规划。对于三江源等重要的生态功能区，青海将发展重点放在保护好当地的生态环境方面。据青海省“三江源区生态服务功能价值评估体系”课题组研究，通过从水资源、冬虫夏草资源、矿产资源、农牧业资源等直接服务功能价值和水资源涵养、旅游资源、文化资源等间接服务功能价值两方面对三江源区生态服务功能价值进行评估，计算出三江源的生态服务系统总价值为 11.35 万亿元，这一生态价值远远高于三江源一年 33 亿元的 GDP。可见，在三江源生态功能区，保护好生态环境，使其发挥良好的生态功能，是一笔很大的生态财富。目前，青海已经明确提出不将 GDP 作为三江源的干部政绩考核指标，取而代之的是对其生态保护建设及社会事业发展方面的具体指标进行考核，这将有力地推动三江源地区的生态保护工作。

（5）青海省案例的启示

① 生态功能区具有特殊的区域边界条件

青海的重要生态功能区的地位决定其区域边界输出的主要是生态产品，为其他区域以及全国的发展提供着不可替代的生态功能，这一生态功能是相关区域实现可持续发展所不可或缺的。从全国来看，青海所提供的生态功能对整个国家范围的循环经济发展具有极为重要的作用。因此，为确保提供良好的生态功能，必须保护好生态环境，这是青海在自身发展过程中承担的一项重要任务。

② 生态功能区的发展应在严格遵循功能区划的前提下进行

以青海为代表的生态功能区，必须科学做好优化开发区域、重点开发区域、限制开发区域和禁止开发区域的主体功能区划分，并严格按照功能区的划分进行发展。同时，对适宜发展的地区，在发展中应当始终贯穿循环经济的理念和原则。

③ 充分发挥政府的作用，对生态功能区给予充分补偿

青海通过保护生态环境，将良好的生态环境持续地输出到其他地区，其区域边界输出的这种生态产品属于公共物品，市场往往难以发挥作用，这就需要政府发挥主导作用，制定出符合生态产品供给与需求关系的相关政策，使其他地区对青海给予充分补偿（或转为中央财政补给等），这种补偿不是其他地区对青海的援助，而是这些地区和青海共同保护生态环境的合作和互相帮助，也是它们应尽的职责和义务，因此是青海理应得到的正常回报。

4.6.3　我国南水北调工程循环经济输入输出分析

（1）南水北调工程概况

南水北调是我国国家层面上进行跨区域资源调配的典型案例。我国水资源南北分布的差异非常明显，南北水资源极不平衡，南方水资源丰富，北方水资源严重短缺。实施南水北调工程，将南方多余的水资源调到北方，不仅能够缓解北方地区工业和生活用水短缺的问题，而且能够为北方地区补充生态用水，从而起到在全国范围内平衡水资源时空分布、优化水资源配置、改善生态环境的作用，具有重大的战略意义。

（2）调水中的生态环境问题和市场供求问题

① 调水中的生态环境问题

我国长江水量丰富，水量居世界第三位，仅次于亚马孙河和刚果河，相当于黄河水量的20倍。可见，从长江向北方地区调水的潜力巨大。但近年来，我国对水电的开发规模不断加大，随着水电规划的实施，长江上游的金沙江流域规划的水库总库容将达到径流量的83%，在长江上游地区水库总库容将达到河川径流量的61%，而国际公认40%为水资源开发利用程度的警戒线，对于一条河流来说，发电只是它的一个功能，长江水电的无序开发将对河流生态环境产生长期深远的影响。长江是世界第三长河，同时也是中国水生生物最为丰富的河流，在长江水系中，上游的鱼类种类尤其丰富，中国特有种比例明显高于中游和下游。但近年来，长江开发重心已经从三峡滚动上溯到金沙江江段及上游支流，开发规模之大、水坝之高、梯级之密集，举世罕见。如此过度开发的叠加效应将会摧毁长江上游水生生物密集区的流水生境，对长江上游珍稀、特有鱼类产生无可挽回的重大影响。例如，宜昌段长江“四大家鱼”的鱼苗径流量，已经锐减到三峡水库蓄水前的2%～3%；长江名贵的鲥鱼也因万安水电站的兴建破坏了产卵场，现已少见。并且，上游水库的集中蓄水，势必加剧长江中下游生产、生活用水和生态环境用水的矛盾，影响中下游以及长江口的生态与环境需水，加重河口的盐水入侵危害。

在这种情况下，一方面，长江流域的水电开发必须在生态承载力许可的范围内进行；另一方面，对于南水北调这一跨区域的水资源调配，对北方地区调水的量也应当适宜，即应在保持长江流域生态系统平衡的前提下，科学计算向北方地区的调水量。

② 调水中的市场供求问题

根据2002年12月国务院批准的《南水北调工程总体规划》，东线工程的引水路线中，从长江下游扬州江都抽引长江水出山东东平湖后分两路，其中的一路向东，通过胶东地区输水干线经济南输水到烟台、威海等沿海地区。这将极大地缓解沿海地区的缺水问题，并且起到涵养调水工程流经区域地下水源、改善生态环境的作用。但沿海缺水地区还具有进行海水淡化的天然优势。目前，随着科技水平的不断提高，海水淡化成本正迅速下降，每吨水成本已经降至5元左右。同时，东部沿海地区是我国重要的产盐区，在沿海地区进行海水淡化，可以将淡化过程产生的浓海水用于晒盐（形成循环经济），这既避免了浓海水排放对海洋生态环境造成的破坏，又通过利用浓海水实现了经济效益，发展了循环经济，从而进一步降低了海水淡化的成本。例如，山东鲁北化工以海水淡化替代海水养殖和晒盐流程，投资1.6亿元建成日产2万t淡化水工程，将提取淡化水后的浓卤水输入盐化工流程，获得更好的经济效益和生态效益，并为工业发展和当地所在的缺水地区提供了大量优质淡水。山东省烟台市将建成我国第一座以热核低温反应堆为热源和第一个淡化水量达到日产16万m^3的海水淡水化工程，这是我国海水淡化技术和成套设备达到国际先进水平的重要标志。全亚洲最大的海水淡化厂——天津新泉海水淡化有限公司目前已经在天津大港区开始建设，这将对缓解天津的缺水问题发挥重要作用。此外，污水再生利用、雨水收集利用等途径也为解决缺水问题提供了可供选择的方案，例如在我国北方季节性雨水较多的地区，通过雨水和洪水的资源化利用，在一定程度上也可以起到缓解水资源短缺的作用。可见，随着海水淡化以及其他解决水资源短缺途径的技术的日趋成熟及其成本的降低，沿海缺水地区的水资源供求状况将发生改变。在这种情况下，进行跨区域调水，就应当基于市场供求和生态环境状况，综合分析成本问题，做出更加科学的选择。

（3）南水北调工程案例的启示

① 国家层面的跨区域资源输入输出，具有重大的战略意义。在整个国家层面开展的跨区域资源调配，对平衡资源供求，推进全国经济社会可持续发展的大局，具有重大的战略意义。

② 跨区域的资源输入输出需要统筹考虑生态环境条件和市场条件。跨区域的资源输入输出不应破坏各区域的生态环境，应在生态环境承载力许可的范围内进行，在这一前提下，科学确定资源输入输出的量；同时，通过资源输入输出，发挥其在改善生态环境方面的作用，在不同区域实现生态平衡。资源的输入输出还应科学分析和预测市场供求的变化，根据市场供求，统筹考虑资源的输入输出。

通过对上述园区层面、省域层面和国家层面案例的分析，可以得出以下结论：

① 区域循环经济的发展需要打破区域边界的界限，进行跨区域边界的资源输入输出。

② 对于重要的生态功能区，其区域边界的特点表现为输出重要的生态功能，这在区域边界资源输入输出中应充分重视。发挥政府的作用，对这类生态功能区制定政策，给予合理补偿。

③ 区域边界的资源输入输出，应科学分析市场供求和保持生态平衡的条件。

④ 明确不同区域的边界条件，是开展区域边界资源输入输出的基础。

参考文献

［1］张凯，刘长灏．循环经济系统的稳定性问题探讨［J］．环境保护，2007，10B：7－11.

[2] 穆瑞欣，陈晓红，游达明．基于主客观综合赋权的长株潭城市群循环经济评价［J］．系统工程，2010，28（1）：113－117.

[3] 发改委公布中原经济区规划以新型城镇化为引领[EB/OL]．http：//info. china. alibaba. com/detail/1075443131. html. 2012－12－18.

[4] 中原经济区发展规划．中华人民共和国发展和改革委员会．http：//www. ndrc. gov. cn/zcfb/zcfbtz/2012tz/P020121203614181974825. pdf. 2012－12－18.

[5] 王轩．中国："区域循环经济"令人憧憬［J］．沪港经济，2010，8：42－43.

[6] 国务院讨论通过《"十二五"循环经济发展规划》[EB/OL]．http：//hzs. ndrc. gov. cn/newgzdt/t20121218_518840. htm. 2012－12－18.

[7] 冯之浚．论循环经济［J］．中国软科学，2004，10：1－9.

[8] 丘兆逸. 区域循环经济发展中的成本—收益矛盾分析［J］. 统计与决策,2006,6:92－93.

[9] 何丽娜．区域循环经济的理论研究与实证分析［D］．武汉：武汉理工大学，2006.

[10] 侯丽萍．中国区域循环经济发展问题研究［D］．沈阳：东北大学，2006.

[11] 张燕．区域循环经济发展理论与实证研究［D］．兰州：兰州大学，2006.

[12] 肖华茂．区域循环经济发展模式探索［J］．工业技术经济，2007，26（1）：3－7.

[13] 何东．论区域循环经济［D］．成都：四川大学，2007.

[14] 张广利，李华东．浅论区域循环经济系统及其发展机制[J]．现代商业，2007（12）：124

[15] 陈小敏，杨洁，于嫚华．发展区域循环经济对策［J］．河北

理工大学学报（社会科学版），2008，8（1）：71－74.

[16] 李岩．论发展区域循环经济对经济转型的作用［J］．当代经济，2009（3）：92－93.

[17] 林维柏．区域循环经济发展模式探讨［J］．管理观察，2009（2）：23－25.

[18] 尹科，彭晓春，陈志良，等．构建珠三角区域循环经济圈［J］．再生资源与循环经济，2009，2（1）：21－26.

[19] 薛冰．区域循环经济发展机制研究［D］．兰州：兰州大学，2009.

[20] 邹红，方舟．我国区域循环经济发展的基本思路和对策［J］．唯实，2010（2）：48－51.

[21] 冯云廷．区域经济学［M］．大连：东北财经大学出版社，2006.

[22] 艾德加·M. 胡佛，弗兰克·杰莱塔尼．区域经济学导论（中译本）［M］．上海：上海远东出版社，1992.

[23] 胡宝清，严志强，廖赤眉，等．区域生态经济学理论方法与实践［M］．北京：中国环境科学出版社，2005.

[24] 张丽萍．自然资源学基本原理［M］．北京：科学出版社，2009.

[25] 谢云，符素华，邱扬，等．自然资源评价教程［M］．北京：北京师范大学出版社，2009.

[26] 孙鸿烈．中国资源科学百科全书［M］．北京：中国大百科全书出版社，石油大学出版社，2000.

[27] 谢高地．自然资源总论［M］．北京：高等教育出版社，2009.

[28] 李涛．区域经济增长路径选择的再思考——以劳动力为视角

[J]．华东经济管理，2009，23（7）：55－59.
[29] 肖芬蓉，于继成．从循环经济透析生态人力资源开发［J］．科技管理研究，2006，10：169－171.
[30] D. 保罗·谢弗．经济革命还是文化复兴［M］．北京：社会科学文献出版社，2006.
[31] 仇德辉．对“耗散结构论”的重大改造［EB/OL］. http：//paper999. com/paper_ to6q5o. 2005－06－28.
[32] 张思峰，樊晓燕，雍岚，等．建设模式与推进机制［M］．北京：人民出版社，2007.
[33] 刘树臣．全球变化与地质科学［J］．中国地质，1994，9：25－27.
[34] 潘保田，李吉均．青藏高原：全球气候变化的驱动机与放大器—Ⅲ. 青藏高原隆起对气候变化的影响［J］．兰州大学学报（自然科学版），1996，32（1）：108－115.
[35] 燕乃玲．生态功能区划与生态系统管理：理论与实证［M］．上海：上海社会科学院出版社，2007：68－70.
[36] 莫申国，张百平，程维明，等．青藏高原的主要环境效应［J］．地理科学进展，2004，23（2）：88－96.
[37] 伏洋，张国胜，李凤霞，等．青藏高原应对气候变化与生态环境安全策略［J］．安徽农业科学，2010，38(5)：2469－2472.
[38] 青海省发展和改革委员会．“十二五”时期生态立省目标、重点和措施研究[EB/OL]. http://www. qhtgov. cn/fzgh/zxg h/t20110412－380713. shtml. 2011－04－12.

思考题

1. 循环经济模式对环境库兹涅茨曲线有何影响？
2. 如何理解循环经济与市场经济的关系？

3. 如何理解循环经济系统稳定性?

4. 什么是刚性节点?如何理解刚性系统的稳定性?

5. 什么是柔性节点?如何理解柔性系统的稳定性?

6. 区域循环经济的内涵是什么?发展区域循环经济的意义是什么?

7. 怎样从市场和生态的角度理解区域循环经济的输入输出?

第4章　循环经济模式设计的技术方法

第1节　循环经济模式的内涵与构建原则

1.1　循环经济模式的内涵

模式，是指事物内部的若干成分（即元素、要素），按照一定的关系（即一定的构成方式、一定的组合规律）所组成的表现形式。也就是说，模式是指事物处于一定范畴之内的诸要素所构成的联系方式的概括表现形式，可以说任何事物都有它内在结构组成所表现出来的某种模式。

循环经济模式使物质资源得到充分、合理的利用，把经济活动对自然环境的影响降低到尽可能小的程度，是符合可持续发展原则的经济发展模式[2]。因此，循环经济模式是对客观活动和经济运行规律的表述，成熟的循环经济模式应该是生产要素和资源配置的最佳组合，使各功能单元之间高效、有序运转，实现经济、社会和环境效益相统一。

循环经济模式主要包括企业、行业、区域三个层次。单个企业在“点”上发展循环经济模式，通过打造企业内部循环链条，实施以清洁生产为核心的资源循环利用模式，提高资源利用效率；行业层次是循环经济模式在“线”上的发展，同行业间的各企业通过互相利用对方的产品与废物，使整个循环结构的最终排放达到最小化；园区和城市在“面”上发展循环经济模式，它能够克服单个企业、行业规模有限、投入不足等方面的缺陷，可以在基础设施建设等投入巨大、牵涉面广的领域更有效地发挥作用，同时还可以更有效地实现区域内资源、能源高效利用和信息、基础设施的高度共享，以获得比单个企业更大的经济、社会和环境效益，如果区域的尺度进一步扩大，就形成了经济社会结构的大循环，可以克服企业循环经济发展和以往生态工业园建设更大程度上侧重于工业循环经济的发展的局限，从而在三次产业和更高的层面对经济、社会和环境的健康可持续发展进行探索实践。

已进行的循环经济实践主要集中在各种开发区、工业园或市、区（县）层面上，主要在以下三类地区开展较多：一是经济发展速度较快，对环境质量要求较高的地区；二是具有重要的生态功能区和亟待生态治理的地区；三是老工业区或者资源面临枯竭的地区。这三类地区既要求进一步提高经济增长速度，同时又要兼顾环境保护和生态建设，而循环经济的发展模式正是解决上述问题的最有效途径之一。

1.2 循环经济模式构建原则

在构建循环经济模式时，不能单纯地强调物质的循环利用而抛弃区域的整体效益，也不能强制性地建立起企业之间的产品和废物交换关系，而是要以科学的原则为指导，具体包括以下几方面的原则：

（1）“3R”与“三化”原则

"3R"原则为循环经济的操作准则，因此也是循环经济模式构建的原则。"3R"原则即"减量化（Reduce）、再利用（Reuse）、再循环（Recycle）"[3]。首先应遵循减量化原则，针对输入端，减少进入生产和消费流程的物质量，在经济活动的源头注意节约资源和减少污染。其次应遵循再利用原则，再利用属于过程性方法，尽可能多次或多种方式地使用物品，避免物品过早地成为垃圾，目的是延长产品和服务的时间强度。在生产中，制造商可以使用标准尺寸进行设计，例如使用标准尺寸设计可以使计算机、电视和其他电子装置非常容易和便捷地升级换代，而不必更换整个产品。在生活中，人们可以将可维修的物品返回市场体系供别人使用或捐献自己不再需要的物品。最后是再循环原则，是输出端方法，能把废物再次变成资源以减少最终处理量，目的是尽可能多地充分利用资源，以减少垃圾的产生。"三化"原则即减量化、资源化和无害化，其中资源化即涵盖了"3R"原则中的再利用和再循环，是循环经济"3R"原则的补充和发展，而无害化原则对我国废物产生与处理处置方面具有重要的现实意义。"三化"原则与"3R"原则共同成为各层次循环经济模式的构建指导原则[4]。

（2）经济发展与生态保护相统一的原则

环境库兹涅茨"U"字形分布规律正是经济发展水平和环境质量关系在空间上的反映。怎样才能在保持整体经济水平健康发展的情况下，还给自然一个生态平衡，是循环经济要解决的问题。在循环经济模式构建过程中，既要针对环境污染和生态保护问题突出的领域，坚持预防为主，保护优先，加大环境保护建设力度，又要注重生态恢复，同时更要推进经济又好又快的发展。在经济建设中，既要在发展中富了自己，又要维护生态平衡，实现经济、社会与生态之间的良性循环。

(3) 统筹规划与突出特色相结合的原则

一个科学合理、切实可行的规划是成功实践循环经济的重要前提。发展循环经济要从系统、整体的角度，着眼于区域的整体利益、长远利益。根据循环经济发展理念，结合区域自身的自然资源、生态状况和经济社会条件等特征，科学制定循环经济的发展规划，因地制宜地选择适合自身发展的，具有区域特色的循环经济发展模式，充分发挥区域优势，有重点、有层次、循序渐进地全面推进循环经济建设。

(4) 循环经济与知识经济相统一的原则

20 世纪 90 年代之后，发展知识经济和循环经济成为国际社会的两大趋势。知识经济要求加强经济运行过程中智力资源对物质资源的替代，实现经济活动的知识化转向；循环经济要求以环境友好的方式利用自然资源和环境容量，实现经济活动的生态化转向。发展循环经济，需要技术创新；借助知识经济，加速科技创新，为循环经济的发展提供技术支撑。

第 2 节　循环经济模式构建的途径与方法

总体来说，循环经济模式的构建应从点、线、面逐渐展开。在企业层面要求企业在生产过程中，最大限度地节约原材料和能源，淘汰有害原材料，削减所产生废物的数量和毒性；在企业间层面，各企业要以生态共生为原则，采用废物交换、清洁生产等手段把一个企业产生的废弃物或副产品作为另一个企业的投入或原材料，形成自然共生的生态工业系统，达到物质能量利用最大化和废物排放最小化的目的；在区域层面，要求实现区域内资源、能源高效利用和信息、基础设施的高度共享，以获得比单个企业更大的经济、社会和环境效益[5]。

2.1　循环经济产业模式构建途径与方法

循环经济产业模式依据产业链中主要节点之间的主要企业与企业的关系，可划分为三种主要关系，即纯粹的市场交易关系、产权关联式关系、准市场式关系。从技术连接角度，可以把产业链的形成模式分为组装产业链、补充产业链、延伸产业链三种。

2.1.1　循环经济产业链模式构建途径

循环经济产业链是指将一定地域空间范围内的断续的产业部门（通常是产业链的断环和孤环形式）借助某种产业合作形式串联起来，包括组装、补充和延伸三种途径。

组装产业链是建立在对生产工艺的改进和创新基础上的。以生态位的重叠与分异为指导，通过技术集成，以物质流为纽带，引进高新技术，把原本或许不相干的技术组装成联系紧密的技术群，利用建立的技术群把原本不相干的产业连接起来，从而提高生态系统中资源位的利用率。

补充产业链是建立在对现有的产业链体系进行系统的分析和掌握的基础上的。运用系统集成的方法分析现有的产业链，找出现有产业链条上那些没有被充分利用的资源位，通过补充进新的产业、企业群来对其进行充分消化利用，最大化地利用资源，提高资源的利用效率，同时也拓宽了产业链的覆盖范围，增加了产业链的生态性和友好性。

延伸产业链则是将一条既已存在的产业链尽可能地向上下游拓深延展。产业链向上游延伸一般使得产业链进入到基础产业环节和技术研发环节，向下游拓深则进入到市场拓展环节。产业链的实质就是不同产业的企业之间的关联，而这种产业关联的实质则是各产业中的企业之间的供给与需求的关系。

2.1.2 循环经济产业链设计方法

(1) 循环经济产业链构建原则

循环经济产业链是循环经济模式的骨架，是其构建的关键。在构筑时应遵循以下原则：

① 构筑产业链的各企业，内部要实现清洁生产，所生产的产品是生态产品；

② 循环经济产业链的长短要依据技术经济分析而定；

③ 系统内各成员之间在类别、规模、方位上要相配；

④ 具有相对柔性和刚性，当系统内任何一个企业生产状况的变化，如废料构成、性质改变时，与其相联系的企业能及时调节，保证整个系统的平衡。同时，也要保持产业链上企业的工艺及产品结构等相对稳定，即具有刚性[5,6]。

(2) 核心企业的选择

选定“核心企业”构筑企业共生体，是构建循环经济产业链的关键。“核心企业”大都是大型企业。从事石化、冶炼、机械或者能源生产等行业，由于核心企业对生产材料的需求量或为其他企业提供副产品的供应量基本上是丰富而稳定的，具有规模优势，因此，与之合作的企业主要目的是为它提供生产材料或者是利用它廉价的副产品。

我国工业发展的特点是：① 存在以煤炭、电厂、石油、石化、钢铁、水泥等高能耗、高污染的大型联合企业为主的老工业区；② 已发展大量的高新技术园区、开发区；③ 存在乡镇企业集中的城镇。据此，运用关键种理论，选定煤炭、电厂、石油、石化、钢铁、水泥、电子行业、农副产品加工业作为“关键种企业”，构筑企业共生体，建立生态工业园区，是我国发展循环经济，实施可持续发展战略的特色选择。

（3）生态工业共生网络的构建

生态工业园是实现循环经济的有效载体。生态工业园的典型特点是企业之间相互合作，通过建立生态工业共生网络实现资源相互利用和循环。最具代表性的生态工业共生网络运作模式主要包括依托型、平等型、嵌套型和虚拟型四种。

① 依托型生态工业共生网络是生态工业园中最基本和最为广泛存在的组织形式，其形成往往是因为生态工业园中存在一家或几家大型核心企业，吸附许多中小企业围绕其运作而成。由于核心企业的存在，一方面需要其他企业为它供应大量原材料或零部件，这也为大量相关中小型企业提供巨大市场机会；另一方面，核心企业也产生大量的副产品，如水、材料或能源等，当这些廉价的副产品是相关中小企业的生产材料时，也会吸引大量企业围绕其相关业务建厂。依托型生态工业共生网络的特点在于对核心企业具有很强的依附性，核心企业一般是特大型企业，主导网络的运行，它决定了共生网络能否持续发展的技术可行性，一旦核心企业的经营环境发生变化，如工艺调整、材料更换或者规模变更等，都会对它的依附企业产生非常大的影响，最终将直接影响网络的稳定性和安全性．甚至导致网络失败。根据生态工业园中核心企业的数目不同，依托生态工业共生网络可以分为：单中心依托型共生网络和多中心依托型共生网络。广西贵糖集团和鲁北化工企业集团为典型的单中心依托型共生网络，丹麦卡伦堡工业共生体是多中心依托型共生网络的典型代表。多中心共生网络比单中心共生网络具有较强稳定性和安全性。

② 平等型共生网络是指一家企业会同时与多家企业进行资源的交流，企业之间不存在依附关系，在合作谈判过程中处于相对平等

的地位，依靠市场调节机制来实现价值链的增值。该网络的企业一般为中小型企业。因网络节点间同时存在多家企业，增强了共生网络的稳定性。但在这种共生类型中，由于受经济利益影响比较大，企业选择合作伙伴的主动权增强，难以形成主体生态产业链，仅凭市场的调节很难保障网络的稳定性和安全性。因此，在网络出现频繁波动的情况下，需要政府或园区管理者的参与。世界上采用平行工业共生网络较为成功的生态工业园是加拿大波恩赛德工业园。

③ 嵌套型工业共生网络是一种复杂网络组织模式，由多家大型企业和其吸附企业通过各种业务关系而形成的多级嵌套网络模式。在生态工业园内，多家大型企业之间通过副产品、信息、资金和人才等资源的交流建立共生关系，形成主体网络，同时，每家大型企业又吸附大量的中小型企业，这些中小型企业以该大型企业为中心又形成子网络，另外，围绕在各大型企业周边的这些中小型企业之间也存在业务关系，所有参与共生的企业通过各级网络交织在了一起，既有各大型企业之间的平等型共生和中小型企业的依托型共生，又有各子网络之间的相互渗透，从而形成一个错综复杂的网络综合体。奥地利 Styria 生态工业园是嵌套型工业共生网络运作模式的典型代表。

④ 虚拟共生网络借助于现代信息技术手段，用信息流连接价值链建立开放式动态联盟，组建和运营的动力来自多样化、柔性化的市场需求，以市场价值的实现作为目标，整个区域内的产业发展形成灵活的梯次结构，因此具有极强的适应性；同时，参加合作的企业通过各自核心能力的组合突破了资源有限的限制，整个虚拟组织以网络为依托，充分发挥了协同工作和优势互补的作用。美国布朗斯维尔生态产业园是目前世界上采用虚拟型共生网络比较成功的代表性园区。

（4）系统多样性的构建

系统多样性的构建旨在通过降低系统边际投入和减少系统废物排放，在不发生污染转移的情况下达到减轻环境压力的目的。这就决定了系统的构建和发展必须通过系统内各组分的多样化合作，达到充分利用物质和能量资源的目的。

循环经济模式作为实现经济与环境双赢的实践形式，应该形成新的多样性格局，通过建立这种多样性格局，提高系统的稳定性。具体建议如下：

① 在设计循环经济模式时，首先要根据当地的资源、能源等状况，设计多种产品、构建多样化的产品结构，产品结构越复杂，市场适应能力越强，越有利于系统的稳定；

② 构建多样性的生态工业园，如火电厂生态工业园、石化生态工业园、煤炭生态工业园、钢铁生态工业园、水泥生态工业园、制糖生态工业园、酿酒生态工业园等；

③ 保持系统之间协同作用的多样性，实现系统之间互相联系，协调发展；

④ 建立生态工业园、生态产业网络中的企业或企业种群之间多渠道的物质与能量的输入输出机制；

⑤ 实行管理政策的多样性。

（5）信息网络的构建

循环经济模式的构建所需要的信息量是巨大的，而这些信息不可能由某一单一的企业或组织独立完成，为了节省费用，须利用现在的网络技术，建立灵敏的信息网络。循环经济模式建设中需要的信息量要比传统模式的构建大得多，因为它需要企业在相互充分了解的基础上进行密切的合作。仅在规划设计阶段所需要的信息就包括：

① 系统的边界和系统中的成员。了解系统边界和成员后，才能发现潜在的产品及废物的供应商和使用者，因此模式构建的第一步就是收集系统内的企业信息，在此基础上才能将相关企业进行组合。

② 物质的流动和能量的代谢过程。企业之间物质和能量的交换首先需要了解企业的输入输出情况。

③ 数量和时空分布。生产的情况会受到时空的影响，例如啤酒厂在夏天的产量就会高于冬天，产生的副产品或废物的量也会随着季节而变化，因此利用副产品或废物的企业要及时了解上游企业的变化，以便做好必要的准备。

④ 法规政策。即循环经济模式中的企业所必需遵守的有关法规政策。

2.2 区域循环经济模式的构建途径与方法

在本书第3章第4节中笔者指出，区域循环经济是指以区域为空间载体，以区域要素（如资源、生态、环境、经济、文化、制度）为基础，遵循减量化、资源化、无害化的原则，构建区域以及跨区域的生态产业链网，充分利用资源、防治污染，使区域经济社会发展与生态环境相协调，实现区域可持续发展的一种经济发展模式。

区域循环经济模式是对区域内客观活动和经济运行规律的表述，成熟的区域循环经济模式应该是生产要素和资源配置的最佳组合，使区域内各功能单元之间高效、有序运转，实现经济、社会和环境效益相统一。

区域循环经济发展是在单个企业循环经济发展之上的提升，对于循环经济的实践具有重要的作用和意义。与单个企业在“点”上的发展相比，区域循环经济能够克服单个企业规模有限、投入不足等方面的缺陷，可以在基础设施建设等投入巨大、牵涉面广的领域更有效地发挥作用。同时还可以更有效地实现区域内资源、能源高效利用和信息、基础设施的高度共享，以获得比单个企业更大的经济、社会和环境效益。通过在区域循环经济发展，可以在园区或产业集群层面，形成高效产业共生网络，产生集聚效应和生态效益，进一步推动区域经济快速发展。

结合我国循环经济发展的实践，本书从工业园区和城市两个层次上分析区域循环经济模式的构建途径与方法。

2.2.1　园区循环经济模式构建途径与方法

生态工业园建设就是通过对一定地域空间内不同工业企业间以及工业企业、居民和自然生态系统之间的物质、能源的输入与输出进行优化，从而在该地域内对物质与能量进行综合平衡，形成内部资源、能源高效利用，外部废物最小化排放的可持续的地域综合体。

2.2.1.1　系统集成技术

系统工程理论在生态工业园模式建立过程中的具体应用，就是要完成生态工业系统范畴内的系统集成。系统集成是在区域范围内实现生态工业的方法，它综合考虑区域系统的物质流、能量流和信息流，通过共享信息和公共基础设施，考虑区域范围内企业、社会和自然生态系统之间的物质交换和能量利用，建立高效率、低消耗的可持续发展的区域生态工业系统。

生态工业系统的集成，在一般意义上讲，主要包括物质集成、能量集成和信息集成三个方面的内容。

（1）物质集成

物质集成是生态工业系统集成的重要部分，通过产品体系规划、元素集成乃至数学优化方法构建原料、产品、副产物及废物的工业生态链，实现物质的最优循环利用。

物质集成主要是根据园区总体产业规划，确定成员间的上下游关系，同时还需要根据物质供需方的要求，运用过程集成技术，对物质流动的路线、流量和组成进行调整，以完成工业生态链的构建。

从技术方法上讲，物质集成一般包括再使用、材料循环再生、化学再循环、废弃物再循环和回收热能循环五个方面。

① 再使用：又称为原点利用，即以其原有的形式就能以同样或类似的产品使用一次以上。典型的例子如啤酒瓶的回收使用，这是合理的、最先推荐的再循环方法。这样物质质量下降微小、节省能源、费用较低、回收流程短。对产品而言，拆卸后部分材料经检验合格后重新使用也属于这一类。

② 材料循环再生：受到剧烈磨损或损坏不能再使用的物质循环再生方法，例如金属材料、玻璃、热塑树脂经过熔融再成型，或热可塑树脂溶剂再析出、再成型。与再使用相比，该方法能源和成本消耗较高，由于杂物的混入，再生材料质量比新材料下降，所以回收分解是材料循环再生的关键。

③ 化学再循环：对于失去利用价值的再生材料应采用化学再循环方式，即废弃物经过化学分解以回收原料，例如聚苯乙烯、聚丙烯酸酯制品的热解、聚酯、尼龙水解回收单体等。与材料再循环方式相比，该技术成本和能耗有大幅提升，且受技术可能性限制。

④ 废弃物再利用：通过变更用途的广义再循环，经过一定的加工处理可取代某种工业原料。这是降低利用价值的方法，例如材料再制造；利用废橡胶铺设道路；合金冶炼中的硅钙代替石灰用于建筑等。

⑤ 回收热能循环：有机废弃物通过热解或焚烧，回收燃料油、变换成燃气、蒸汽或电能，一般用于数量大且又难以分离的混合废弃物处理。

从内容上讲，物质集成主要包括废水的集成、废气的集成和固体废物的集成。由于废气的集成在生态工业园模式建立中应用不多，在此主要讨论废水的集成和固体废物的集成。

废水集成主要考虑节水工艺、中水回用和水循环、水资源一体化利用以及水分配网络综合等，着力于减少水资源的用水量和废水的产生量，开发新的可利用水源、增加废水回用和再利用、实现“一水多用”，并配合适当有效的废水处理，具体内容包括以下几点。

① 改革生产工艺，减少工业用水：根据实际情况和可能，对生产工艺的不合理部分进行改造和设备更新，可以大幅度减少工业用水量。如采用逆流多段洗涤方式以减少新鲜水用量，提高废物浓度。

② 逐级用水，实现“一水多用”：按照生产过程中各工艺对水质的不同要求实行多层次分级重复利用，尽量做到“一水多用”，如循环冷却水的排放部分可用于本企业或邻近企业对水质要求不高的环节，如烟尘治理等。

③ 提高工业用水循环利用率：随着水质净化和水质稳定技术的发展，提高工业用水的循环利用率已是现实可行的。对用水量大，以冷却水为主的企业来说，提高工业用水循环利用率是开源节流的重要途径。对生态工业园而言，可以将若干规模较小企业的冷却水合并后循环利用。

④ 中水回用：中水是指经再生处理可在一定范围内重复使用的工业或生活污水，一般以水质区分。实行中水回用具有开源和减少污

染的双重作用。一般根据污水中各污染物的含量、中水的用途和水质要求，建立适当的中水系统。中水是水资源有效利用的一种方式。中水处理方法一般按照污水中污染物的含量、中水用途及要求的水质，采用不同的处理单元，组成能够达到处理要求的工艺流程。回用对象主要包括市政杂用水和部分工业用户等。

⑤ 强化处理：建立分散式与集中式处理系统相结合、工业与生活污水相配合的废水处理系统。对于工业废水中含有大量的可回收物质或贵重金属先进行回收，对于工业废水中含有的有害物质先进行预处理，然后再排放进行集中处理。对于企业不能回用或循环的污水实施集中处理，共享处理设施，集中处理后的出水可回用于绿化杂用、道路喷洒或农业灌溉等。

固体废物的集成主要考虑减少固体废物的产生、固体废物的削减、废物的资源化利用、废物交换、废物网络配置以及废物综合处理等，旨在提高资源的利用率，增加物质的迁移、转化次数，使固体废物在一定范围内实现最优化的再利用和最终处置。

（2）能量集成

能量的集成主要包括三个方面的内容：

① 采用节能技术、节能工艺以及再生资源的使用，以减少能量消耗；

② 实行梯级用能、集中供热和供冷，优化过程用能结构，合理按质用能；

③ 开发和使用可再生能源和清洁能源，如太阳能、风能、地热能、潮汐能等。

（3）信息集成

建立完善的信息数据库、计算机网络和电子商务系统，利用先进的信息技术对各种各样的信息进行系统整理，充分发挥信息在生态工业系统运行、管理和发展中的多种重要作用，以促进物质和能量的有效利用，加强与外界的合作与交流，建立成熟完善的生态工业系统。在信息集成中，应注意信息的多样性，信息系统建立的复杂性和信息对生态工业的重要作用。

总之，运用系统工程理论所实现的系统集成是面向区域系统的一种建设工具和方法，对生态工业园的规划与建设这一系统工程来说，这一理论毫无疑问地起到了从主观到客观、从抽象到具体的重要作用。

2.2.1.2 生态结构重组

要实现生态工业的发展目标，必须对传统工业的生产结构在从产品、企业到工业系统三个层次上进行生态结构重组。在产品层次上，要求在产品设计和开发过程中就综合考虑各种环境因素，使产品在整个生命周期内对环境的影响最小；在企业层次上，重新审视产品与制造过程，特别是要减少废物的产生；在工业系统层次上，按照工业生态学的基本观点，改善系统整体的物质和能源效率。

（1）产品层次

在产品层次上，进行产品生态评价与生态设计。对产品进行“从摇篮到坟墓”的生命周期评价的主要目的在于寻求改善产品环境影响的机会与方法，从而为产品生态设计提供技术支持。产品生态设计（或为环境而设计），是指在产品设计与开发过程中系统地融入环境因素，尽量减少产品对环境产生的压力。生态设计需要兼顾产品的环境表现和经济表现，必须考虑到产品开发和使用过程中的所有阶段，最终选择在整个生命周期内产生最低环境影响的产品，努力使产品从摇篮到摇篮。

（2）企业层次

在企业层次上，主要是重新审视生产工艺和制造过程，开展清洁生产，注意减少废物的产生。工业废弃物的污染程度取决于生产工艺技术对资源的综合利用程度与过程优化集成水平。开发物质转化的高效、洁净、合理利用资源的绿色新技术和新过程，主要包括：

① 建立资源、环境保护新体系的思想方法论与实施策略，实施源头污染控制与清洁生产策略；

② 实行绿色化学反应，即努力使原料中的原子100%地转变为产物，不产生副产物或废弃物，实现“零排放”；

③ 运用环境、经济综合评价体系，建立过程工业的物质流程、能量流程、信息流程综合优化与过程集成；

④ 发展生物转化技术，开发能源和可再生资源替代技术，建立企业内部物质、能量分层多级循环优化利用体系。

（3）工业系统层次

在工业系统层次，即宏观层次上，生态工业要求改善整个工业系统内的物质与能源利用效率以及重新确定“废物”价值，使其可作为其他生产过程的原材料，促进物质在整个工业体系内循环流动的实现。这是工业生态学的最基本的观念，是从系统论的观点出发，对生态工业系统进行结构分析和功能模拟，学习自然生态系统，建立工业物质流动网络，实现物质流动的再循环。

生态工业中的分解者，也称为循环者，是生态工业实现可持续发展不可或缺的重要一环。它肩负着各种废弃物的回收、分拣、再资源化的重任，而且针对不同的废弃物有不同分解者，这样更具有针对性和专业性，能够更高效地实现物质循环过程；另外，分解者还可以是某种技术或思想，借助这些技术或思想可以更容易地实现废弃物的再生。例如，产品的“为拆卸而设计”和“为再循环而设计”，就可以使废弃物的再生变得非常容易。

生态结构重组理论的一项重要任务就是探讨建立高效、和谐的生态工业系统的途径、方法，研究分析企业间合作的机会与制约关系，引导企业按照生态学的“共生”原理建立可持续的生态工业系统。

2.2.1.3　物质迁移和流动分析

（1）物质迁移和流动分析基本方法

在经济部门，对经济系统中物质、能量迁移和流动的分析研究已经开展了多年，这些研究工作关注的是物质与资源的投入与产出之间的关系。随着可持续发展的不断深入，在经济系统特别是工业系统与自然环境相互作用的研究中，逐步形成了物质、能量迁移和流动分析这一研究方向。其研究领域涉及全球和区域范围内、工业系统中以及在产品生产过程中物质与能量流动量化的理论与方法，主要研究这些流动对社会经济与自然生态系统的影响。

许多环境问题与社会经济系统的物质、能量和产品的流动有着直接的关系，物质与能量流动分析是了解物质提取、使用和其最终不管作为废物还是作为再度使用的资源的系统方法，这些方法试图超越描述性的分析而进行较为严格的量化，以便找出社会经济系统物质与能量流动与环境问题之间的量化关系，从而为解决这些问题提供依据。

目前此研究所采用的方法比较多，主要有以下几种。

① 质量平衡方法

质量平衡方法（Mass balance）是研究物质流动的方法之一，这种方法针对某种特殊要素在不同时间与地点的流动，包括向环境的散失，估计并核算在物质流动的每一阶段的输入和输出质量关系，研究并提出与物质流动全部途径相关的分析观点，典型的质量平衡如图 4－2－1 所示。

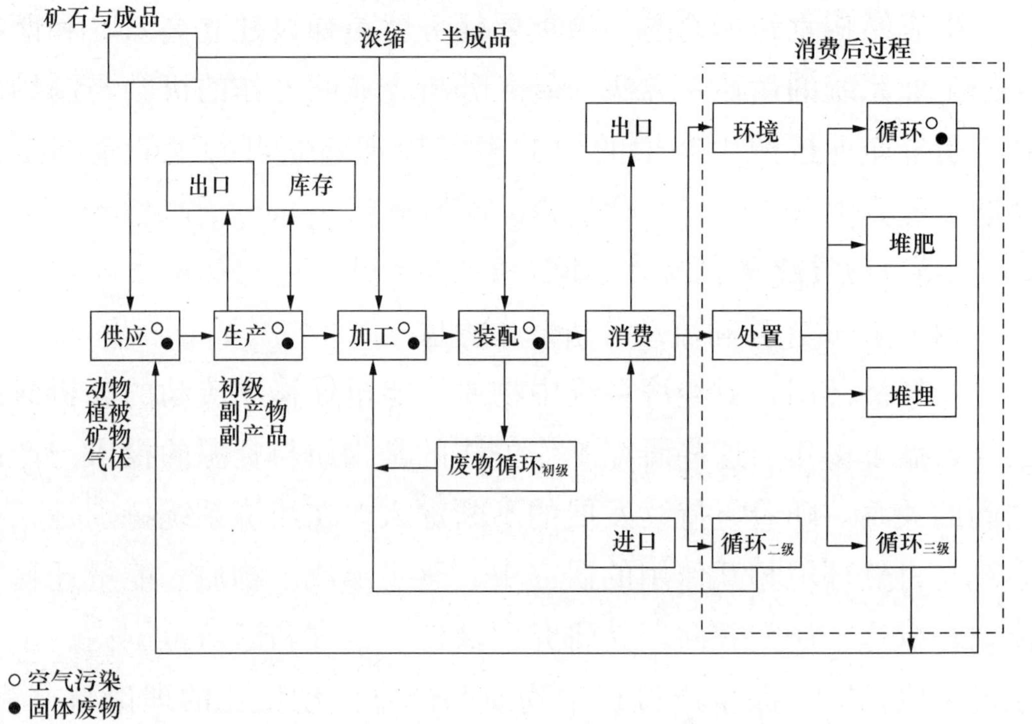

图 4-2-1　典型的物质能量平衡图

② 输入—输出分析方法

输入—输出分析（Input—output analysis，IOA）的思想是由法国经济学家 Quesnay 在 18 世纪首先提出。20 世纪 30 年代，为研究美国的经济，Leontief 应用该方法首先发展了经验性的输入/输出（I/O）表。此后，输入—输出分析成为标准的经济工具，它描述了部门间按照货币或商品量的相互交付情况，通常被应用于国家水平来获得经济结构图和经济部门之间的相互交付关系，并鉴别经济和商品在经济系统内的主要流动。从 20 世纪 60 年代末以来，输入—输出分析方法经许多学者发展，用于解决经济和环境问题。20 世纪 70 年代后，特别是进入 21 世纪的几年，I/O 方法和数据已经被用于评估产品性能及其对环境产生的影响。

③生命周期分析与评价

生命周期分析与评价（Life cycle assessment，LCA）是一种对产品、工艺或消费所产生的环境问题的评估，包括从原材料采集，到产品生产、运输、销售、使用、回用、维护和最终处置整个生命周期阶段有关环境负荷的全过程。它首先辨识和量化产品整个生命周期中原料与能量的消耗以及向环境的排放，然后评价这些消耗和排放对环境的影响，最后辨识和评价减少这些影响的机会。

除了上述的基本方法外，一些学者近年提出了研究经济系统中物质与能量流动的更具体的新方法。Josten 等于 1999 年提出了一种物质流动分析的新方法，称为分析物质流的统计调查方法（Statistical Research for Analyzing Material Streams，STREAMS）。该方法通过绘制社会经济系统各个分支水平上的物质流动图，得到一系列量化数据，估算经济系统的内部效益和最终消费。

（2）工业代谢分析

20 世纪 80 年代中期以后，Ayres 等对经济运行中物质与能量流动对环境的影响进行了开拓性的研究，提出了工业代谢（Industrial metabolism）的概念。

工业代谢理论是把原材料和能源以及劳动在一种或多种稳态条件下转化为最终产品和废物的所有物理过程完整的集合，可以用图 4-2-2 表示。

工业代谢理论把工业系统中的企业与自然生态系统中的生物有机体进行了类比，两者有一定的相似：首先，在生态系统中的不同生物有机体之间及其与自然环境之间建立了网状的营养结构，而在工业系统中，企业之间也通过提供产品、物质交换利用建立了相互关系。其次，生物有机体具有新陈代谢作用，把各种无机或有机物转化成可供机体利用的营养物并与排泄废物相类似，企业可以通过各种工艺过程，把原料或半成品加工成产品，同时也产生各种废弃物。最后，在生物圈中，由同种的生物构成了生物种群，由不同的种群构成生物群落，由生物群落构成了生态系统。而在工业系统中，人们把生产相同产品和提供类似服务的企业归于某一工业部门或行业。但两者也有一些微妙的区别：自然生态系统是一个有机整体，处于一种相对稳定的状态，即生态平衡，在自然生态系统中，除非经过长期的进化，有机体很难改变自身的形态或行为。而工业企业的专业化并不是永久的，它可以从生产一种产品或从某一种服务转变成生产别的产品或其他的服务。

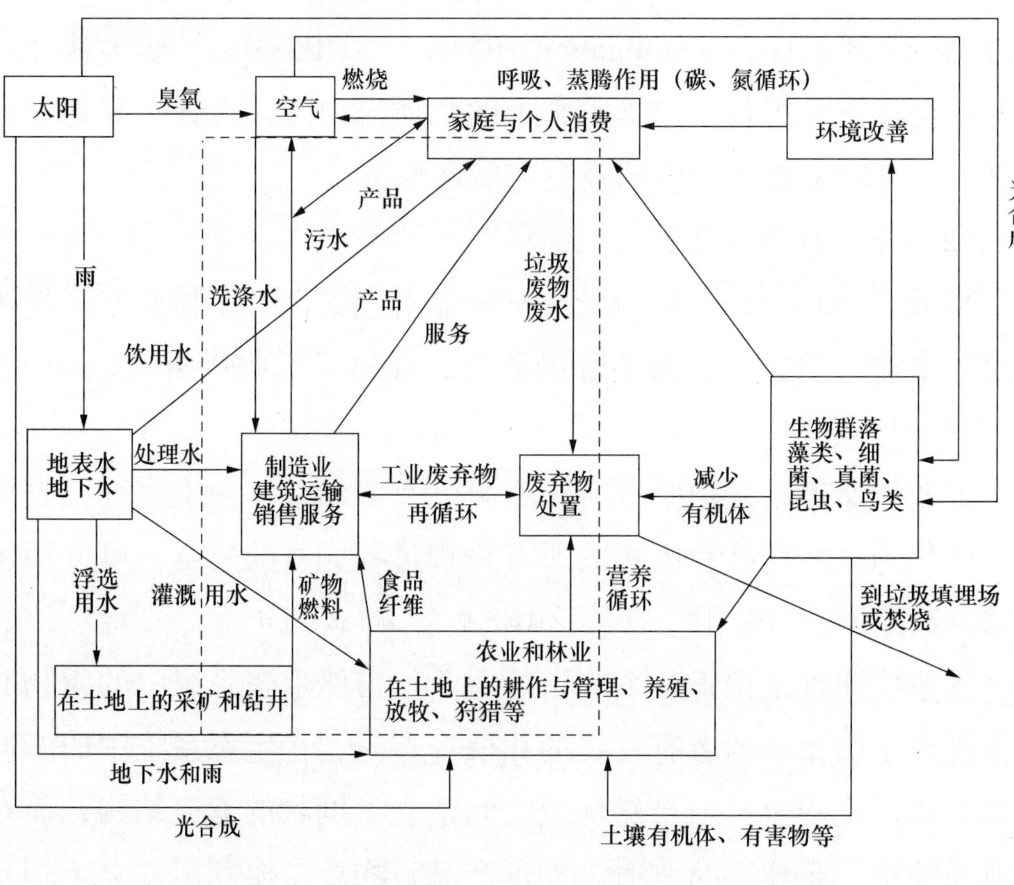

图 4－2－2　工业代谢示意图（虚框表示经济系统）

在对自然生态系统与工业系统的类比分析的基础上，工业代谢认为工业系统是一些企业（公司）的集合，它们通过各种协调与制约关系结合在一起，一个企业通常被认为是经济分析的一个标准单元，也是把原材料（包括资源与能源）转变成产品和废物的单位。因此，整个工业系统的运行，将涉及在自然生态系统内的物质和能量的流动。工业代谢的研究旨在揭示工业活动中纯物质的数量与质量规模，展示构成工业活动全部物质与能量的流动及其对环境的影响。

① 工业代谢中的物质流动

工业代谢首先关注工业系统中的物质流动过程与循环情况。为更好地说明工业系统的物质流动情况，这里就工业系统的物质流动与生态系统的物质流动进行了比较。在自然生态系统中的物质流动，采用生物学模型——生物质循环，如图 4－2－3 所示；对在工业系统中的物质流动，采用物质流动的工业模型——工业物质循环，如图 4－2－4 所示。

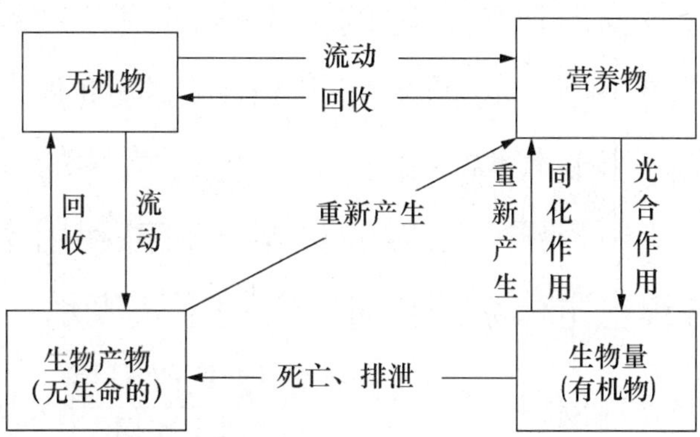

说明：

无机物：沉积岩、铁离子、硫酸盐、碳酸盐、磷酸盐

营养物：空气或水中的 CO_2、可溶解的 N、P

生物产物：有机碳（腐殖质）、腐烂物

图 4－2－3　物质流动的生物学模型——生物质循环

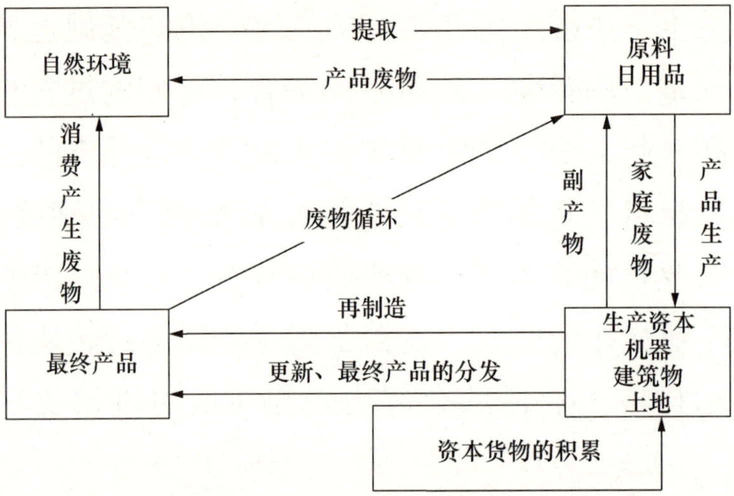

图 4-2-4　物质流动的工业模型——工业物质循环

②工业代谢的度量

如何表征工业系统的物质与能量流动，是工业代谢研究的一个重要问题。工业代谢理论认为，一个体系能否维持持续稳定状态，可采用再循环和再利用率、原料生产力等指标表征和度量。

再循环和再利用率：在工业系统中，物质处于运动状态，在运动过程和最终阶段物质以废弃物的形态返回到自然环境中。在符合质量守恒定律的前提下，再循环和再利用的物质越多，那么耗散到环境中的就越少。工业代谢理论认为，可持续性的一个好的度量就是有无消耗性的使用资源。物质的再循环和再利用率是衡量工业体系是否是一个持续稳定体系的度量，可用下式表示：

$$再循环和再利用率 = \frac{再循环和再利用量}{资源消耗总量} \times 100\%$$

原料生产力（Materials productivity）：原料生产力即每单位原料输入的经济输出。这一指标可用来量度一个经济整体，量度一个部门或行业，同样也可以对营养元素进行量度，如碳、氯、硫、氨、铁、磷等。在任何一个国家或区域，人们总是希望提高物质生产力的。

总体来讲，工业系统是自然生态系统的一部分，它也是由生产者、消费者、再生产者和外部环境四个基本部分组成的。工业代谢理论研究的是工业系统“代谢”原料与能量的规律及其量化方法，正因为现代工业生产是一个将原料、能源转化成产品和废物的代谢过程，所以，我们可以借用工业代谢理论对一个地区进行系统规划，通过对生态系统的认识，寻找能使工业体系与自然生态系统保持和谐发展的最佳途径，这一理论将对生态工业园模式的建立起到积极的作用。

（3）具体分析方法和模型

随着原料、产品和废物导向政策的发展，对全社会范围内物质流动、使用和处理的认识变得非常迫切，这需要对全社会范围内的物质流动做整体分析。

物质流动分析方法是目前较为成功的研究物质流动的方法之一；STREAMS 即原料流动分析统计调查法，它通过调查和使用表格，以数据的形式表述对原料流动过程的整体认识，统计一定时期工业系统内产品和服务的供应、使用和消费数量，包括进出口的数据等。

全社会原料流动的模型如图 4－2－5 所示。

在图 4－2－5 中，原料流动通过矩形图框中的箭头来表示，矩形框代表加工过程，每一格流动都可能包含着几个次级流动，代表着原料或产品中出现的分支流动，每一个加工过程都可以分解开来流入不同的工业系统。从图的顶端到底部的物流是最主要的流程，在这个历程中，原料经历了在其生命周期中的几个重要过程。原材料从环境中被提取出来，以原料的形式进入流程，在第一个过程中，原料被加工成中间产品，中间产品是介于原料与制成品之间的形态，例如在注塑工业中的初级塑料、造纸工业中的纸浆等。在随后的加工过程中，中间产品被加工成产品，产品包括三种组分，即包装、组件和最终产品。通常，物流研究的主要对象是一些特定的原料和原料集合（塑料、木材、钢铁等），这些原料被称为核心原料，主要是由核心原料组成的产品称作核心产品，生产和加工核心产品的工业或行业叫做核心工业或核心行业。

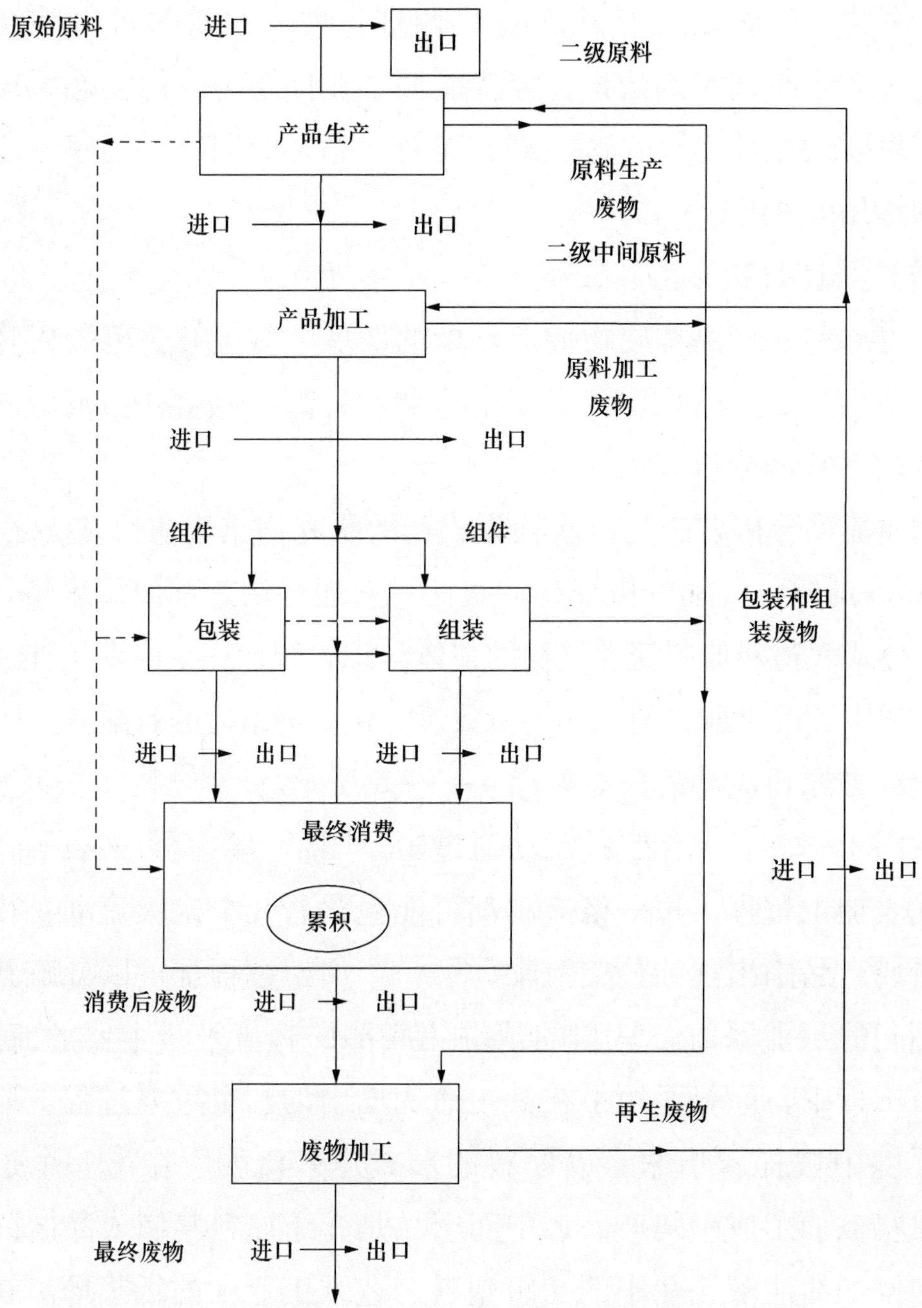

图 4－2－5　全社会原料流动的模型

在使用物质流动分析方法分析特定地区、特定行业的物流过程中，与核心原料相关的进出口、中间原料、产品的包装、组件、最终产品和废物都必须加以考虑。目前还只是在原料流动过程的层面上讨论问题。但是，在一些案例中，如某种工业中可以出现几个连续发生的过程，而在统计分析中无法分别把这些生产流程表达出来，所以在图 4-2-5 中提出了虚拟的流动过程（以虚线表示），它绕过了原料加工、包装和装配过程。

①供应和使用分析

用国家（地区）供应和使用表格来分析和描绘特定时期、特定国家（地区）内的原料流动模式。核心原料和产品的供给和使用数据主要通过以下几个步骤获得：核心原料、产品加工和工业运作的识别和过程化；构建核心工业供应和使用表格；修正保密供应和使用数据；将货币数据转化为物质数据；供应和使用数据的修正；核心产品中核心原料含量的计算。

②最终产品消费分析

每一个企业或行业都有其特殊的原料、产品供应和使用关系。为满足原料需求，本级企业必须购买上一级企业的产品作为原料。在物资供应的过程中，反映部分的原料和产品从物资供应的行业中脱离开来，同样地，还有包装和组件行业。其余部分的原料和产品作为最终产品来使用。在最终消费后，它们以废物的形式离开该行业，这种原料物流描述适用于所有在使用的产品。但是，核心原料和产品的使用才是最重要的。

总之，生态工业园的设计、规划和建设必须在物质流动分析的前提下进行，物质迁移和流动理论是生态工业园模式建立的基础。

2.2.1.4　物质减量化技术

随着经济的发展，原材料的消耗量日益突出。人们认识到，资源是有限的，它的逐步耗竭，必将影响经济的发展。同时，由于工业系统的运行，越来越多的废弃物日益严重地影响人类健康和生态环境。为了解决上述问题，在可持续发展思想的形成过程中，人们提出解决经济发展和环境之间关系的一个重要思路：如果人类在世界人口增长迅速的情况下，既能享有高水平的生活，又能把对环境的影响降低到最小限度，那么只有在同样多的甚至更少的物质基础上获得更多的产品和服务，就是物质减量化（Dematerialization）的思想。物质减量化是实现生态工业目标的重要途径之一，它是可持续发展的历史必然。从建立生态工业园的角度讲，如何实现物质减量化是影响工业生态学应用效果的一个十分现实的问题。

实现物质减量化主要有以下几种途径。

（1）能量再利用

在金属冶炼和制造中，大量能量被释放出来，这种能量不仅影响大气、水环境和生态系统，还会引发微气候的变化，从而影响到人和其他生物。这些损失的能量可以作为一种可收集的有价值的能源，供给其他生产用途。物质减量化就要尽可能充分利用这些能量，减少产能资源和材料的利用。在欧洲，区域性能源的深度利用提高了能源利用的效率，一些冶金生态工业园通过合作生产过程将原本损耗的能量充分利用起来，最大节能已达50%。

（2）产品的耐久性设计和再设计

当前，许多一次性产品充斥着市场，导致了很大的浪费和环境问题。尽管这种产品生产在一定时期和市场体系内，可能会给企业带来一些短暂的利益，但从全社会角度来看，这是一种极为有害的行为。而且，从长远来看，企业若要取得良好的信誉、用户的信任和新的市场机遇，其产品必须具备使用耐久性和功能灵活性。从环保角度讲，耐用的设计具有很大好处。同传统设计相比，耐用设计可以使得用于生产、运输和废物处理等方面的能量大大减少，也有利于物质减量化的实现。具有功能扩展的设计和再设计将是实现物质减量化的有效途径。

（3）产品的修理、再利用和再制造

修理、再利用和再制造是指产品的某项功能不再适于使用时，无须将整个产品扔掉，而是利用上述过程恢复其所具功能，这是当前实现物质减量化的一个重要策略。

（4）产品分解、拆散和再循环

当物品或装置不能以别的方式加以重新利用时，就可以考虑利用它的部分组成。比如，建立计算机拆解工厂就可以通过拆解旧的计算机回收一些有用的部件并加以重新利用。产品的再循环指生态工业系统内部的合理的物质循环，利用某些物质材料的化学兼容性，建立上、下游企业特殊的连接关系。

（5）智能材料的研发

在理论上，智能材料或装置能够监测自身或环境的变化，并能对状况的变化有所响应，它可以自行修复或对温度、电压、压力、pH 值、光、磁场和化学品等外部刺激的响应，并可以调整自己的组成和功能或发出信号。智能材料的大量利用可在很大程度上减少原始物质的投入，从而达到物质减量化目的。

（6）分子重构和纳米化学

我们知道利用化学或热处理方法可以将有机物大分子物质转化为各种新的化合物，认识到这一点，就为我们提供了无数的利用不同性质物质的方法。从理论上讲，我们应该能够一个一个地把原子和分子重组到特定位置，这要用到纳米技术或分子制造技术，这些技术为将来制造体积更小、耗材更少和更利于回收利用的产品奠定了基础，为实现真正意义上的物质减量化提供了可能。

(7) 石化产品与能源脱碳

现代工业的发展，离不开诸如石油、天然气、煤和木材等能源物质。从本质上讲，能源流也是一种物质流，研究表明，能源流的循环过程比一般性物质流的循环过程对大气环境的影响要大得多，燃烧产生的过多的二氧化碳是造成温室效应的主要原因。如何实现能源利用方面的物质减量化是一项重要的课题，石化产品和能源脱碳是实现物质减量化的重要内容。

2.2.2 城市循环经济模式的构建方法

(1) 城市循环经济模式内涵

城市循环经济体系是将循环经济观引入城市发展的全过程，是循环经济理念在城市经济建设中的推广和应用，是一种以追求更大经济效益、更少资源消耗、更低环境污染和更多劳动力就业为目标的先进经济发展模式。其遵循生态系统和经济活动系统的基本规律，以经济效益为驱动力，以绿色 GDP 核算体系和可持续协调发展评估体系为导向，遵循“三化”原则，通过优化产品生产至消费整个产业链的结构，实现物质的多级循环使用和产业活动对环境的损害程度达到最小的一种生产经营模式。其实质就是要以环境友好的方式利用自然资源和环境容量，实现城市经济活动的生态化转向。这不仅要求第一、二、三产业形成基于全社会的大循环，更要把城市关联产业经济活动组织成为“自然资源—产品—废弃物—再生资源”的循环式流程，所有的投入品和能源都能在这个不断进行的循环中得到合理的利用，从而使城市产业链活动对自然环境的有害影响减少到尽可能低的程度。这一内涵将生态环境保护与城市经济建设融为一体，不仅弥补了对通过节约资源和废弃物综合利用等方式提高经济效益和生态效益的关注不足的缺陷，同时克服了城市经济发展中侧重生态环境保护而不能较好地兼顾经济效益的问题。

(2) 城市循环经济模式构建技术与方法

目前我国城市循环经济发展体系还不完善，尚停留在以末端处理为主的阶段（如图 4 –2 –6）。这种循环经济发展模式目前主要是对城市生产生活废弃物和城市污水进行综合处理与利用，只能在一定程度上起到缓解生态压力，提供城市可持续发展的作用。

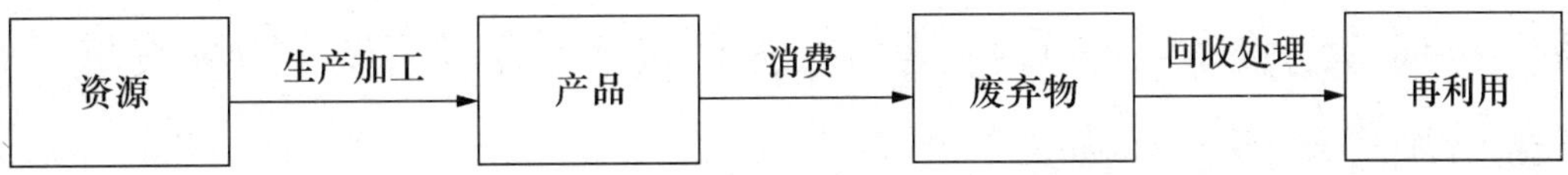

图 4 –2 –6　目前我国城市循环经济发展模式示意图

城市循环经济体系倡导的是一种与环境和谐的经济发展模式，它是以生态产业建设为基础的渐进式循环经济发展模式，要求把经济活动组织成一个"资源—产品—再生资源"的反馈式流程，其特征是低能耗、高利用、低排放。所有的城市资源要能在这个不断进行的城市经济循环体系中得到合理和持续的利用，以把城市经济活动对自然环境的影响降低到尽可能小的程度。这一模式是对目前城市循环经济体系的深层次推进。

目前城市实施循环经济发展战略可运用的技术和方法主要是改造提升现有的第一、二、三产业结构；进行产业规划和组团，逐步构建起复合循环经济模式，促进生产要素组合的不断优化、经济结构的不断升级和竞争素质的不断提高，使资源优势向经济优势与竞争优势有效转化，实现三次产业之间物质循环利用、能源梯级流动和基础设施的集成共享，使资源得到最优化配置与使用，使经济发展沿着高产出、低消耗、低污染的生态化方向发展。

首先，发展产业内部的循环经济。其次，寻找三次产业之间的链接点，构筑第一、二、三产业的循环链接模式，建成结构合理、系统优化、技术先进、管理科学、环境友好的循环型产业体系。最后，通过城市交通、动力、给排水、废物处理等基础设施来实现不同产业间的物质、能量和信息的集成与共享。不断完善与生产系统和消费系统相互衔接的废物循环利用系统，配套建设循环经济技术支撑体系和信息交换平台，实现本区域的物流与生产过程的循环，使系统内部的物质代谢、能量流动和信息传递形成一个环环相扣的网络，达到节约资源、消除污染、保护环境、促进经济可持续发展，建成城市循环经济总体模式。

2.3 循环型社会的构建途径与方法

构建循环经济模式的最终目标是建成可持续发展的循环型社会。循环型社会是以社会、经济的可持续发展为目的，以减少废弃物的产生、排放和对产品实行综合利用及循环利用为手段，旨在实现社会、经济和生态协调的可持续发展的社会发展模式。就其提出的社会背景和人类社会可持续发展的目标要求而言，循环型社会也是以遵循自然生态系统的基本规律为宗旨，以良好的自然生态环境安全为保障，以高效繁荣的循环经济为基础，以合乎生态文明的道德和法律为社会行为规范的全面协调可持续发展的生态经济社会复合大系统。建设循环型社会所要遵循的自然生态系统的基本规律，主要是生态平衡规律、生态食物链物质循环规律和道德法律所规范的社会行为，泛指组织社会生产、流通和消费的一切行为；无论物质生产消费、精神生产消费或是政治管理行为，都应接受生态规律约束，并以此创造日益增多的物质文明成果、精神文明成果和政治文明成果，形成全社会的生态文明。因此，循环型社会又可称为生态文明型社会。

发展循环型社会的目的是从根本上解决资源耗竭、生态破坏和环境污染等问题，实现资源的最佳配置、最优利用和良性循环。

2.3.1　推进产业生态化

产业生态化是对生产、分配、流通、消费、再生产等各个环节进行合理优化耦合，把资源的综合利用与环境保护结合在一起，建立高效、低耗、低污染、经济增长与生态环境和谐的产业发展过程，产业生态化的根本目标就是化解资源耗竭与环境恶化的压力。产业生态化采用系统工程的最优化方法，对产业系统中的各个环节进行合理优化耦合，在不同的层面上从不同角度将生产活动和消费活动纳入一个有机的可持续发展的框架。这体现在三个方面：一是在微观层次上实施清洁生产，使资源在企业内部实现循环利用，提高资源利用率；二是在中观层次上构建生态工业园区，使资源在产业系统内达到循环利用，尽可能减少废物排放；三是在宏观层次上形成循环经济，使物质的生产和消费在全社会范围内形成大循环。

2.3.2　实现废弃物资源化

废弃物资源化指采取管理和工艺措施从废弃物中回收有用的物质和能源。近二三十年来，环境问题日益尖锐，资源日益短缺，处置废弃物并把它转化为可供人类利用的资源也越来越引起人们的重视。废弃物资源化途径主要有以下 3 种[7]：

（1）废弃物回收利用：包括分类收集、分选和回收。

（2）废弃物转换利用：通过一定技术，利用废弃物中的某些组分制取新形态的物质。如利用垃圾微生物分解产生可堆腐有机物生产肥料；用废旧塑料裂解生产汽油或柴油等。

（3）废弃物转化能源：通过化学或生物转换，释放废弃物中蕴藏的能量，并加以回收利用，如垃圾焚烧发电或填埋气体发电等。

2.3.3　建设循环型社会的制度体系

到目前为止，中国政府的立法机构已经颁布了 19 部生态保护法律、法规和30多项行政性条例。这些法律、法规主要是为保护生态环境而制订的，只有其中很少一部分内容与发展循环经济有关。因此，为了加速循环经济的发展，中国政府应尽快建立一套行之有效的法律、法规体系，地方政府及各部门应制定配套的具体规章、条例及实施细则等，积极推进各层次循环经济的建设。

（1）建立和完善促进循环经济发展的法律、法规体系

从国外发展循环经济的经验看：经济发展，立法先行是一条被普遍遵循的规则。循环经济的发展只有通过立法的手段，才能使其从一种理论变为被大众都遵守的法律规范。因此，我国政府不仅要完善现行的有关法律法规，而且要加快制定循环经济的法律法规[8]。我国已于2009年1月1日实施了《中华人民共和国循环经济促进法》，作为一部循环经济的核心法律，大大推动和引导了我国的循环经济建设。但总体上，在核心法的基础上的各专项法律、法规还较为缺乏、不能形成一个体系，因此应尽快制定出台针对包装物、废旧电池、废旧家电、汽车等可具体实施的法规和标准。

（2）完善配套政策体系

建立促进循环经济发展的政策体系的实质是要通过对经济活动的有效组织和经济运行政策环境改变来促进循环经济发展，并达到可持续发展的目标。借鉴发达国家经验，我国应该逐步完善政策体系，可以从以下几方面进行：

一是完善财政政策。采取税收优惠、财政补贴和政府采购政策使那些从事有利于资源循环利用和环境保护的厂商和个人得到实惠。

二是完善金融政策。从事循环经济发展的企业往往要引进新的生产技术设备，而这些项目资金投入比较大，这就需要政府出台一

些有利循环经济发展的金融政策，使企业在资金使用方面得到优惠。具体措施包括：投资补助、优惠贷款以及培育循环经济资本市场。

三是完善管理政策。政府应该对资源和环境市场进行干预，使资源的价值在市场竞争中得到体现。建立绿色 GDP 账户，绿色 GDP 是指一个国家（地区）范围内由所有常住单位在一定时期内生产的，扣除资源消耗成本和环境退化成本之后的有效最终结果。绿色 GDP 有利于科学和全面评价我国综合发展水平，并且为干部政绩考核提供了新的评价标准，促使各级政府重视经济、社会、生态的协调发展。

（3）促进公众广泛参与

循环经济的发展和循环型社会的建设没有社会公众的广泛参与是无法实现的。只有当循环经济的价值观被公众普遍认同和接受，内化为自己的价值观，从而自觉参与建设循环型社会时，循环型社会才能最终得以实现。借鉴发达国家经验，我们可以从以下几方面促进公众的广泛参与：

一是，加强宣传教育，营造发展循环经济的社会环境。

二是，建立公众参与的保障机制和信息交流机制，使公众能够在环境保护和循环经济发展领域保护自身的合法权益和社会公共利益。

三是，要充分发挥民间团体的中介作用。我国一些旨在促进环境保护的民间组织相继成立，但是这些民间团体跟国外的民间团体相比无论在规模、数量，还是其所发挥的作用方面都相当有限。政府应该对民间团体的工作予以肯定，并给予积极支持和引导，为民间组织参与循环经济建设提供必要的人力、物力和财力支持。

参考文献

[1] 周宏春. 循环经济学 [M]. 北京：中国发展出版社，2005.

[2] 乔英，陈汉迟，张包生. 循环经济发展模式及其应用 [J]. 北方环境，2010 (6)：1-3.

[3] 范红霞. 循环经济法的基本原则 [J]. 环境保护与循环经济，2011 (5)：12-14.

[4] 张凯，刘长灏. 对循环经济无害化原则的认识 [J]. 环境保护，2008 (6)：17-19.

[5] 张凯，刘长灏. 循环经济系统的稳定性问题探讨 [J]. 环境保护，2007，10B：10-11.

[6] 赵莹，肖光进. 国外循环经济主要发展模式及启示分析 [J]. 中国集体经济，2010，2：196-197.

[7] 陈晓娟. 从日本循环型社会的形成和改进中学习 [J]. 化工时刊，2010，3：56-59.

[8] 李玉基. 论我国循环经济基本法律制度的完善 [J]. 甘肃政法学院学报，2010 (5)：81-85.

思考题

1. 循环经济模式的内涵如何理解？
2. 循环经济模式构建的原则是什么？
3. 循环经济产业模式构建的途径和方法是什么？
4. 区域循环经济模式的构建途径和方法是什么？
5. 什么是循环型社会？构建的途径是什么？

第5章　循环经济系统优化调控的技术方法

第1节　循环经济系统优化调控的内涵与目标

1.1　循环经济系统优化调控的内涵

循环经济系统优化调控的内涵：稳定运行的循环经济系统存在着持续不断的物质流、能量流、价值流、信息流和技术流，调控这些流流动的速度以及各种流之间的相互作用强度，使系统在整体上达到一个最优的状态，即系统结构最优和系统功能最优[1]。

系统的物质流包括两部分：产品流和废物流，其中废物流是关键的，也即废物沿产业链的流动状况不仅影响产业链的稳定性，也直接影响产业共生的效率和环境效益。物质流中的水资源的流动状况往往是调控的重点。

系统能量流的流速和强度也是调控的重点内容之一，因为能源的消费水平不仅对能源生产构成压力，还导致大气污染物的排放，从而影响环保投资和污染损失的大小。

系统的价值流体现了系统的增值效率，是物质、能量、信息和技术等综合作用的外在表现，所以从本质上反映了这些流的状态和效率。而信息和技术成为影响物质、能量和价值流动的促进因子或限制因子。

所以，与循环经济系统中各种流相关的影响因素就是优化调控要考虑的参量，也是构建优化调控指标体系应考虑的指标。

1.2 循环经济系统优化调控的目标

针对循环经济系统运行中存在的共性问题，管理层面实施的优化调控目标有以下三个。

（1）经济目标

通过优化调控，提升循环经济系统的运行效率，不仅经济总量保持持续增长，同时经济运行质量也要不断提高。

（2）生态目标

通过优化调控，提高资源的利用效率和降低污染物的排放强度，实现环境质量的持续改善。

（3）社会目标

通过优化调控，促进当地居民收入增长、生活质量不断提高、文教卫生等公共福利事业不断进步。

循环经济系统优化调控的三个目标是相互关联的，经济目标要受到生态目标的制约，二者同时又是社会目标实现的基础和条件。循环经济系统的优化调控目标概括起来就是使系统的经济、资源、环境与社会四个方面的效益协调统一。

1.3 循环经济系统优化调控的思路

系统的演化发展主要取决于系统与外部环境之间以及系统内部各子系统和各要素之间的相互作用。从这些要素相互作用的机制分析入手，并借助一定的数学工具，找出调控系统演化方向的主要变量和调控系统进程的主要途径。循环经济系统的最大特点是行业的多样化和各企业合作的多样化，通过各种合作以及基础设施、信息等的共享，循环经济系统可以获得较高的共生效率，并显著的体现在物质流、能量流、价值流等的量化指标上，这些关键的量化指标就是循环经济系统调控的重点[1]。

第 2 节　循环经济优化调控的技术方法

2.1　基于指标体系的循环经济优化调控方法

循环经济评价指标体系研究的目标是针对循环经济发展的需要，通过循环经济评价指标体系的建设，对循环经济系统的发展状态水平和趋势进行监测评价，为宏观调控和可持续发展提供决策支持。循环经济的评价应该是一个综合的评判，要求循环经济系统的发展不仅注重经济的增长，更要注意其发展的可持续性、稳定性、协调性和均衡性，循环经济指标体系的作用包括以下方面。

（1）描述功能

所选指标应能客观反映任何一个时点上或时期内社会、经济、生态环境发展的现实状况和变化趋势。

（2）解释功能

能对循环经济的发展状态、协调程度、失调原因、变化原因做出科学合理的解释。

（3）评价功能

根据一定的判别标准，综合测度一个国家或一个地区发展的各系统之间的协调性，从而在总体上对循环经济发展状况做出客观评价。

（4）监测功能

在获取有关资料后，可对大系统的循环经济发展状况进行监测，并对导致系统失调的主要因素进行干预，为决策和政策的制定提供科学依据。

（5）预警功能

可对未来系统的结构、功能进行预测，为循环经济发展模式的实现提供切实可行的决策方案。

科学合理的循环经济指标体系，可以引导企业从循环经济战略思想出发，调整微观经济活动，使企业按照循环经济模式发展，同时为企业从循环经济的角度进行绩效评价提供帮助。对社会大众而言，循环经济指标体系可以清晰明了地表现循环经济的整体特征，便于公众全方位地了解循环经济发展状况，有利于与政府、企业等其他个体之间达成共识，起到宣传普及循环经济的作用，为循环经济的发展奠定良好的群众基础，促进循环经济的普及推广和大力发展。因此，循环经济指标体系对促进系统稳定运行具有非常重要的作用。

2.2 循环经济优化调控指标体系的构建及应用

本节以综合类生态工业园区为例，研究分析循环经济优化调控指标体系的构建及应用。

2.2.1 综合类生态工业园区循环经济指标体系构建的一般方法

（1）综合类生态工业园区指标体系构建应注意的问题

① 指标体系要切合综合类生态工业园区的特点。综合类生态工业园区和一般传统的工业园区具有显著的不同，所建立的指标体系

必须体现这一差异性。设置的指标除反映园区经济、环境等特征外，应重点突出反映生态工业发展的特征指标。

② 指标体系的功能要与综合类生态工业园区运行的关键环节相适应。综合类生态工业园区最核心的工作内容是生态产业链网的构建与稳定运行，而要实现这一目标，就必须重视生态产业链构建与运行的全部环节，即从源头要重视入园项目的控制、产业链网构建后要通过各种手段保障其稳定运行，以及对整个生态工业系统的运行效率必须实时评价与观控，以便及时发现问题并采取有效的对策。但是一套指标体系往往只针对一个目标，如果要确保园区朝着预期的目标发展，显然建立一套指标体系用于指导园区的运行是不足够的，而必须针对每一个关键目标，建立系列指标体系，并且使所建立的指标体系能够功能互补，形成功能完善的指标体系群。

③ 应体现园区经济、资源、环境与社会的协调发展。综合类生态工业园区的特征之一是经济发展和环境改善的可持续性。其中资源与环境的可持续性是经济发展可持续性的前提条件，而社会的进步则是经济发展的目标，所以指标体系要体现这些要素的相互关系以及每一要素对整个园区发展与效率的贡献程度。

（2）指标体系框架结构设计

指标体系框架是指标体系组织的概念模式，它通过一定的逻辑关联，将若干个指标组织起来，构成指标结构骨架。指标体系框架结构设计包括两个方面：一是框架模式的设计，二是层次数的确定。框架模式是指由依据何种方法分解总目标，而指标的层次数则取决于框架模式和总目标的内涵。所以，即使针对同一研究对象，但框架模式和总目标不同，构建的指标体系也会差别较大。

建立综合类生态工业园区指标体系框架结构的具体方法是：

① 确定并分析总目标的内涵。针对综合类生态工业园的特点，

分别确定项目准入、优化调控和综合评价指标体系的总目标，并分析其内涵和可分解性。

② 确定指标体系框架结构。针对可持续发展指标体系提出的5种框架模式也是构建其他指标体系常用的结构设计模式，这5种框架模式是：压力—响应指标体系框架模式、基于经济的指标体系框架模式、社会—经济—环境三分量模式或主题框架模式、人类—生态系统福利指标体系框架模式和多种资本指标体系框架模式。其中压力—响应指标体系框架模式强调了社会经济运作及其对环境影响之间的互动关系，其特点是面向人类活动和自然环境变化，适用于描述大范围的环境现象，是被广泛使用的一种框架模式。根据总目标的内涵和可分解性，借鉴这几种框架模式的构建思路，确定项目准入、优化调控和综合评价指标体系的框架结构。

③ 分解总目标，形成指标层级结构。根据确定的指标体系框架结构，将总目标进行分解，分解的方法决定了指标层次数。文献研究结果[2-4]表明：指标体系层次数在3~6层是比较合理的。这样总目标与具体指标之间需要通过中间层建立联系，中间层一般称为“准则层”。如果中间层级数大于1，可按照由高到低的顺序称为准则层、次准则层，或准则层1、准则层2等。最低一层称为变量层或要素层，由不可再分解的指标构成。每一层指标的数量不宜多于9个，基于两个原因：一是因为Satty认为大多数人对不同事物在相同属性上差别的分辨能力在5~9级之间；二是根据心理学研究结论，人们对于9项以上的项目进行两两比较或进行重要性排序时极容易出现混乱的情况。

由以上3个步骤建立的指标体系框架结构，其示意图如图5-2-1所示。

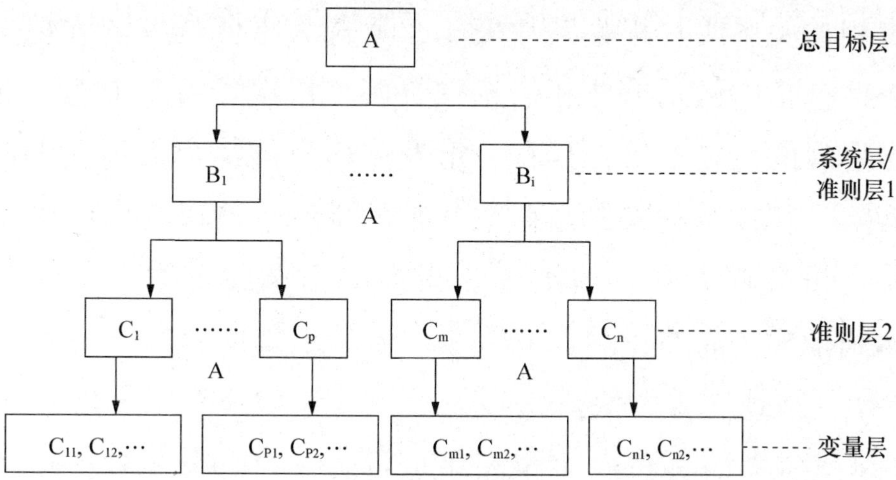

图 5－2－1　综合类指标体系框架结构示意图

（3）指标的筛选

为了满足指标体系的完备性，初选指标数量较多，而这些指标中包含着很多紧密相关的、重叠度大的指标，这样会增加评价的复杂性，有时甚至会影响评价结果的客观性。因此，对初选指标进行筛选，以减少冗余是十分必要的。指标筛选所遵循的原则包括以下 5 个：独立性原则、必要性原则、可操作性原则、可比性原则、针对性原则。同时，设置指标还应符合以下 4 项基本要求：

① 指标为不同地域的综合类生态工业园区在制定政策决策时的目标导向；

② 指标数量要合适，属于同一级目标下的子目标不应多于 9 个；

③ 指标的趋势可看出发展的变化与可持续性；

④ 指标必须有清晰的定义，并能被了解和理解。

指标的筛选方法主要方法包括两步：

首先进行指标的重叠性分析。指标的重叠性是指指标间具有一定的相关关系，其相关系数越高，指标间的重叠程度越高，若指标间没有相关关系或其相关系数极小，就称为指标具有独立性。指标的重叠性包括内涵式重叠和信息重叠两个层次。由于生态工业园区在我国发展的历史不长，具有一定发展历史的综合类生态工业园区数量有限，在样本获取方面存在一定的限制，所以在实际中不能过分依赖定量分析方法。其次按照指标的筛选原则除去不适合的指标，达到指标精简的目的。

（4）指标权重的确定

权重是指标体系的一个重要组成部分，合理分配权重是评价量化的关键。因此权重赋值是否合理，直接影响着评价过程和结果的科学性。常用的权重确定方法包括：比较专家会议法、专家咨询法（Delphi 法）、层次分析法（AHP 法）、专家排序法、熵值法等。一般应结合具体的研究目标，确定评价指标权重的方法。

（5）评价方法的选择

常用的评价方法有综合评价指数法、模糊综合评价法、可拓综合评价方法等。具体如下：

① 线性加权综合法

线性加权综合法是采用计算各指标的加权线性和来获得综合指数，是一种使用广泛、操作简明且含义明确的方法，其模型如下：

$$S = \sum_{i=1}^{m} X_i W_i$$

式中，S 为综合评价判断值；m 为评价因子数目；X_i、W_i 分别为下一层指标（或系统、状态）的量纲一化分值及其权重。

② 非线性加权综合法

非线性加权综合法是指应用非线性模型来进行综合评价，模型如下：

$$S = \prod_{i=1}^{m} X_i^{W_i}$$

式中，S 为综合评价判断值；m 为评价因子数目；X_i、W_i 分别为下一层指标（或系统、状态）的量纲一化分值及其权重。

③ 模糊综合评判法

模糊综合评判法是基于评价过程的非线性特点而提出的，它是利用模糊数学中的模糊运算法则，对非线性的评价论域进行量化综合，从而得到可比的量化评价结果的过程。

模糊综合评判的过程是：将评价目标看成是由多种因素组成的模糊集合（称为因素集 u），再设定这些因素所能选取的评审等级，组成评语的模糊集合（称为评判集 v），分别求出各单一因素对各个评审等级的归属程度（称为模糊矩阵），然后根据各个因素在评价目标中的权重分配，通过计算（称为模糊矩阵合成），求出评价的定量解值。

④ 可拓综合评价方法

可拓学是由我国学者蔡文先生于 20 世纪 80 年代提出建立的，是思维科学、系统科学、数学三者交叉的边缘学科，其核心是基元理论、可拓集理论和可拓逻辑。所谓物元，即事物的基本元，是把一个事物的质和量有机地联系在一起的重要概念，以有序的三元组 $R=(N, C, V)$ 来描述，其中 N 表示事物，C 表示特征的名称，V 表示 N 关于 C 所取的量值。事物变化的可能性称为可拓性，表述事物性质变化的集合就是可拓集，可拓集合是用关联函数来描述论域中的元素具有某种性质的程度及其变化水平。给定论域 U，K 是 U 到实域 $I(-\infty, +\infty)$ 的一个映射，称 $A=\{(u, y) \mid u \in \mathrm{U}, y=K(u)\}$ 为论域 U 上的一个可拓集合，$y=K(u)$ 为 A 的关联函数，$K(u)$ 为 u 关于 A 的关联度。可拓数学中，通过关联度可以定量描述元素具有某一性质的程度及其变化。

可拓综合评价模型的具体建立过程是：建立物元模型、确定经典域与节域、构造待评物元关于各等级的关联函数、关联度的规范化、计算待评物元的综合关联度、综合评价。具体内容可参考文献[6-9]。

2.2.2 项目准入指标体系

(1) 构建项目准入指标体系的意义

综合类生态工业园区招商是园区决策部门十分重视的一项工作，但对入园项目的考察重点往往集中在经济指标方面，这与园区的生态化发展模式不相适应，也给生态产业链的构建与运行带来障碍与隐患。项目准入控制是指以生态产业链构建和提升园区整体生态效率为目标，通过设置项目入园的控制条件，克服项目引进的盲目性和不合理性，以防止引入的项目与已有产业链关联性差或链接难以稳定等问题的出现。综合类生态工业园区在项目准入控制方面存在的主要问题包括：一是经济准入为园区引进新项目的首要控制条件，缺乏项目的污染特征与园区承受能力的匹配性方面的考虑；二是环境准入条件侧重于新项目自身的排污特点，没有将其置于整个产业链中，综合考虑所排放的废物的可循环利用性和梯级利用性；三是没有从发展的角度，设置园区可接受性方面的项目准入条件，缺乏新项目对园区土地、水资源、能源需求以及污染物排放对园区影响的长远考虑。针对上述这些问题，从引入项目的作用与项目对园区的全面影响出发，而不是侧重单个企业的少排污，来设置指标以及建立项目准入指标体系。

(2) 项目准入指标体系[1]

对于已有一定产业基础的工业园区系统，构建项目准入指标体系主要应考虑园区产业链构建和运行情况，同时还要考虑备选企业本身的性质和特征，核心问题是准入的项目有助于产业链的稳定及延伸。基于上述分析，建立综合类生态工业园区系统的项目准入指标体系（见表5-2-1）。

表 5-2-1　综合类生态工业园区项目准入指标体系

目标层 A	准则层 B	变量层 C		单位
项目准入指数	与已有产业链的匹配性 B1	产业链可拓展性	C1	—
		产业链耦合性	C2	—
		产业链可调整性	C3	—
	园区可承载性 B2	土地资源可承载性	C4	
		水资源可承载性	C5	
		能源可承载性	C6	
		废水收集与处理系统可承载性	C7	
		固废收集与处理系统可承载性	C8	
		区域 COD 环境容量可承载性	C9	
		区域 SO_2 环境容量可承载性	C10	
	园区环境绩效改善度 B3	园区 COD 排放削减比例	C11	%
		园区 SO_2 排放削减比例	C12	%
		园区水资源生产率提高比例	C13	%
		园区能源生产率提高比例	C14	%
	生态设计 B4	可持续建筑设计	C15	
		产品生态设计	C16	
		绿色包装	C17	
		绿色物流	C18	
	经济效益 B5	单位面积工业增加值	C19	万元/km^2
		人均工业增加值	C20	万元/人
	资源利用 B6	单位工业增加值能耗	C21	t 标煤/万元
		单位工业增加值新鲜水耗	C22	%
		工业用水重复利用率	C23	%
		工业固废综合利用率	C24	%
	排污强度 B7	单位工业增加值废水产生量	C25	t/万元
		单位工业增加值 COD 排放量	C26	kg/万元
		单位工业增加值固废产生量	C27	t/万元

该指标体系的构建没有单纯强调经济效益和排污强度指标，而是从生态产业链构建需求以及提升园区稳定运行水平的角度，力求在源头把好项目入园这一关，以减小产业链难以稳定运行的内生性风险。

采用2.2.1节中提出的评价方法，计算出各企业的项目准入指数，依据越大越优原则，准入指数最大者具最优先权。

2.2.3 优化调控指标体系

优化调控指标体系的指标涉及经济类、资源类、环境类和社会类指标。所有初选指标经重叠性分析后，并依据筛选原则选除不必要的指标，确定最终的指标共30个，形成综合类生态工业园区优化调控指标体系（见表5－2－2）。

表5－2－2 综合类生态工业园区优化调控指标体系

目标层O	系统层A	准则层B	变量层C		单位
园区系统协调发展度	经济系统A1	经济实力B1	工业增加值率	C1	—
			工业增加值年均增长率	C2	—
			人均工业增加值	C3	—
		经济结构B2	工业增加值占园区生产总值比重	C4	—
			高新技术产业产值占工业总产值比重	C5	—
			主导产业产值占工业总产值的比重	C6	%
	资源系统A2	资源利用B3	单位工业用地工业增加值	C7	%
			单位工业增加值新鲜水耗	C8	%
			单位工业增加值综合能耗	C9	t标煤/万元
		资源保障B4	工业用地供需比	C10	—
			水资源供需比	C11	—
			能源供需比	C12	—
			主要矿产资源供需比	C13	—

续表

目标层 O	系统层 A	准则层 B	变量层 C		单位
园区系统协调发展度	环境系统 A3	排污强度 B5	单位工业增加值废水产生量	C14	m^3/万元
			单位工业增加值固废产生量	C15	%
			单位工业增加值 COD 排放量	C16	%
			单位工业增加值氨氮排放量	C17	%
			单位工业增加值 SO_2 排放量	C18	t/万元
			单位工业增加值 NO_x 排放量	C19	kg/万元
		污染控制 B6	中水回收利用率	C20	%
			工业废水排放达标率	C21	%
			工业废气排放达标率	C22	%
			生活垃圾无害化处理率	C23	%
			危险废物处理处置率	C24	%
	社会系统 A4	环境质量 B7	水环境质量达标率	C25	%
			大气环境质量达标率	C26	%
			噪声环境质量达标率	C27	%
	社会系统 A4	社会进步 B8	城市化水平	C28	%
			职工人均纯收入	C29	万元/人
			人均受教育年限	C30	年

通过现场调查、访谈、专家咨询等方法，获取评价指标的现状值，利用综合评价指数法、模糊综合评价法、可拓综合评价方法，对园区运行状况进行横向和纵向比较分析，并确定应该进行调控的指标。

2.2.4 综合评价指标体系

2.2.4.1 综合评价指标体系的总目标及其内涵

生态工业园区不仅仅是追求效益的相关企业的共生体，它实质上是和园区的发展相关的经济的、环境的和社会的各个方面构成的一个综合体；Lowe 指出：生态工业园区最本质的特征在于企业间的相互作用以及企业与自然环境间的作用，对生态工业园主要的描述是系统、合作、相互作用、效率、资源和环境[12-14]。所以，与传统工业园区相比，一个生态工业园区更注重整体效益的提升与实现。而效益与效率是紧密相连的，系统的高效率是良好效益的保证。效率管理作为一种国内外广泛应用的管理方法，强调了要以一切可行的效率标准来统一人们的思想，指导人们的行动，把效率作为管理活动的宗旨，放在工作的中心和突出位置。我国十分重视企业层面和园区层面的效率管理，目前一项关于《高新工业园区生态效率要求》的国家标准已经出台了征求意见稿，即是从效率管理的角度，提出包括环境方针、管理水平与能力建设以及可持续改进能力等方面的要求。

鉴于上述分析，我们确定综合评价的总目标是园区的系统效率。综合类生态工业园区系统效率具有以下几个方面的内涵：

（1）园区系统效率集经济绩效和环境绩效目标于一体，强调园区从整体上获得经济效益和环境效益的双赢状态。

（2）园区系统效率强调从产业链网整体上实现资源能源的利用最大化，污染物的产生最小化。

（3）园区系统效率为企业、管理部门提供了一个将自身纳入园区效率管理系统中去的重要机会，并将效率提升具体化为自身发展的目标。

（4）园区系统效率反映园区的综合素质、能力、潜力及发展后劲。

所以，园区的综合评价指标体系的功能是对园区的系统效率进行评价，为园区管理者识别园区发展的优势与劣势，总结园区结构、功能特性及演变规律提供一种工具。同时，评价结果可以为园区企业、政府及社会公众提供可纵向和横向比对的数据。

2.2.4.2　综合评价指标体系[1]

从园区系统效率的内涵出发，围绕系统效率这一总目标，指标体系采用主题框架模式。根据状态—影响的逻辑思路，确定影响园区系统效率的因素包括：经济运行效率、资源利用效率、污染减排效率、生态工业特征和园区管理效率 5 个方面，这 5 个主题即是准则层的指标。再以准则层指标为子目标，分别确定影响其状态的因素，即形成次准则层和变量层。初选的指标，经重叠性分析并依据筛选原则筛选后，得到综合评价指标体系，如表 5－2－3 所示。

表 5－2－3　综合类生态工业园区综合评价指标体系

目标层 O	系统层 A	准则层 B	变量层 C		单位
园区系统效率	经济运行效率 A1	经济实力 B1	人均工业增加值	C1	—
			工业增加值率	C2	—
			工业增加值年均增长率	C3	—
		经济结构 B2	工业增加值占园区生产总值比重	C4	—
			高新技术产业产值占工业总产值比重	C5	—
			主导产业产值占工业总产值比重	C6	%
	资源利用效率 A2	水资源效率 B3	单位工业增加值新鲜水耗	C7	m^3/万元
			新鲜水耗弹性系数	C8	%
		能源效率 B4	单位工业增加值综合能耗	C9	t 标煤/万元
			综合能耗弹性系数	C10	—
		土地资源效率 B5	单位工业用地工业增加值	C11	—
	污染减排效率 A3	排污强度 B6	单位工业增加值废水产生量	C12	t/万元
			单位工业增加值固废产生量	C13	t/万元
			单位工业增加值 COD 排放量	C14	kg/万元
			单位工业增加值氨氮排放量	C15	kg/万元
			单位工业增加值 SO_2 排放量	C16	kg/万元
			单位工业增加值 NO_x 排放量	C17	kg/万元

续表

目标层 O	系统层 A	准则层 B	变量层 C		单位
园区系统效率	污染减排效率 A3	污染控制 B7	工业废水排放达标率	C18	%
			工业废气排放达标率	C19	%
			生活垃圾无害化处理率	C20	%
			危险废物处理处置率	C21	%
	生态工业特征 A4	资源循环利用 B8	工业用水重复利用率	C22	%
			一般工业固废综合利用率	C23	%
		生态产业链稳定性 B9	生态产业链完整性	C24	—
			生态产业链运行柔性	C25	—
	园区管理效率 A5	环境管理效率 B10	企业清洁生产审核实施率	C26	%
			企业通过 ISO 14000 认证率	C27	%
			公众对生态工业认知率	C28	%
			环保投资占园区生产总值比例	C29	%
		基础设施支撑能力 B11	基础设施配套完善度	C30	—
			生态信息平台完善度	C31	—

根据上述指标体系，通过对指标进行赋值和权重的分配，计算出评价园区的系统效率，可以进行园区的纵横向比较分析，从而确定园区的运行效率水平，分析制约因素，再联合应用优化调控指标体系，最终使园区的系统协调发展度和运行效率达到较优水平。

第 3 节　循环经济产业链稳定性评价方法

本书第 3 章指出，循环经济系统稳定性是循环经济领域中的重要研究课题[10]。本章重点研究循环经济产业链稳定性的评价方法，并从生态和经济两个方面分别进行研究。

3.1　循环经济产业链生态稳定性

3.1.1　循环经济产业链生态稳定性内涵的界定

以产品系统为依托，来界定循环经济产业链的生态学稳定性。产品系统是以产品为核心，把产品生产过程以及产品的使用和用后处理过程联系起来看，就构成了一个产品系统，包括原材料采掘、原材料生产、产品制造、使用以及产品用后的处理与循环利用。在该产品系统中，作为系统的投入（资源与能源），造成了资源耗竭和能源短缺问题，而作为系统输出的“三废”排放却造成了生态破坏和环境污染问题，因此所有的生态环境问题无一不与产品系统密切相关（见图5－3－1）。

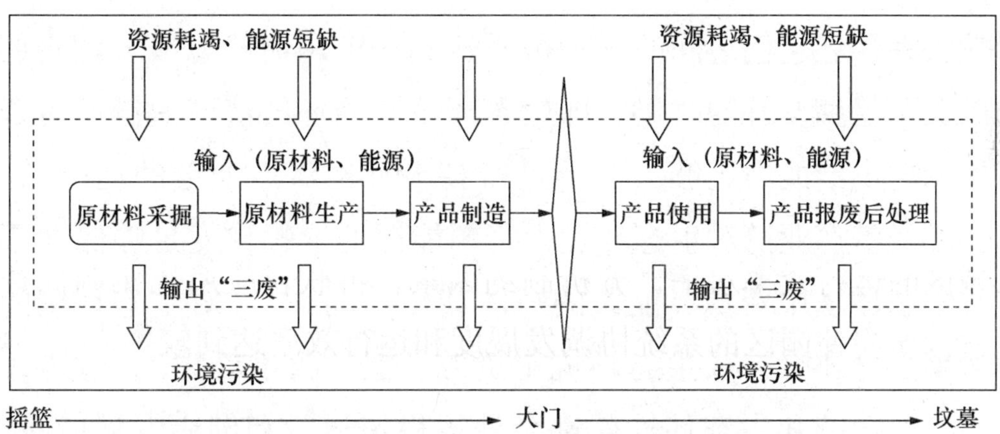

注：大门是指生产产品的企业厂界的大门，是产品生产与流通两个领域的分界线。

图5－3－1　生态破坏和环境污染关系图

以产品系统为基本单元，把几个产品系统以“食物链”的方式连接起来，即一个产品系统（产品系统A）的产品或废物成为第二个产品系统（产品系统 B）的原料，而第二个产品系统中产生的产品或废物可以成为第三个产品系统（产品系统 C）的原料，这就形成了循环经济产业链。当然，循环经济产业链也可能仅由一个产品系统组成。

循环经济产业链的生态稳定性，是指循环经济产业链所在生态和环境的友好性，即它能够与生态环境“友好相处”，这种“友好相处”具有两个表现特征：首先，不会使环境中的资源存量大量减少；其次，不会对生态和环境造成较大的负面影响。循环经济产业链从环境中获取的资源和能源越少，向生态环境中排放的污染物质（或环境不易消解的物质）越少，则它越具生态稳定性。

由循环经济产业链稳定运行的条件可知，循环经济产业链是否稳定取决于循环经济产业链与生态环境之间的关系——生态环境对循环经济产业链所需资源和能源的供应关系、循环经济产业链对生态环境中资源和能源的依赖关系以及循环经济产业链对生态环境的影响关系，当它们之间的这种关系达到一个和谐状态或者说它们之间的关系足够友好的时候，即生态环境对循环经济产业链所需资源和能源的供给能力足够大（能够维持循环经济产业链的运行），或者循环经济产业链对生态环境中资源能源的依赖程度足够低（不会造成生态环境中资源、能源的短缺甚至枯竭），且对生态环境的影响足够小（不会造成生态环境中资源、能源再生能力的下降），循环经济产业链和生态环境就都会处于稳定运行和健康发展的状态。此时，循环经济产业链具有一定的稳定性，我们把这种稳定性称为循环经济产业链的生态学稳定性。

一条具有生态学稳定性的循环经济产业链，它不会从生态环境（生态系统）中索取大量资源从而造成生态环境中资源的短缺甚至枯竭，也不会产生和排放大量废物和污染物从而造成生态环境的破坏，它只会在生态环境（包括资源）的承载力范围内，与生态环境和谐友好同步发展。

因此，循环经济产业链的生态学稳定性，可以理解为循环经济产业链与生态环境之间关系的和谐、友好性，研究循环经济产业链生态学稳定性，就是探究循环经济产业链与生态环境之间供给与被供给（生态环境供给循环经济产业链资源）、依赖与被依赖（循环经济产业链依赖于生态环境提供的资源）、影响与被影响（循环经济产业链产生的废物和污染物影响生态环境）的关系。

循环经济产业链是否具有生态学稳定性，以及生态学稳定性的大小或高低主要取决于三个方面：

第一，生态环境（生态系统）对循环经济产业链所需资源和能源的供给能力。供给能力越强，循环经济产业链生态学稳定性越高。生态环境对循环经济产业链所需资源和能源的供给能力主要由生态环境中这种资源和能源的存量及再生周期和再生速度决定，资源和能源存量越大、再生周期越短、再生速度越快，则供给能力越强。生态环境对可再生资源的供给能力一般大于对不可再生资源和稀缺资源的供给能力。因此，以可再生能源为输入的循环经济产业链的生态学稳定性，高于以不可再生资源或稀缺资源以及不可再生能源为输入的循环经济产业链。

第二，循环经济产业链对生态环境中资源和能源的依赖程度。依赖程度越小，循环经济产业链生态学稳定性越高。循环经济产业链对生态环境中资源和能源的依赖程度，主要由循环经济产业链各环节资源和能源的消耗大小，及链中物质的循环和再生利用率以及能源的利用效率来决定。循环经济产业链对资源和能源的消耗越少，对物质的循环和再生利用率越高，对能源的利用效率越高，则循环经济产业链对生态环境中资源和能源的依赖程度相对来说越小，循环经济产业链生态学稳定性也就越高。

第三，循环经济产业链对生态环境（生态系统）的影响。影响越小，循环经济产业链生态学稳定性越高。循环经济产业链对生态环境（生态系统）的影响主要是由循环经济产业链中产生的不能被循环和再生利用而排放到生态环境中的废物或污染物来决定的，废物或污染物的毒性越大，产生和排放量越大，就越不易被生态环境容纳和消解，那么生态环境受到的影响越大（生态环境稳定性遭到破坏，生态环境的资源能源供给能力减弱），循环经济产业链生态学稳定性就越低。当循环经济产业链以再生资源为输入时，不仅降低了对生态环境中资源的依赖程度，而且减少了废物向生态环境中的排放量，降低了对生态环境的影响，因此，循环经济产业链生态学稳定性相对较高。

当生态环境中资源和能源的存量一定时（即生态环境对循环经济产业链所需资源能源的供给能力一定），循环经济产业链生态学稳定性的大小或高低就取决于它本身。循环经济产业链各个环节消耗的物质和能源越少，对链中物质的综合利用程度越高（物质包括各种废物的资源化、循环和再生利用）、能源的有效利用程度越高，向生态环境中产生和排放的废物或污染物越少，则循环经济产业链的生态学稳定性越高。

3.1.2 循环经济产业链生态稳定性影响因素

既然循环经济产业链是由一个或几个产品系统组成的，那么一条具有生态稳定性的循环经济产业链，组成它的每一个产品系统也具有生态稳定性。或者也可以反过来说，如果组成循环经济产业链的每一个产品系统都具有生态稳定性，那么这条循环经济产业链也是生态稳定的。因此，我们就可以选取其中一个（也可能是仅这一个）产品系统 B，从生命周期视角来分析循环经济产业链的生态稳定性[15]。

选取产品系统 B（见图 5－3－2），按照“少获取、少排放”的原则，从生命周期视角，即从原材料获取、原材料加工和产品生产、产品使用或消费、产品处理处置四个阶段，分析影响循环经济产业链生态稳定性的因素。

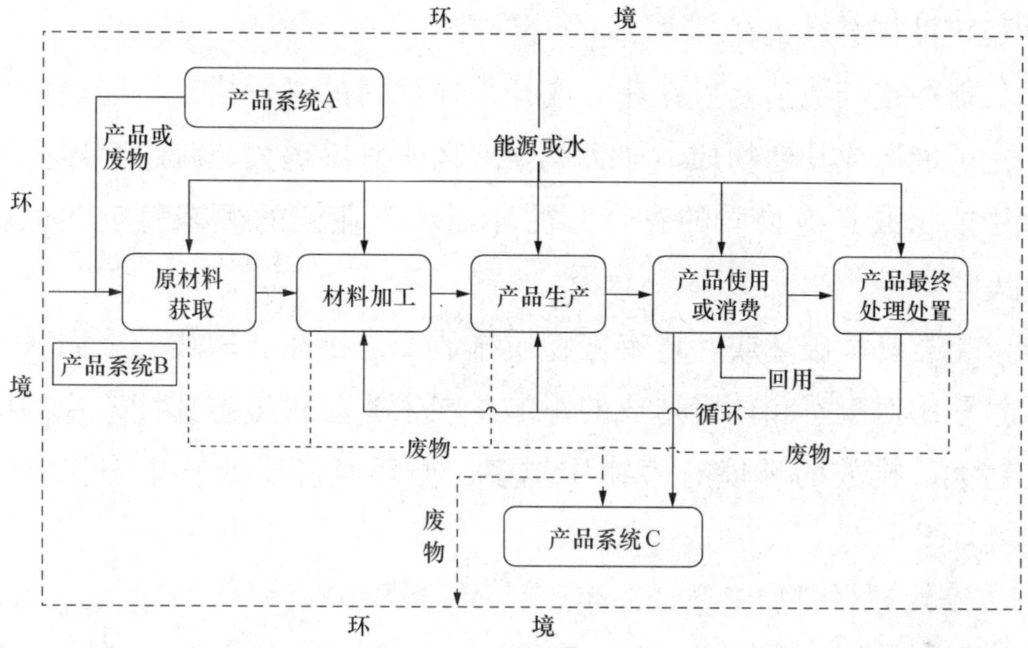

图 5－3－2　基于产品系统的循环经济产业链

（1）原材料获取

原材料类型。产品系统 B 的原材料可能是直接来自于环境中的不可再生资源或可再生资源，也可能是来自于本系统或其他系统（如产品系统 A）的再生资源（即废物再生或产品报废后再生）。当进入循环经济产业链的原材料类型（不可再生资源或稀缺资源、可再生资源、再生资源）不同时，产业链的生态稳定性也不同。当原材料是直接来自于环境中的不可再生资源或稀缺资源时，这条链的存在就减少了环境中此种不可再生资源或稀缺资源的存量；但原材料是可再生资源时，一般来说链的存在不会减少环境中此种资源的存量；当原料是再生资源时，链的存在不仅没有减少环境中的资源存量，而且“消化”了“废物”。因此，循环经济产业链以再生资源为原材料时的生态稳定性大于以可再生资源为原材料时的生态稳定性，而以不可再生资源或稀缺资源为原材料时，循环经济产业链的稳定性相对最小。

能源或其他消耗。在获取或开采原材料的过程中，可能会消耗一定的能源或其他物质（如水等），这种消耗越大，就越会减少环境中能源或其他物质的存量，循环经济产业链的生态稳定性也就越差。

生态环境破坏或环境有害物质排放。是指在获取或开采原材料的过程中对生态和环境造成的影响，在采矿时对生态环境造成的破坏越大，排放的环境有害物质越多，循环经济产业链生态稳定性越差。

（2）原材料加工及产品生产

资源消耗。在原材料加工及产品生产过程中，物耗、能耗、水耗及其他消耗越小，对环境中的资源存量影响越小，则循环经济产业链越稳定。

污染排放。在原材料加工及产品生产过程中，废水、废气、固体废物及其他废物或污染物排放强度越小，对生态和环境造成的负面影响越小，则循环经济产业链越稳定。

污染控制。在原材料加工及产品生产过程中产生的废水、废气、固体废物、危险废物及其他废物或污染物处理或控制水平越高，产生的生态破坏或环境污染越小，则产业链越稳定。

资源循环利用率。在原材料加工及产品生产过程中产生的废水、废气、固体废物经过一定处理后回收利用或循环利用于生产过程，回收利用率或循环利用率越高，从环境中重新获取的资源越少，则循环经济产业链越具生态稳定性。

（3）产品使用或消费

产品使用寿命。产品使用寿命越长（或可重复使用），在一定时间内这种产品的消费量就越小，生产这种产品所消耗的物质和能源以及排放的废物或污染物也越少，则循环经济产业链越具生态稳定性。

物质或能源消耗。某些产品在使用时会消耗一定的物质或能源（冰箱、电视、计算机等在使用时会消耗电能），这些物质或能源消耗越小，则循环经济产业链越稳定。

环境有害物质生产。产品在使用时可能会产生一定的环境有害物质（如冰箱在使用时产生的氟利昂、计算机等在使用时产生的大量电磁辐射都会对环境和人体健康造成较大影响），有害物质产生量越少、毒性越小，则循环经济产业链越稳定。

（4）产品处理处置

回收利用或资源化利用。产品报废后，经过一定的处理后，回收利用或者资源化利用的程度越高，向环境中排放的废物越少，从环境中重新获取这种资源的需求也越少，则循环经济产业链越稳定。

能源或其他物质消耗。在废物（报废的产品）的处理处置过程中，可能会消耗一定的能源或其他物质，在此过程中消耗的能源或物质越少，则产业链越稳定。

环境有害物质产生。在废物（报废的产品）的处理处置过程中，可能会产生一些环境有害物质，如某些废物在进行焚烧处理时，会产生大量的烟气、飞灰及灰渣，烟气中可能含有氧化氮、氧化硫、卤化氢、挥发性的重金属以及多氯环芳烃等有害的污染物，飞灰及灰渣中可能含有重金属和二噁英类物质，若不经此处理，可能会造成更恶劣的大气、土壤及地下水源污染。环境有害物质产生量越少，毒性越小，则循环经济产业链越稳定。

另外，循环经济产业链所在区域的生态质量和整个产品系统（从原材料获取一直到产品报废后的回收使用）的运输距离也对产业链生态稳定性有所影响，生态环境质量越好（环境容量越大），运输距离越短（能源消耗少，大气污染物产生量少），循环经济产业链的生态稳定性越好。因此应尽力改善区域生态环境质量，缩短产业链各“节点”之间的距离，以提高循环经济产业链的生态学稳定性。

3.1.3 循环经济产业链生态稳定性评价方法

（1）指标体系建立

从循环经济产业链生态学稳定性内涵出发，立足于生态环境的资源能源供给能力、循环经济产业链对生态环境中资源能源的依赖程度、循环经济产业链对生态环境的影响，遵循循环经济的“减量化、资源化、无害化”原则，重点考虑产品生命周期过程中资源能源的消耗、废物和污染物的产生、资源的循环和再生利用三个方面对循环经济产业链生态学稳定性的影响，从设计、生产（包括原材料开采、原材料加工、产品生产三个小的环节）、消费和再生四个环节来设置评价指标。

设计环节指标主要体现工艺技术和原材料的选择及产品的特性对循环经济产业链生态学稳定性的贡献；生产（包括原材料开采、材料加工、产品生产三个阶段）环节指标主要体现原材料开采、材料加工、产品生产过程中物质能源的消耗、污染物的产生、资源的循环和综合利用对循环经济产业链生态学稳定性的贡献；消费环节指标主要体现产品在使用时资源能源的消耗、污染物的产生对循环经济产业链生态学稳定性的贡献；再生环节指标主要体现报废产品的再生、再生过程中物质能源的消耗及污染物的产生对循环经济产业链生态学稳定性的贡献。

循环经济产业链生态学稳定性评价指标体系由产品设计、生产、消费和再生四个环节共 31 项指标构成（见表 5－3－1）。

表 5－3－1　循环经济产业链生态学稳定性评价指标体系

<table>
<tr><th>目标层</th><th>准则层</th><th>要素层</th><th>指标层</th><th>单位</th><th>效应</th></tr>
<tr><td rowspan="20">循环经济产业链生态学稳定性</td><td rowspan="10">设计 A1</td><td rowspan="2">工艺技术 B1</td><td>C1：工艺先进性</td><td>—</td><td>正</td></tr>
<tr><td>C2：技术先进性</td><td>—</td><td>正</td></tr>
<tr><td rowspan="4">原材料 B2</td><td>C3：毒性</td><td>—</td><td>负</td></tr>
<tr><td>C4：丰度</td><td>—</td><td>正</td></tr>
<tr><td>C5：是否再生资源</td><td>—</td><td>正/负</td></tr>
<tr><td>C6：生态环境效应</td><td>—</td><td>正/负</td></tr>
<tr><td rowspan="4">产品 B3</td><td>C7：毒性</td><td>—</td><td>负</td></tr>
<tr><td>C8：使用功能多样性</td><td>—</td><td>正</td></tr>
<tr><td>C9：使用寿命</td><td>—</td><td>正</td></tr>
<tr><td>C10：可再生性</td><td>—</td><td>正</td></tr>
<tr><td rowspan="10">生产 A2</td><td rowspan="3">资源消耗 B4</td><td>C11：单位产品原料消耗</td><td>t/t</td><td>负</td></tr>
<tr><td>C12：单位产品综合能耗</td><td>标煤/t</td><td>负</td></tr>
<tr><td>C13：单位产品综合水耗</td><td>m^3/t</td><td>负</td></tr>
<tr><td rowspan="4">污染产生 B5</td><td>C14：单位产品废水产生量</td><td>m^3/t</td><td>负</td></tr>
<tr><td>C15：单位产品废气产生量</td><td>kg/t</td><td>负</td></tr>
<tr><td>C16：单位产品固体废物产生量</td><td>kg/t</td><td>负</td></tr>
<tr><td>C17：单位产品污染物产生量</td><td>kg/t</td><td>负</td></tr>
<tr><td rowspan="3">资源综合及循环利用 B6</td><td>C18：工业用水重复利用率</td><td>%</td><td>正</td></tr>
<tr><td>C19：固体废物处置利用率</td><td>%</td><td>正</td></tr>
<tr><td>C20：其他物质循环利用率</td><td>%</td><td>正</td></tr>
</table>

续表

目标层	准则层	要素层	指标层	单位	效应
循环经济产业链生态学稳定性	消费 A3	资源消耗 B7	C21：单位时间能耗	t 标煤/h	负
			C22：单位时间水耗	m^3/h	负
			C23：单位时间其他物质消耗	—	负
		污染产生 B8	C24：单位时间废水产生量	m^3/h	负
			C25：单位时间废气产生量	kg/t	负
	再生 A4	再生利用 B9	C26：再生利用率	%	正
		资源消耗 B10	C27：再生单位产品综合能耗	t 标煤/h	负
			C28：再生单位产品综合水耗	m^3/t	负
		污染产生 B11	C29：再生单位产品废水产生量	kg/t	负
			C30：再生单位产品废气产生量	kg/t	负
			C31：再生单位产品污染物产生量	kg/t	负

上述指标的设置从生命周期观点出发，囊括产品设计、生产（包括原材料开采、加工和产品生产）、消费（使用）、再生四个环节，重点考虑了资源、能源的消耗、废物和污染物的产生及资源的循环和综合利用对循环经济产业链生态学稳定性的影响。由于设计、消费和再生三个环节被单独列出，指标设置得较为全面和细致，当具体评价某一条实际的循环经济产业链时，某些指标可能并不实用或者没有意义，只需从这些指标中选出重要和必要的即可，其他不重要或不必要的可以合并或舍弃；由于把生命周期中的原材料开采、原材料加工、产品生产三个环节合成为一个总的生产环节，因此，指标设置的较为粗略，在评价具体的循环经济产业链时，如果需要，可以把原材料开采、原材料加工、产品生产三个阶段单独列出，设置更细致的指标。

（2）指标稳定性指数分级

具体指标的评价，采用定性和定量相结合的方法，确定各类指标的分值——生态学稳定性指数，再进行综合。循环经济产业链生态学稳定性评价与常规环境质量评价不同，有些指标（尤其是定性指标）不能直接测量，在表示这些指标稳定性程度时可以采用等级制，即通过分级体现稳定性程度差异[16,18]。根据循环经济产业链的特点，将评价指标的生态学稳定性指数（D）划分为 6 级，稳定性指数域为[1,6]。对于正效应指标，如工艺水平、原材料丰度、工业水重复利用率等正效应指标，工艺水平越先进、原材料丰度越大、工业水重复利用率越高，则这类指标的生态需稳定性指数越大（最大值为 6），它们对整个循环经济产业链的生态学稳定性贡献越大；对于负效应指标，如原材料毒性、单位产品原材料消耗、单位产品废水产生量等负效应指标，原材料毒性越大、单位产品原材料消耗越高、单位产品废水产生量越多，则这类指标的生态学稳定性指数越小（最小值为 1），它们对循环经济产业链的生态学稳定性贡献越小，甚至会制约它的稳定。

对于定量且易于统计和监测的指标，如生产环节的资源能源消耗指标、污染物产生指标和资源循环或综合利用指标，在评价具体的循环经济产业链（如纸业循环经济产业链）时，参照该行业世界先进水平、行业清洁生产标准、产业链所在区域地区标准及规划目标等的指标实际指数，对指标稳定性指数进行分级。

对于定量但不易统计或测量的指标（如消费和再生环节的某些指标）和定性指标（如设计环节的所有指标）可以采用专家评判的方法，对指标稳定性指数进行分级。

3.2 循环经济产业链经济稳定性

3.2.1 循环经济产业链经济稳定性内涵的界定

综合现有学者的研究，循环经济产业链的稳定性主要是指产业链在内部构成要素发生变化或遇到外界风险时仍能保持有效、良性运行的抗风险能力和自身修复能力。产业链的稳定性主要包含两方面内容：首先是抗风险能力，即抵抗力，可以认为是产业链受到外界干扰时的承受能力；其次是自身修复能力，即通常所说的柔性，是产业链抵御外界变化的恢复力。衡量修复能力有两个指标——修复时间的长短和修复程度的好坏，修复时间越短显示系统修复能力越强，修复程度越好显示修复能力越强[22,23]。

以经济学理论为基础，“资源与效率”、“外部性”等概念是把握循环经济产业链的经济学稳定性的关键。资源的稀缺性使得产业链在运行过程中应当尽量节约。同时环境污染生态破坏可以定位为产业链运行过程中的外部不经济性。因此，循环经济产业链要在经济学意义上稳定运行，必须充分考虑上述因素，提高资源利用效率，减少资源用量，同时减少环境污染。

因此，借鉴现有学者的研究，基于循环经济的经济学理论基础，从价值链角度出发，对循环经济产业链的经济学稳定性的定义是：循环经济产业链在运行过程中持续、有效的增值能力。上述定义主要包括以下两方面内容：

首先，循环经济产业链要实现价值上的增值。循环经济产业链的增值是企业经济利润增值与资源环境价值增值的结合，也就是说这个价值并不仅仅指纯经济上的产品利润，还包括了环境改善、资源保护所转化成的社会收益。这种增值是两者共同作用的结果。

其次，这个增值过程应该是持续且有效的，价值的增值不会因为自身因素或外部风险的影响而轻易出现停滞，即循环经济产业链具有抵御风险尤其是经济风险的能力。

根据上述循环经济产业链经济学稳定性的内涵，可以认为循环经济产业链经济学上的稳定表现在价值增值和有效抵御风险两方面[24]。

（1）价值增值主要表现在经济增值、资源能源效益的增加和环境效益增值三方面，其中后两者共同形成循环经济产业链的社会收益。

① 经济效益的持续增加

建立循环经济产业链的主要目的是发展经济，经济发展不仅能实现收入的增加，更能为环境治理保护、资源有效利用提供资金，为社会的稳定提供保障。循环经济作为一种经济形态，不仅仅是社会责任、伦理道德的激励，更应该融入完善的成功的市场体系之中。循环经济产业链首先是一种经济链，也是一种产品链，它的建立和运行都是面向市场的，有利可图是其存在的首要考虑因素。经济学稳定运行下的循环经济产业链必须具有高效的效益转换方式，使进入产业链的原料和劳动最终转化成的产品具有最大化的经济利润。循环经济产业链的年产值和利润是其经济效益的直接体现，也是其运行的经济学稳定性的重要体现。

② 资源能源效益的增值

资源和能源是循环经济产业链运行的物质基础。如何利用稀缺的资源生产有价值的商品是经济学研究的重点之一，经济学从某种意义上说是研究节约的学科。循环经济提倡资源和能源利用效率的最大化，用可再生资源代替不可再生资源，清洁能源代替传统污染能源等。因此，在循环经济产业链经济学稳定运行过程中，对原料、资源和能源的消耗都是以节约为目的，资源和能源具有较高的利用效率，并且其中可再生资源和清洁能源所占的比重大。

③ 环境效益的增值

环境效益的增加包括污染物排放减少，环境得到改善。减少污染物的排放量是循环经济产业链建立的目的之一，合理的经济活动的前提应该是保护环境、不以破坏环境为代价。污染物的减少和环境影响的降低意味着环境成本的减少，是循环经济产业链经济学稳定运行的重要标志。对产业链运行过程中产生大气污染物、废水、固体废物和噪声等，能按照各自的特点采用合理、经济、有效的措施予以防治和及时处理，使之在合理的防治和处理成本前提下对环境的影响降至最小。

（2）有效抵御风险。面对由于市场调节和政策体制方面造成的原料稀缺、价格波动等问题而出现不稳定运行的趋势时，能根据自身特点，及时调整，通过技术的改进、产品的开发以及销售渠道的拓宽恢复稳定。

3.2.2　循环经济产业链经济稳定性影响因素

对影响因素进行识别的目的是为了找出循环经济产业链运行过程中对其经济学稳定性起作用的关键环节，为提出控制和优化措施找准切入点。在对影响因素进行识别的过程中，可以借鉴价值链理论，通过确定影响循环经济产业链增值的“战略”环节，并对每个环节进行分析，找出各环节中影响增值的关键因素。

循环经济产业链运行中对产业链的增值产生影响的因素主要存在于三部分：基础性活动、支持性活动、外部环境。基础性活动和支持性活动上的战略环节以及外部环境中的关键因素对循环经济产业链的经济学稳定性有着不同程度的影响。

本书所考虑的循环经济产业链的基础性活动与价值链稍有区别，主要包括原料采购、生产、销售以及资源再生四个环节；支持性活动涉及人力、技术、管理三个环节。

（1）基础性活动

基础性活动中所有的环节都涉及产品的成本，成本是价值链理论中考虑的重点因素，同时也是影响循环经济产业链经济效益的关键因素之一。在最终产品市场价格保持稳定的情况下，成本升高必然会引起利润的减少，从而导致整体循环经济产业链的经济收益的减少。

原料采购环节。这个环节主要涉及原材料的品质、价格、储运等，原材料品质是企业产品质量的重要前提，在确保产品质量的前提下，利用产生污染少的原料或再生资源能源，可以降低对环境的危害；原材料的价格直接关系到产品的成本，采购地点的远近也关系到运输成本的高低，会影响到经济效益。

生产环节。生产是循环经济产业链上最重要的部分，也是对循环经济产业链增值或减值影响最大的环节。原材料、资源、能源的消耗主要发生在这个过程，污染物的产生也大多是在这个过程进行的。原料、资源、能源利用效率的高低、各种污染物的产生、处理程度的高低、污染物排放后对周边环境的破坏构成了影响循环经济产业链的资源环境效益增值的重要因素。同时，生产环节还可以实现产品价格的提升，在成本不变的基础上产品价格的变化会直接影响到循环经济产业的经济效益。产品价格提升可以通过两方面来实现：提高产品质量和技术含量，延伸产业链增加产品附加值，产业链延伸表现在对初级原料和产品的加工、深加工和精加工上，随着加工环节的深化，产品的价格得以提升。

销售环节。销售是循环经济产业链上产品实现最终价值的手段，同时也是循环经济产业链与消费者直接面对的环节，销售环节的好坏对循环经济产业链在社会方面能否实现增值也有一定的关系。在销售环节，延长销售链，建立产品回收、包装回收等机构，既可以节省成本，又能获得良好的社会信誉。产品销售前包装若能以适度为准则，减少豪华包装，既可以降低成本，也有利于维护消费者的利益。

资源再生环节。资源再生是循环经济产业链的重要特征之一，也是影响循环经济产业链经济学稳定性的重要环节。对污水、废气、固体废物等进行重复利用或处理后资源化利用，既可以减少污染，降低减值效应，又可以形成再生原料，实现循环经济产业链的增值。

（2）支持性活动

技术、人力以及管理因素不仅仅涉及自身的成本问题，同时也关系到循环经济产业链在运行过程中能否最有效地产出高质量的产品，从而影响循环经济产业链的经济学稳定性。

技术环节。循环经济产业链的形成是建立在技术基础上的，新技术的采用会对构成循环经济产业链提供新的机会，通过新产品的开发实现循环经济产业链的延伸和拓展，还能起到降低生产成本或增加产品附加值的作用。此外，技术进步可以直接或间接降低生产过程中的污染排放强度，降低环境成本。但是也要看到由于新技术的采用会带来技术成本的提升，一个稳定运行的循环经济产业链应该使技术成本得到消化，若技术成本没有得到消化，只能提高循环经济产业链的风险并且增加了成本，那么此时产业链的经济学稳定性受到威胁。

人力环节。现有条件下循环经济产业链的运行也是建立在人的劳动基础之上的，劳动者素质等种种因素会影响产业链的运行效率。

管理环节。对于产业链以及产业链运行过程中所涉及的资源、能源、技术以及人力等因素的管理也对循环经济产业链的经济学稳定性产生重要影响，管理水平越高，产业链越稳定，同等管理水平下管理成本越低，产业链越稳定。

（3）外部环境

外部环境中对循环经济产业链经济学稳定性有影响的关键因素主要有市场风险和政策风险因素。

市场风险。循环经济产业链的构建和运行是面向市场的，供需关系的变化会引起市场价格的波动，一旦价格波动，对循环经济产业链稳定性的影响也较大。上游产品或原料供货商少，价格易受外界因素干扰，使得价格上涨，而下游产品受市场竞争影响，价格上涨十分有限，使得产业链上利润减少，影响循环经济产业链的稳定。另外，产品的市场需求空间会影响产品的销售，若产品超过市场需求会出现产品积压，无法实现经济上的价值增值，从而影响循环经济产业链的经济学稳定性。

政策风险。宏观经济政策是引起产业链空间格局演变的重要因素。国家产业政策的变化会对循环经济产业链产生巨大影响。循环经济产业链在运行过程中往往会面临税收、金融、资源、环保、绿色壁垒等多种政策的影响，因政策、法规等方面的影响造成的原材料或产品价格的变化以及资源环境成本的提高或降低也会使循环经济产业链的经济稳定性受影响。

3.2.3　循环经济产业链经济稳定性评价方法

（1）指标体系

依据循环经济的内涵，遵循指标体系的设计原则，将循环经济产业链经济学稳定性评价指标体系设计为层次性结构，分为目标层、准则层、要素层和指标层。设立的指标体系不仅要全面地反映循环经济产业链实现的经济效益，而且还要能够对循环经济产业链条上的节点单位进行评价，综合考虑与循环经济产业链经济学稳定性分析的主体相关的各种指标，重点考虑各因素之间的联系与协调。建立循环经济产业链经济学稳定性评价指标体系如表 5－3－2 所示[24]。

表 5－3－2　循环经济产业链经济学稳定性评价指标体系*

准则层	要素层	指标层		单位
基础性活动（A1）	原材料采购（B1）	原材料品质	可再生资源比例（C1）	%
			稀缺资源比例（C2）	%
			清洁原料比例（C3）	%
		运输	采购地点远近（C4）	
	生产（B2）	产品	产品合格率（C5）	%
			产品加工程度（C6）	
		资源能源消耗强度	单位产品原料用量（C7）	t/万元
			单位产品水耗（C8）	m^3/万元
			单位产品能耗（C9）	t 标煤/万元
		污染物排放强度	单位产品废水排放量（C10）	m^3/万元
			单位产品 COD 排放量（C11）	kg/万元
			单位产品气体污染物排放量（C12）	kg/万元
			单位产品固体废物产生量（C13）	t/万元
		污染控制水平	废水达标排放率（C14）	%
			废气达标排放率（C15）	%
			固体废物处理处置率（C16）	%

续表

<table>
<tr><th>准则层</th><th>要素层</th><th>指标层</th><th>单位</th></tr>
<tr><td rowspan="5">基础性活动（A1）</td><td rowspan="3">销售（B3）</td><td>成本费用利润率（C17）</td><td></td></tr>
<tr><td>产品包装适宜程度（C18）</td><td></td></tr>
<tr><td>产品及包装回收机构（C19）</td><td></td></tr>
<tr><td rowspan="2">资源再生（B4）</td><td>工业用水重复利用率（C20）</td><td>%</td></tr>
<tr><td>固体废物综合利用率（C21）</td><td>%</td></tr>
<tr><td rowspan="4">支持性活动（A2）</td><td rowspan="2">技术（B5）</td><td>研发费用率（C22）</td><td>%</td></tr>
<tr><td>技术成本消化程度（C23）</td><td>%</td></tr>
<tr><td>人力（B6）</td><td>中高学历人员比重（C24）</td><td>%</td></tr>
<tr><td>管理（B7）</td><td>综合管理水平（C25）</td><td></td></tr>
<tr><td rowspan="2">外部环境（A3）</td><td>市场（B8）</td><td>市场适应程度（C26）</td><td></td></tr>
<tr><td>政策（B9）</td><td>政策体制适应程度（C27）</td><td></td></tr>
</table>

（2）评价方法

对于循环经济产业链经济学稳定性的评价可以采用将层次分析法、综合指数评价法、目标距离函数模型和模糊综合评价相结合，灵活运用。下面重点介绍目标距离函数模型方法[19-24]：

设评价指标的原始数据对应于 n 维空间中的现状坐标点，而指标的目标值、理想值或者最优值对应空间中的目标坐标点，评价模型的核心就是求取指标的现状点与目标点的综合距离值，并根据综合距离的大小，判定现状水平的高低，规则是距离值越小，指标的现状值越接近目标值或者理想值，指标越优化。

距离函数模型形式简单、便于计算，对于“效益型指标”（如产业链产值）和“成本型指标”（如污染物排放强度）该方法都适用。具体应用过程如下：

设指标原始数据为 X_i：（X_1，X_2，…，X_n），$i=1, 2, \cdots, n$，n 表示指标个数。首先，把 X_i：（X_1，X_2，…，X_n）的观察值或者现状值对应于 n 维空间中，得到其空间现状点坐标 X（X_1，X_2，…，X_n）；设相应的参考标准值对应空间中的参考坐标点为 Y（Y_1，Y_2，…，Y_n）。然后，对（X_1，X_2，…，X_n）进行标准化处理，使现状点坐标变为（P_1，P_2，…，P_n），相应地参考点坐标也将变成（1，1，…，1）。

当 X_i 为正向作用指标时，即对于效益型指标：

$$P_i=\begin{cases}1, & \text{当 } X_i \geqslant Y_i \text{ 时}\\ \dfrac{X_i}{Y_i}, & \text{当 } 0 \leqslant X_i < Y_i \text{ 时}\end{cases}$$

当 X_i 为负向作用指标时，对于成本型指标：

$$P_i=\begin{cases}1, & \text{当 } 0 \leqslant X_i \leqslant Y_i \text{ 时}\\ \dfrac{Y_i}{X_i}, & \text{当 } X_i \geqslant Y_i \text{ 时}\end{cases}$$

为突出不同指标的贡献和影响的差异，引入权重系数 w_i：（w_1，w_2，…，w_n），其中 $\sum_{i=1}^{n} w_i = 1$，从而现状点 X 坐标变成（w_1P_1，w_2P_2，…，w_nP_n），相应地参考点坐标也将变成（w_1，w_2，…，w_n）。

定义综合距离为：$D_i(X_i, Y) = \sum_{i=1}^{n} |w_iP_i - w_i|$。

修正后的距离函数模型：在实际运用中，循环经济产业链经济学稳定性评价主要考虑产业链的增值效应，因此，要综合考虑各指标的增值程度和减值程度以及它们的相互抵消情况，可以认为达到标准即是增值（距离的正值），未达到标准即是减值（距离的负值），与传统距离函数模型依靠距离值的大小作为评判依据有所不同，本书所用的距离函数模型根据距离值的正负判断是否稳定，根据距离值的大小判断稳定（不稳定）程度的高低。

传统距离函数模型当指标达到目标值后，$P_1=1$，忽略了指标增值的程度，因此对其做出如下修正：

当 X_i 为正向作用指标时，即对于效益型指标：$P_i=\dfrac{X_i}{Y_i}$

当 X_i 为负向作用指标时，对于成本型指标：$P_i=\dfrac{Y_i}{X_i}$

同时，综合距离也有了正负抵消之分，变为：$D_i(X_i, Y)=\sum_{i=1}^{n}(w_iP_i-w_i)$

若综合距离为正或是等于零，说明循环经济产业链在经济学上稳定，值越大越稳定，若综合距离为负，说明不稳定，绝对值越大，越不稳定。

本节中所研究的循环经济产业链稳定性，是一种开放的稳定性。循环经济产业链稳定是在系统开放与环境交流之中实现的。对于封闭或开放不充分的循环经济产业链，无序运动所产生的熵只能滞留于循环经济产业链内，而无法将其输出到系统环境之中，或者说无法从环境中引入使产业链保持有序结构的负熵。此时，循环经济产业链将逐渐向着有序结构解体的方向运动，最后走向“死亡”。而循环经济产业链的开放程度有一个最小阈值。低于这个值，产业链无法形成或保持动态有序结构；等于这个值，产业链只能维持原状；远远大于这个阈值也会使自身的调节功能受到挑战。因此，循环经济产业链的开放程度既不能过大、也不能过小。当环境发生变化时，循环经济产业链应该主动地调节自己的开放度，避免损害因素的破坏作用，这是循环经济产业链实现内稳态调节功能的重要环节之一。反之，如果循环经济产业链因各种原因不能主动地、适度地调节自己的开放程度，就无法控制损害因素的破坏作用，使循环经济产业链陷入病态。

对循环经济产业链来说，这种基于产业链开放性的结构稳定性主要表现在产业链的构建、延伸和耦合上。这种结构稳定性是通过生态结构重组等手段实现产业链的“进化”，以实现产业链结构和节点的丰富完善。这种“进化”能力又取决于产业链的特性，包括关键节点的带动作用、副产物的可利用程度和废物的资源化程度。

参考文献

[1] 朱丽．综合类生态工业园区指标体系及稳定机制研究［D］．山东大学，2011.

[2] 张丽娜．AHP—模糊综合评价法在生态工业园区评价中的应用［D］．大连理工大学，2006.

[3] 陈习连．生态工业园评价体系及实证研究［D］．广西师范大学，2007.

[4] 高妍．生态工业园区评价指标体系与评价方法研究［D］．哈尔滨工程大学，2007.

[5] 杨春燕，蔡文．可拓工程［M］．北京：科学出版社，2007：1－97.

[6] 蔡文．可拓论及其应用［J］．科学通报．1999，44（7）：673－680.

[7] 梁虹，荀志远．可拓学理论在水质量综合评价中的应用研究［J］．环境污染治理技术与设备，2004，5（7）：25－29.

[8] 刘潇．可拓优度评价法在区域产业评价中的应用［J］．科技情报开发与经济，2006，16（20）：104－105.

[9] 韩宇平，阮本清，解建仓，等．物元模型及其在区域水资源综合评判中的应用［J］．中国农业大学学报，2003，8（1）：31－36.

[10] 张凯，刘长灏．循环经济系统的稳定性问题探讨［J］．环境保护,2007，10B：7－11.

[11] 廖重斌．环境与经济协调发展的定量评判及其分类体系：以珠江三角洲城市群为例［J］．热带地理，1999，19（2）：172－177.

[12] Lowe E，Moran S，Holmes D. Fieldbook for the development of eco－industrial parks，Indigo Development，1996.

[13] President's Council on Sustainable Development. In：Eco－Industrial Park Workshop Proceedings，Washington（DC），1996：17 － 18.

[14] Lowe EA. Eco － industrial park handbook for asian developing countries：a report to Asian Developing Bank，environment development，RPP International，Emeryville，CA. 2001.

[15] 邓南圣，王小兵．生命周期评价［M］．北京：化学工业出版社，2003：29－32.

[16] 彭丹旗．循环经济系统稳定性分析［D］．东北大学，2006.

[17] 谢连科．华泰集团造纸工业循环经济发展模式构建研究［D］．山东大学，2007.

[18] 高省．循环经济产业链生态学稳定性及评价方法研究［D］．山东大学，2008.

[19] 段宁，邓华，武春友．我国生态工业系统稳定性的结构型因素证实研究［J］．环境科学研究，2006，19（2）：57－61.

[20] 唐晓兰．大型浆纸企业循环经济产业链研究［J］．中华纸业，2007（5）：28－31.

[21] 苑清敏，葛春景．虚拟生态产业链的稳定性研究［J］．生态环境，2006，15（5）：1409－1412.

[22] 汪毅，陆雍森．论生态产业链的柔性［J］．生态学杂志．2004，

23 (6): 138 – 142.

[23] 张少亮. 技术扩散条件下的循环经济产业链稳定性研究——以曹妃甸工业区为例[D]. 河北理工大学, 2007.

[24] 乔晶. 循环经济产业链经济学稳定性及评价方法研究 [D]. 山东大学, 2007.

思考题

1. 如何理解循环经济系统优化调控的内涵？
2. 循环经济系统优化调控的目标是什么？
3. 如何从经济学和生态学角度理解循环经济产业链稳定性？

第 6 章　循环经济的实施途径

第 1 节　生态设计与规划

1.1　生态设计

生态设计又称为绿色设计，是利用生态学思想，在产品及其生命周期全过程的设计中综合考虑与产业相关的生态环境问题，设计出既对环境友好，又能满足人的需要的一种新的产品设计方法，既实现社会价值又保护自然价值，促进人与自然的和谐发展。

从工业革命开始，尤其是20世纪以来，经济发展速度超过了历史上任何时期。人类在消耗自然资源、生产制造大量产品的同时，又给生态环境带来了不利影响，地矿资源过度开采，生物种类不断减少，自然环境、水、空气遭到污染，全球温度升高，大气臭氧层被破坏，沙漠范围扩大等问题的接踵而至，使人类看到，科技发展和工业化在推动社会进步的同时，也带来了一定的负面影响，并对地球这一生命支持系统构成了严重威胁。为了实现人类社会的可持续发展和造福子孙后代，保护自然资源、保护和绿化环境已刻不容缓，并提出了重新建立“人—社会—环境”之间的和谐发展机制。

人类的这种生态意识渗透进设计领域，便产生了生态设计，保护环境、节约能源成为设计中需要考虑的重要因素。

从工业设计的“以机器为本”到“以人为本”，再到“以自然为本”的生态设计的提出，是人类对人与自然、设计与自然的认识不断深入的结果，反映了社会和人类的需求。生态设计充分考虑到自然是人类赖以生存的基础，人类与自然环境、微生物、生物、气候共同形成了一个互动的生态平衡网，只有生态的平衡，才有人类社会的进步，才能够创造出更加灿烂的人类文明。生态设计是人类对自然研究和借鉴并加以运用的直接体现，旨在通过艺术设计思维活动，创作出不仅给人以愉悦的心情，同时又不破坏自然生态平衡的设计作品，充分体现了人类对自然的关爱与尊重，顺应了发展的方向，成为当代工业设计的主流。

生态设计方法虽然兴起较晚，但在日本和欧洲一些国家已得到广泛重视。1977 年，德国实施了“蓝天使”计划：对在生产和使用过程中都符合环保要求且对生态环境和人体健康无损害的商品，授予“绿色产品”标志，无此标志的商品在进口时要受到数量和价格上的限制。而后，西方其他国家甚至包括日本也相继建立了绿色标志认证制度，以确保消费者能识别产品的环保属性，从而也激励企业去生产无公害、低污染的绿色生态产品。

欧洲是世界上最重视产品生态设计的地区，而美国和日本为了向欧洲出口产品，政府和企业也日趋重视产品生态设计。中国作为发展中国家，面临着资源危机和全球竞争的压力，必须有适合国际新形势的设计才能够有自己的立足点，因此，倡导工业产品的生态设计具有十分重要的现实意义。生态设计强调的是环境与人和谐相处的关系，这与中国传统的自然观不谋而合，中国的自然观始终贯穿着“天人合一”的东方思想。“天人合一”与生态设计从本质上讲是一致的，二者都认为人是自然界的一个有机组成部分，人类的活动应与自然相互协调，在最大限度上达到人与自然的“和谐共生”。

对工业设计而言，生态设计的核心是减量化、再利用、再循环和无害化。第一，减量化包含了从 4 个方面减少物质浪费与环境破坏可能的内容：① 产品设计中的减小体量，即从复杂臃肿的产品结构与功能中减去不必要的部分，以求得最精粹的功能与结构形式，使产品形式不断趋于小型化、简洁化；② 产品在生产中减少消耗；③ 产品流通中的降低成本，如减轻需要移动的产品的重量以减少为此而付出的能源消费；④ 产品消费中的减少污染。第二，再利用包含了 3 个方面的要求：① 产品部件结构自身的完整性；② 产品主体的可替换性结构的完整性，也就是要求产品主体具有对零部件的可替换性结构；③ 产品功能的系统性。第三，再循环是“3R”原则中呼声最高，反响最热烈，进展也最明显的一个发展趋势，要求设计者尽量使用可再生资源，充分利用循环再生产品及使产品具有循环再生性。第四，生态设计还应将“无害化”纳入其设计原则，设计理念与成果应体现无害化的思想。无害化体现在两个方面：一是过程中的无害化，主要指生产运行过程中要避免出现对人的危害和对生态环境的破坏；二是生产运行结束时，一定不能有有害的物质排放。

1.2　生态规划

生态规划是指运用生态学原理，综合地、长远地评价、规划和协调人与自然资源开发、利用和转化的关系，提高生态经济效率，促进社会经济可持续发展的一种区域发展规划方法。它是以生态学原理和城乡规划原理为指导，应用系统科学、环境科学等多学科的手段辨别、模拟和设计人工复合生态系统内的各种生态关系、确定资源开发利用与保护的生态适宜度，探讨改善系统结构与功能的生态建设对策，促进人与环境关系持续协调发展的一种规划。

生态规划应根据生态经济学原理，结合国民经济发展计划，实现和保护生态平衡的长期计划。其目的是：通过规划，合理而有效地利用各种自然资源，以满足社会生产和消费不断增长的需要；同时保证人类社会生存活动不妨碍并有利于充分发挥自然界的功能，以保持和增进自然资源和自然环境的再生能力。

生态规划是在人类生产、非生产活动和自然生态之间进行平衡的长期综合性计划。一般包括：① 保证可再生资源不断恢复、稳定增长、提高质量和永续利用的计划和措施。② 保护自然系统生物完整性的计划和措施，如严禁滥捕野生动物，合理采集野生植物，建立自然保护区，保护稀有野生生物和拯救濒临灭绝的物种等。③ 合理有效地利用土地、矿产、能源和水等不可再生资源的计划和措施，以增加自然系统的经济价值。④ 治理污染和防止污染的计划和措施。⑤ 改善人类环境质量的计划和措施，以增进人类身心健康，保护人类居住环境的美学价值。

生态规划按不同的层次分为全国性的、区域性的和局部地区的生态规划等；按不同的类型划分为城市生态规划和农村生态规划等。

生态规划的制定，应根据本国、本区域或本地的自然、经济、社会条件和污染等生态破坏状况，因地制宜地研究确定本地区的生态建设性状指标，以确保资源的开发利用不超过该地区的资源潜力，不降低它的使用效率，保证经济发展和人类生存活动适应于生态平衡，使自然环境不发生剧烈的破坏性的变动。生态建设指标包括：划分城市和乡村使用土地资源的合理比例；划分城市内工厂、道路和住宅的用地比例；划分乡村地区农田、园地、道路和住宅的用地比例；确定人口容量、资源使用、经济发展规模和生活设施的数量指标等。

第 2 节　清洁生产审核

清洁生产是现代工业企业重要的生产模式，也是提高企业核心竞争力促进可持续发展的重要途径。企业要推行清洁生产必须根据产品生命周期搞好产品生态设计，而生态设计理念则以产品的清洁工艺过程及生态友好产品作为载体得以实现，清洁生产审核是实现生态设计的主要途径之一。

2.1　清洁生产审核的概念和内涵

联合国环境规划署对清洁生产的定义：清洁生产是将综合性、预防性的环境战略持续地应用于生产过程、产品和服务中，以提高效率和降低对人类和环境的危害。

对生产过程来讲，清洁生产指节约能源和原材料，淘汰有害原材料，减少污染物和废物的排放和它们的有害性。

对产品来说，清洁生产指降低产品整个产品生命周期（包括从原材料的生产到生命终结的处置）对环境的有害影响。

对服务来说，清洁生产指将预防性的战略结合到服务的设计和提供活动中。

1996 年联合国环境规划署提出了一种新的定义，不仅对生产过程与产品，对服务也提出了要求。要求将环境因素纳入产品的设计和所提供的服务中。这种服务，实际上是对产品最终处理的进一步强调与补充。在产品问世之前的设计应考虑环境因素，采用“绿色设计（Green Design)，消除产品形成后对环境产生的负面影响，即强调从产品的生产消费直至最终处置的全过程——产品全生命周期的清洁生产。

清洁生产审核又称污染预防评价（Pollution Prevention Assessment）或废物最小化评价（Evaluation of Waste Minimization)，是评估企业生产的清洁与否或清洁程度的一种手段或方法。它是指通过对一家企业的具体生产工艺和操作的细致调查和分析，掌握该公司产生废物的种类和数量的详尽情况，提出如何减少有害物料的使用以及废物产生的备选清洁生产方案，在对备选方案进行技术、经济和环境等的可行性分析后选定并实施一些可行的清洁生产方案，进而使生产过程产生的废物量达到最小或者完全消除的过程。

国家发展和改革委员会、原国家环境保护总局制定并审议通过《清洁生产审核暂行办法》的第二条明确了清洁生产审核的概念：“本办法所称清洁生产审核，是指按照一定程序，对生产和服务过程进行调查和诊断，找出能耗高、物耗高、污染重的原因，提出减少有害物料的使用、产生，降低能耗、物耗以及废物产生的方案，进而选定技术经济及环境可行的清洁生产方案的过程。”

在清洁生产审核的过程中，人们完善了清洁生产审核的定义。即清洁生产审核是指对组织产品生产或提供服务全过程的重点或优先环节、工序产生的污染进行定量监测，找出高物耗、高能耗、高污染的原因，然后有的放矢地提出对策、制订方案，减少和防止污染物的产生的过程。清洁生产审核首先是对组织现在的和计划进行的产品生产和服务实行预防污染的分析和评估。在实行预防污染分析和评估的过程中，制定并实施减少能源、资源和原材料使用，消除或减少产品在生产过程中有害物质的使用，减少各种废弃物排放的数量及其毒性的方案。

清洁生产审核的内涵是指组织对计划进行和正在进行的活动进行污染预防分析和评估。目前，清洁生产审核工作的重点在组织。组织的清洁生产审核是指通过对组织从原材料购置到产品的最终处置全生命周期细致调查和分析，使生产过程产生的废物量达到最小或者完全消除的过程。组织的清洁生产审核是一种对污染来源、废物产生原因及其整体解决方案的系统化的分析和实施过程，其目的旨在通过实行预防污染分析和评估，寻找尽可能高效率利用资源（如：原辅材料、能源、水等），减少或消除废物的产生和排放的方法，是组织实行清洁生产的重要前提，也是组织实施清洁生产的关键和核心。持续的清洁生产审计活动会不断产生各种清洁生产方案，有利于组织在生产和服务过程中逐步实施，从而使其环境绩效实现持续改进。

2.2　清洁生产审核与循环经济

从一个组织的角度出发，进行清洁生产审核就是要通过一套科学、完整的程序来达到预防污染的目的，因此，清洁生产审核具备如下特点。

（1）鲜明的目的性

清洁生产审核特别强调节能、降耗、减污、增效，与现代企业管理要求相一致。

（2）系统性

清洁生产审核以生产过程为主体，考虑影响产生的各个方面，从原材料投入到产品改进、从技术革新到加强管理等，设计了一套发现问题、解决问题、持续实施的系统且完整的科学方法。

（3）突出预防性

清洁生产审核的目标就是减少废物的产生，从源头削减污染，从而达到预防污染的目的，这个思想贯穿了审核的全过程。

（4）符合经济性

污染物一经产生需要花费很高的代价去收集、处理和处置它，这就是末端治理费用往往使许多组织难以承担的原因，而清洁生产审核倡导在污染物产生之前就予以削减，不仅可减轻末端处理的负担，同时可将污染物作为有用的原料，能有效地增加产品的产量，提高生产效率。

（5）强调持续性

清洁生产审核十分强调清洁生产的持续性，无论是审核重点的选择还是方案的滚动实施，均体现了从点到面、逐步改善的持续性原则。

（6）注重可操作性

清洁生产审核的每一个步骤均能与实际生产情况相结合，在审核程序上是规范的，即不漏过任何一个清洁生产机会；而在方案实施上则是灵活的，即当组织的经济条件有限时，可先实施一些无/低费方案以积累资金，再逐步实施中/高费方案。

从以上分析不难看出，清洁生产就是在企业经济运行中的循环经济，推行清洁生产审核，有利于发展循环经济。对组织来说，实施全过程的清洁生产和开展资源综合利用是发展循环经济的有效技术手段。因为清洁生产是以科学管理、技术进步为手段，以提高污染防治效果，降低污染防治费用，消除或减少工业生产对人类健康和环境的影响为目的的一种理想的工业发展模式，即利用清洁的能源和原材料，采用清洁的生产工艺和技术，生产出清洁的产品，进行清洁的服务。清洁生产审核强调对组织废弃物的产生，从三个层次八个方面进行分析与评估，提出削减废物的无/低费方案和中/高费方案，从而实现节能、降耗、减污、增效清洁生产目标，是组织实现循环经济的主要形式和基本途径，而循环经济是清洁生产审核的最终目标，是实现可持续发展战略的必然选择。

第 3 节　循环经济试点与示范

3.1　我国生态工业园与循环经济试点示范概况

具体而言，我国循环经济试点与示范工作包括了生态工业园和循环经济两个方面。

3.1.1　我国生态工业园试点示范概况

自 1999 年以来，原国家环境保护总局在全国率先进行了推进生态工业、促进区域环境污染综合整治的探索。截止到 2012 年 10 月，已通过批复正在创建国家生态工业示范园区 64 个，其中行业类园区 10 个（涉及钢铁、能源、电解铝、氧化铝、制糖、造纸、化工、矿山开采、炼焦、环保产业等行业门类），综合类园区 53 个（开发区和高新区），静脉产业类园区 1 个。其中通过国家验收批准命名的有 15 家，名单如表 6－3－1 所示，批准建设的有 49 家。

表 6－3－1　通过验收批准命名的国家生态工业示范园区

序号	名　称	批准时间
1	苏州工业园区国家生态工业示范园区	2008 年 3 月 31 日
2	苏州高新技术产业开发区国家生态工业示范园区	2008 年 3 月 31 日
3	天津经济技术开发区国家生态工业示范园区	2008 年 3 月 31 日

续表

序号	名　称	批准时间
4	无锡新区国家生态工业示范园区	2010 年 4 月 1 日
5	烟台经济技术开发区国家生态工业示范园区	2010 年 4 月 1 日
6	山东潍坊滨海经济开发区国家生态工业示范园区	2010 年 4 月 1 日
7	上海市莘庄工业区国家生态工业示范园区	2010 年 8 月 26 日
8	日照经济技术开发区国家生态工业示范园区	2010 年 8 月 26 日
9	昆山经济技术开发区国家生态工业示范园区	2010 年 11 月 29 日
10	张家港保税区暨扬子江国际化学工业园国家生态工业示范园区	2010 年 11 月 29 日
11	扬州经济技术开发区国家生态工业示范园区	2010 年 11 月 29 日
12	上海金桥出口加工区国家生态工业示范园区	2011 年 4 月 2 日
13	北京经济技术开发区国家生态工业示范园区	2011 年 4 月 25 日
14	广州开发区国家生态工业示范园区	2011 年 12 月 5 日
15	南京经济技术开发区国家生态工业示范园区	2012 年 3 月 19 日

“十一五”期间，为实现环境优化经济发展和重点污染物总量削减 10% 的目标，通过加强污染源集中的各类工业园区、工业集中区和重点企业的生态化改造和环境监管入手，以园区产业结构的调整、强化环境准入、工业生态链的建立和完善及总量控制等为技术途径，生态工业园区建设成为提高地方经济增长质量，强化污染源集中区污染物控制，提高区域污染物总量削减力度的重要手段之一。通过生态工业园区试点示范，为促进我国节能减排作出了重要的贡献。主要表现为以下几方面。

（1）试点示范带动明显，社会影响巨大

环境保护部、商务部和科技部三部委的联合组织推进，极大程度上加强了国家生态工业示范园区在我国工业园区尤其是国家级开发区中的影响力。各园区围绕建设规划的总体目标，根据本地区社会与经济发展状况和产业结构的特点，通过提高宣传力度、落实实施项目、完善相应政策支持等途径，国家级生态工业示范园区的建设显著地推动了国家工业园区的生态化转型和循环化改造，扩大了生态工业园区建设工作在全国的影响。

（2）促进区域循环经济发展，节能减排效果显著

国家生态工业示范园区建设在“十一五”期间取得成效主要体现在：一是科学指导工业集中区产业结构优化调整。生态工业园区建设是以工业生态学理论为指导，通过调整和优化产业结构，着力于园区内生态产业链网的建设，最大限度地提高资源能源效率，从工业生产源头上将污染物排放量减至最低，实现区域清洁生产，有力推动了区域循环经济的发展。正在建设中的国家生态工业示范园区，在工业生态学理论指导下，通过制定建设规划，开展生态化改造，为实现园区产业结构的优化调整和区域经济的可持续发展奠定了良好的基础。

总体而言，“十一五”期间，我国的生态工业园区试点示范工作取得了积极的进展，为“十二五”乃至更长时间的发展奠定了坚实的基础。“十二五”期间，立足于贯彻落实科学发展观和推进经济发展方式的转变，生态工业园区建设将继续成为建立生态文明、保护和改善环境、推动资源节约和高效利用的有效措施。

3.1.2　我国循环经济试点与示范概况

2005 年和 2007 年，经国务院批准，国家发展和改革委员会等 6 部门启动实施了两批循环经济试点和汽车零部件再制造试点，确定

了192家试点单位，支持了300多个循环经济项目。26个省（自治区、直辖市）开展了省级循环经济试点工作，共确定133个市（区、县）、256个园区，1 352家企业。目前，国家已经把发展循环经济作为调整经济结构、转变发展方式、实现节能减排目标的重要措施。经过数年的发展，循环经济从理念变为行为，在全国范围内得到迅速发展，循环经济试点示范取得了阶段性成果，成效逐步显现。

2005年10月，经国务院同意，国家发展和改革委员会、原国家环境保护总局、科技部、财政部、国家统计局联合印发了《关于组织开展循环经济试点（第一批）工作的通知》（发改环资［2005］2199号），正式启动国家循环经济试点工作。第一批国家循环经济试点的重点行业包括钢铁、有色、煤炭、电力、化工、建材、轻工等7个行业共包括42家企业，重点领域涉及再生资源回收利用体系建设、废旧金属再生利用、废旧家电回收利用和再制造，具体启动试点工作的企业、产业园区和省市如表6－3－2和表6－3－3所示。

表6－3－2　第一批国家循环经济试点的行业和企业

重点行业	试点企业
（1）钢铁	鞍本钢铁集团、攀枝花钢铁集团有限公司、包头钢铁集团有限公司、济南钢铁集团有限公司、莱芜钢铁集团有限公司
（2）有色	金川集团有限公司、中国铝业公司中州分公司、江西铜业集团公司、株洲冶炼集团有限责任公司、包头铝业有限责任公司、河南省商电铝业集团公司、云南驰宏锌锗股份有限公司、安徽铜陵有色金属（集团）公司
（3）煤炭	淮南矿业集团有限责任公司、河南平顶山煤业集团有限公司、新汶矿业集团公司、抚顺矿业集团、山西焦煤集团西山煤矿总公司

续表

重点行业	试点企业
（4）电力	天津北疆发电厂、河北西柏坡发电有限责任公司、重庆发电厂
（5）化工	山西焦化集团有限公司、山东鲁北企业集团有限公司、四川宜宾天原化工股份有限公司、河北冀衡集团公司、湖南智成化工有限公司、贵州宏福实业有限公司、贵阳开阳磷化工集团公司、山东海化集团有限公司、新疆天业（集团）有限公司、宁夏金昱元化工集团有限公司、福建三明市环科化工橡胶有限公司、烟台万华合成革集团有限公司
（6）建材	北京水泥厂有限责任公司、内蒙古乌兰水泥厂有限公司、吉林亚泰集团股份有限公司
（7）轻工	河南天冠企业集团公司、贵州赤天化纸业股份有限公司、山东泉林纸业有限公司、宜宾五粮液集团有限公司、广西贵糖（集团）股份有限公司、广东省江门甘蔗化工（集团）股份有限公司

表6-3-3　第一批国家循环经济试点的产业园区和省市

产业园区	天津经济技术开发区、苏州高新技术产业开发区、大连经济技术开发区、烟台经济技术开发区、河北省曹妃店循环经济示范区、内蒙古蒙西高新技术工业园区、黑龙江省牡丹江经济技术开发区、上海化学工业区、江苏省张家港扬子江冶金工业园、湖北省武汉市东西湖工业园区、四川西部化工城、青海省柴达木循环经济试验区、陕西省杨凌农业高新技术产业示范区
省市	北京市、辽宁省、上海市、江苏省、山东省、重庆市（三峡库区）、宁波市、铜陵市、贵阳市、鹤壁市

在总结循环经济第一批试点工作的经验与教训的基础上，于2007年末启动了第二批循环经济试点，其总体考虑是，围绕实现节能减排目标，对第一批试点进行补充和深化。因此，第二批试点工作仍从重点企业、资源综合利用领域、产业园区和省市四个方面开

展。重点企业除继续选择资源能源消耗高、污染排放强度大的钢铁、有色、煤炭、电力、化工、建材等行业中重点企业开展试点外，还选择第一批试点尚未涉及、对实现节能减排目标有重要意义的农业、矿产资源、皮革、食品、包装、纺织印染等行业，选择这些行业中有代表性、工作基础比较好、节能减排潜力大的重点企业作为试点单位；资源综合利用领域选择再生资源拆解加工利用集散市场、废旧金属再生利用、装备再制造、废旧电池及城市生活垃圾资源化等有典型示范意义的相关企业和地方政府开展试点；产业园区重点选择资源消耗高、节能减排任务较重的重化工业集聚区、产业关联度高的工业园区和集约型农业生产、农产品加工、农业废弃物综合利用一体化的农业园区，依托园区内骨干企业或已有园区管理部门开展试点，按循环经济发展理念进行规划、建设和改造；省市试点选择以重化工业为支柱产业的资源型城市，能源水资源短缺、资源约束矛盾突出的城市以及依靠高科技、轻型产业结构推进循环经济发展的典型城市或省市，依托有关省、市（直辖市、计划单列市和地县级城市）政府开展试点。

3.2 循环经济试点工作的开展程序与要求

循环经济试点与示范工作是在相关机构的组织领导下按照一定的工作程序逐步开展，具体包括6个方面。

（1）加强组织领导

试点单位应成立循环经济试点工作领导小组，确定专门机构和具体实施单位，应将试点工作的各项任务，逐级分解落实到有关单位和个人。

（2）编制实施方案

试点单位应抓紧编制循环经济试点实施方案，并报送国家发展和改革委员会。试点单位在编制试点方案时，应根据资源环境条件，因地制宜地提出发展循环经济的目标、任务、重点和措施。地方发展改革委（经贸委）要会同环保局等有关部门做好方案编制的组织协调和上报工作。国家发展和改革委员会会同环境保护部等有关部门组织专家对试点方案进行审查论证。

（3）认真组织实施

试点单位按照实施方案，抓紧制订分阶段工作计划，落实各项责任和任务，加快组织实施。要抓好技术攻关和先进适用技术推广应用，协调解决试点工作需要的各项建设条件。各地区要加强对试点工作的跟踪和指导，对试点中出现的新情况、新问题及时研究解决，对一些带有普遍性的政策问题，要在深入调研分析的基础上，及时向国家有关部门提出建议。

（4）重点项目申报

对方案中涉及的需要备案、核准、审批的重大项目，要按照《国务院关于投资体制改革的决定》及配套文件等有关规定，按照相关投资管理程序进行报批。对试点方案审查中确定的中央投资支持的重点项目，要加快编制项目可行性研究报告，积极做好资金、用地、环评等项目前期准备工作。各地区发展改革委、经贸委，应加强项目论证和组织申报工作。国家对循环经济试点重点项目将予以适当支持。

（5）切实加强管理

试点单位应加强基础工作，建立资源消耗统计和核算制度，健全资源节约管理制度，加强资源环境核算，从主要原材料、能源、水资源等方面开展全面的能源和物料平衡分析，对资源产出、利用效率、废物产生排放水平与国内同行和国际先进水平进行全方位比较，找出发展循环经济的差距。对试点取得的节能减排效果，要准确统计，及时上报。

(6) 监督检查和验收

有关省（区、市）发展改革委、经贸委会同环保局等有关部门应建立试点工作进展情况总结和督察制度，对试点工作组织阶段性评估和监督检查。应及时进行系统总结、评估和验收，采取多种方式推广试点经验。

3.3 循环经济指标体系

指标体系是客观评价、动态监测、综合考核各地区、各部门循环经济建设工作的重要依据。本书分别针对园区和城市两个层面建立了相应的循环经济指标体系，可用于衡量循环经济试点工作的依据。

3.3.1 园区循环经济指标体系

本书以原国家环境保护总局公布的生态工业园指标为基础，参考国家生态市建设指标和山东生态省建设规划指标，建立生态工业园区的循环经济发展指标体系。具体指标包括经济发展指标、生态工业特征指标、生态环境保护指标、绿色管理指标和社会进步指标。指标体系如表6－3－4所示。

表6－3－4 园区循环经济建设指标体系

名称	序号	指标层	单位
经济发展指标	1	人均 GDP	万元
	2	GDP 年平均增长率	%
	3	城镇居民年人均可支配收入	万元/人
	4	农民人均纯收入	万元/年
	5	第三产业占 GDP 比例	%
	6	年人均财政收入	万元

续表

名称	序号	指标层	单位
经济发展指标	7	GDP 密度	亿元/km^2
	8	高科技产品产值比重	%
生态工业特征指标	9	有无成熟的生态工业链	—
	10	工业水资源重复利用率	%
	11	可再生能源所占比例	%
	12	万元 GDP 综合能耗	t 标煤/万元
	13	万元 GDP 新鲜水耗	m^3/万元
	14	万元 GDP 水耗	m^3/万元
	15	生态工业信息网络系统	—
	16	废物处理共享设施范围	—
生态环境保护指标	17	环境空气质量（优于一级标准的天数）	天
	18	地表水环境质量	—
	19	地下水环境质量	—
	20	近岸海域水环境质量	—
	21	环境噪声质量	—
	22	工业固体废物处置利用率	%
	23	城市生活垃圾无害化处理率	%
	24	废气达标排放率	%
	25	工业废水处理达标率	%
	26	城镇生活污水集中处理率	%
	27	万元 GDP 工业废气排放量	m^3/万元
	28	万元 GDP SO_2 排放量	kg/万元
	29	万元 GDP 废水排放量	m^3/万元
	30	万元 GDP 化学需氧量（COD）排放量	kg/万元
	31	万元 GDP 危险废物产生量	kg/万元
	32	万元 GDP 工业固废排放量	kg/万元

续表

名称	序号	指标层	单位
生态环境护指标	33	城镇人均公共绿地面积	m^2/人
	34	集中式饮用水水源水质达标率	%
	35	环境保护投资占 GDP 比例	%
	36	旅游区环境达标率	%
	37	城市回用水利用率	%
	38	退化土地恢复治理率	%
	39	地下水超采率	%
	40	危险废物安全处置率	%
	41	海咸水入侵发展趋势	—
绿色管理指标	42	通过清洁生产审核企业所占比例	%
	43	企业通过 ISO 14000 认证率	%
	44	生态工业培训率	%
社会进步指标	45	城市生命线系统完好率	%
	46	人口自然增长率	‰
	47	恩格尔系数	%
	48	基尼系数	—
	49	城市化水平	%
	50	城市集中供热率	%
	51	城市燃气普及率	%
	52	高等教育入学率	%
	53	环境保护宣传教育普及率	%
	54	公众对环境的满意率	%

3.3.2 城市循环经济指标体系

本书依据原国家环境保护总局循环经济市建设指标体系，参照现有生态省试点的指标设置，将循环经济的特征指标与经济发展、生态改善、环境保护、社会进步 4 个方面相融合，选取具有代表性的60 个指标，构成城市建设指标体系。其中，循环经济特征指标主要有三类：一是资源生产率，用来综合表示产业和人民生活中有效利用资源情况（资源生产率 = GDP/天然资源投入量（也称直接物质投入量））。二是循环利用率，表示投入到经济社会的物质总量中循环利用量所占的比率，包括水资源重复利用率、原材料重复利用率、能源重复利用率、城市中水回用率、废弃物回收利用率、城市垃圾的分类回收率等。三是最终处理量，表示城市废弃物和工业废弃物最终处置量。

（1）经济发展指标

立足某市主要产业链，科学制定其经济发展指标，主要包括原、辅材料和能源、资源、生产成本、生产效率、经济效益等方面的具体指标，并制订出实现指标的具体措施。如经济发展水平指标（人均 GDP、GDP 年平均增长率、万元 GDP 综合能耗、万元 GDP 新鲜水消耗等）；经济发展潜力指标（高新技术产业产值占限额以上工业总产值比重等）。

（2）生态建设指标

针对城市的地方特色，利用生态学知识，科学制定城市现有生态环境的改善指标，并对下一步规划给出生态指导。生态建设指标（可再生能源所占比例、人均公共绿地面积、森林覆盖率等）；生态环境改善潜力（环保投资占 GDP 的比重等）。

（3）环境保护指标

结合城市产业、行业、企业等方面的调查，分别制定不同的废物排放削减指标，并提出通过实施清洁生产、推行 ISO 14000 认证、废物交换利用、集中处理所实现的环境改善指标。如管理与意识指标（开展清洁生产的企业所占比例、规模化企业 ISO 14001 认证率等)；环境保护指标（环境质量、污染物排放达标情况、污染物处理处置等)；环境绩效指标（万元 GDP 工业废水产生量、万元 GDP 工业固体废物产生量、万元 GDP 工业废气产生量、万元 GDP 有害废物产生总量)。

（4）社会发展指标体系

针对城市社会发展的长远规划、资源状况、环境容量、经济发展等具体情况，研究制定城市社会发展指标体系，体现循环型社会的特征。社会进步指标（城市化水平、恩格尔系数、科技教育投入占 GDP 比例等)；具体的各指标值如表 6－3－5 所示。

表 6－3－5　城市循环经济发展指标体系

类别	序号	指标名称	单位
经济发展指标	1	人均 GDP	元/人
	2	GDP 年均增长率	%
	3	年人均财政收入	元/人
	4	农民年人均纯收入	元/人
	5	城镇居民年人均可支配收入	元/人
	6	三次产业比重	%
	7	单位 GDP 能耗	t 标煤/万元
	8	单位 GDP 水耗	m^3/万元
	9	固定资产投资增长率	%
	10	出口产品产值比例	%
	11	高新技术产业产值占限额以上工业总产值比重	%
	12	科技投入占 GDP 比例	%
生态建设指标	13	森林覆盖率	%
	14	环境保护投资占 GDP 比例	%
	15	环保产业及相关产业比重	%
	16	退化土地恢复治理率	%

续表

类别	序号	指标名称	单位
生态建设指标	17	地下水超采率	%
	18	城镇人均公共绿地面积	m^2/人
	19	旅游区环境达标率	%
	20	可再生能源利用率	%
	21	绿色食品或有机食品产值占农业产值比重	%
	22	秸秆综合利用率	%
	23	规模化畜禽养殖场粪便资源化率	%
	24	农用薄膜回收率	%
	25	中水回用率	%
	26	工业用水重复利用率	%
	27	水资源满足率	%
环境保护指标	28	地面水水质达标率	%
	29	饮用水水源水质达标率	%
		近海域水环境质量达标率	%
	30	城市空气质量达标率	%
	31	噪声达标区覆盖率	%
	32	万元GDP废水排放量	t/万元
	33	万元GDP化学需氧量（COD）排放量	kg/万元
	34	万元GDP烟尘和粉尘排放量	kg/万元
	35	万元GDP SO_2 排放量	kg/万元
	36	万元GDP固废排放量	kg/万元
	37	万元GDP危险废物产生量	kg/万元
	38	城镇生活污水集中处理率	%
	39	废气达标排放率	%
	40	工业废水处理达标率	%

续表

类别	序号	指标名称	单位
环境保护指标	41	城镇生活垃圾无害化处理率	%
	42	城市固体废物处理率	%
	43	危险废物安全处置率	%
	44	污染治理设施正常运转率	%
	45	规模以上企业通过清洁生产审计的比例	%
	46	规模化企业通过 ISO 14000 认证比率	%
社会进步指标	47	人口自然增长率	‰
	48	城市生命线系统完好率	%
	49	城市化水平	%
	50	城市燃气普及率	%
	51	城市集中供热率	%
	52	排水管网覆盖率	%
	53	清洁能源普及率	%
	54	恩格尔系数	%
	55	基尼系数	
	56	科技、教育投入占 GDP 比例	%
	57	受高等教育人口比例	%
	58	环境保护宣传教育普及率	%
	59	重大决策的环境认证比率	%
	60	公众对环境的满意率	%

第 4 节　绿色消费

21 世纪是绿色世纪。绿色，代表生命、健康和活力，是充满希望的颜色。国际上对“绿色”的理解通常包括生命、节能、环保三个方面。绿色消费，包括的内容非常宽泛，不仅包括绿色产品，还包括物资源的回收利用、能源的有效使用、对生存环境和物种的保护等，可以说涵盖生产行为、消费行为的方方面面。自 1992 年地球高峰会议正式提出“可持续发展”主题，绿色消费被视为是达成全球可持续发展目标的重要工作。绿色是生命的原色，从人类为了生存栽培植物开始，绿色就代表了生命、健康、活力、对美好未来的追求，哪里有绿色，哪里就有生命。在这里，绿色是一个特定的形象用语，而不仅仅是指绿颜色，指有生命的植物，而是指一种自然万物和谐共存的生态环境及其保护和维护、改善。依据“红色”禁止，“黄色”警告，“绿色”通行的惯例，以“绿色”表示合乎科学性、规范性、规律性，能保持永久通行无阻的概念。中国消费者协会首次提出 2001 年为“绿色消费”年，提倡“绿色消费”。

4.1　绿色消费的概念及内涵

4.1.1　绿色消费概念

绿色消费，也称可持续消费，是指一种以适度节制消费，避免或减少对环境的破坏，崇尚自然和保护生态等为特征的新型消费行为和过程。绿色消费，不仅包括绿色产品，还包括物资的回收利用，能源的有效使用，对生存环境、物种环境的保护等。

绿色消费的重点是“绿色生活，环保选购”。具体而言，它有三层含义：一是倡导消费时选择未被污染或有助于公众健康的绿色产品。二是引导费者转变消费观念，崇尚自然、追求健康，在追求生活舒适的同时，注重环保，节约资源和能源，实现可持续消费。三是在消费过程中注重对垃圾的处置，不造成环境污染。符合“3E”和“3R”，经济实惠（Economic），生态效益（Ecological），符合平等、人道（Equitable），减少非必要的消费（Reduce），重复使用（Reuse）和再生利用（Recycle）。

4.1.2 绿色消费的具体含义

国际上公认的绿色消费有三层含义：一是倡导消费者在消费时选择未被污染或有助于公众健康的绿色产品；二是在消费过程中注重对废弃物的处置；三是引导消费者转变消费观念，崇尚自然、追求健康，在追求生活舒适的同时，注重环保、节约资源和能源，实现可持续消费。

20 世纪 80 年代后半期，英国掀起了“绿色消费者运动”，不久席卷了欧美各国。这个运动主要就是号召消费者选购有益于环境的产品，从而促使生产者也转向制造有益于环境的产品。这是一种靠消费者来带动生产者，靠消费领域影响生产领域的环境保护运动。这一运动主要在发达国家掀起，许多公民表示愿意在同等条件下或价格相对昂贵条件下选择购买有利于环境保护的商品。在英国 1987 年出版的《绿色消费者指南》中将绿色消费具体定义为避免使用下列商品的消费：

（1）危害到消费者和他人健康的商品；

（2）在生产、使用和丢弃时，造成大量资源消耗的商品；

（3）因过度包装，超过商品本身价值或过短的生命周期而造成不必要消费的商品；

（4）使用出自稀有动物或自然资源的商品；

（5）含有对动物残酷或不必要的剥夺而生产的商品；

（6）对其他国家尤其是发展中国家有不利影响的商品。

归纳起来，绿色消费主要包括三方面的内容：（1）消费无污染的物品；（2）消费过程中不污染环境；（3）自觉抵制和不消费那些破坏环境或大量浪费资源的商品等。

4.2　推行绿色消费需破解的问题

（1）正确认识绿色消费

很多消费者一听到绿色消费这个名词的时候，很容易把它与“天然”联系起来，这样就形成了一个误区——绿色消费变成了“消费绿色”。有的人非绿色食品不吃，但珍稀动物也照吃不误；非绿色产品不用，但是塑料袋却随手乱丢；家居装修时非绿色建材不用，装修起来却热衷于相互攀比。他们所谓的绿色消费行为，只是从自身的利益和健康出发，而并不去考虑对环境的保护，违背了绿色消费的初衷。真正意义上的绿色消费，是指在消费活动中，不仅要保证人类的消费需求和安全、健康，还要满足后人的消费需求和安全、健康。同时，“绿色消费”尤其反对过度消费。过度消费不仅增加了资源索取和环境的污染荷载，而且助长了人的消费主义和享乐主义。工业化国家比较普遍地存在着过度消费。中国民间流行的婚丧大操大办、大吃大喝等现象也属于过度消费。这些行为既浪费资源，又没有给人民带来一种满意的生活，对人对已对环境都是弊大于利。

（2）强化人们的环境保护意识

目前人们的环境意识还不到位，个人消费需要对环境负责任的观念没有建立起来。大多数消费者虽然有绿色消费的意识，但离真正转化为绿色消费的行动还有很大差距。比如，在就餐时依然使用一次性筷子和一次性餐盒；购买生活用品的时候，基本不用环保购物袋；扔垃圾的时候没有进行可回收与不可回收的区分；有时候会购买过度包装的商品等。

（3）完善绿色管理机制

许多产品至今没有统一的绿色检验标准、认证机制，导致绿色市场上鱼目混珠的现象出现，使一些消费者失去购买绿色产品的信心。目前绿色产品的品种也不够丰富，尚不能满足人们生活消费的需求。

（4）强化企业社会责任

目前很多企业没有承担起自己的企业社会责任。企业市场推广的方式，倾向于尽可能地让人们多消费，但这种推崇奢华、过度消费，消耗越来越多自然资源的导向是有问题的。

解决了以上问题，才能让绿色消费真正“绿”起来。所以应长期加强环境教育，让公众了解过度消费的弊端，使绿色消费的理念深入人心。此外，用切实可行的方式推动绿色消费，比如建立绿色超市，把生产过程中超标排放的产品分门别类摆放，使消费者不去选择这些产品。

第5节　绿色营销与管理

5.1　绿色营销

绿色营销（Green Marketing）就是指企业在营销过程中充分体现环境意识和社会意识，从产品的设计、生产、制造、废弃物的处理方式，直至产品消费过程中制定的有利于环境保护的市场营销组合策略，即产品在生产过程中少用能源和资源并且不污染环境；产品使用过程中不污染环境并且低能耗；产品使用后可以易于拆解、回收翻新或能够完全废置并长久不会造成危害。

5.1.1　绿色营销的构成要素

（1）绿色原料和清洁生产

企业在选择生产商品和技术，选用生产原料或制造过程中，尽量减少对环境不利的影响，大力发展清洁生产。

（2）绿色包装

在产品包装设计时，努力降低商品包装或使用的残余物，表现在减少对环境的污染和绿色设计的三大要求上，即节约（Reduce）、回用（Reuse）和循环（Recycle），减少废弃物，用后易于回收再用或再生，易于自然分明又不污染环境的包装。它在发达国家已广泛流行，在我国还是刚刚起步。这就要求我国企业在包装商品的过程中，既要努力降低其包装费用，又要考虑到包装废弃物对环境的污染程度，不断研制开发出新型的绿色包装材料，如纸包装或一些与橘子皮、鸡蛋皮、香蕉皮等有类似功能的“天然包装物”仿制品，探索一条“绿色包装”的新路子，也有利于突破一些新贸易保护主义利用包装为我国设置的技术性壁垒。

（3）绿色设计

绿色设计是指在生产过程中采用清洁技术、无污染技术，降低资源消耗，减少环境污染；使产品在使用消费过程中，有利于消费者身心健康，减少对环境的污染和破坏。这就要求企业在研制开发绿色产品时，在保证产品质量的前提下紧紧抓住绿色这个主题，用环保的观念进行设计。

（4）绿色消费

企业应积极引导消费者在商品的消费使用过程中尽量降低商品使用对环境造成的不利影响。

5.1.2　绿色营销的内容

（1）绿色认证

绿色营销概念的出现，使得营销战略理念和营销战略管理能力这个问题就越来越迫切地摆在中国企业的面前。中国企业亟须建立基于战略的绿色营销理念。在国际贸易和跨国网络进行绿色认证，要有“绿色标志”。某些国家，以保护本国环境为由，制定了相关的产品环境指标，来限制他国产品进入本国市场，即“绿色贸易壁垒”。我国企业需要积极地完善自身，努力通过绿色认证，加快绿色制造业的发展。通过绿色制造业的发展，为我国产品提高绿色性能提供强大的技术手段。为我国企业消除国际贸易壁垒，进入国际市场提供有力的支撑。

(2) 绿色服务

如今，商业经营已经进入了微利时代，经营透明度非常高，企业和消费者之间必须维持较高的信赖度才能永续经营。由于商家和消费者之间存在着信息不对称的矛盾，商家掌握的信息远大于消费者所掌握的信息，消费者对商家产生不信任，价格战越激烈，这种不信任感就越强烈，越影响正常的经营。价格竞争是灰色营销，商家不应该运用简单的价格战，虽然销售额能扩大，但是利润额不一定增加。

同时，商家为了发动价格战，往往会牺牲厂家的利益，造成厂商关系紧张。另外，商家更利用消费者的盲目消费，误导消费者。在竞争日益激烈的情况下，绿色营销应该成为商业企业竞争的新落点。同时，在商品雷同化、同质化和品牌普及化的条件下，服务更成为市场竞争的焦点。当然，这种服务并不是一般的笑脸相迎所能概括的，而是指满足消费者的体验式消费需求。现今商品多了，消费者不仅重视产品和服务给自己带来的功能利益，更看重在购物或接受服务过程中，所获得的符合自己心理需要和情趣偏好的特定体验。在产品和服务相同的情况下，体验成为消费者购物的关键决定因素。

(3) 绿色社会

社会大众应明白绿色营销不仅仅是企业的事，要靠整个社会成员的参与才行。绿色营销理念在执行当中，由于政府具有很高的权威性，对涉及整个国家、民族发展前途和未来的“生态安全”问题，依靠政府力量，可以调动政治、经济、文化等各种手段来解决，否则很难迅速遏制生态环境的恶化。政府最能够代表广大公众利益，具有较高的社会责任意识，能够发现并超越企业追求即期利润而牺牲环境的“发展陷阱”，使国家逐步走上可持续发展道路——既满足当代人的需要又不对后代人满足需要的能力构成危害。

（4）绿色公关策略

绿色公关是树立企业及产品绿色形象的重要传播途径。它能帮助企业更直接、更广泛地将绿色信息传到广告无法达到的细分市场，给企业带来竞争优势。如20世纪80年代，麦当劳因每天都在制造垃圾——废弃的包装物，逐渐成为环保人士攻击的对象。在环保危机的威胁下，20世纪90年代初麦当劳推出了“种植一棵树”的绿色公关宣传活动，并着手抓好三方面工作：一是减少包装；二是减少使用有损坏环境的材料；三是使用较易处置、能物化成肥料的材料。这样使环境污染物减少了60%，在社会公众面前成功地塑造了“绿色麦当劳”的新形象，为麦当劳在激烈的市场竞争中赢得消费者的厚爱创造了良好的社会氛围和经营环境。

5.1.3　绿色营销的特点

绿色营销的特点包括综合性、统一性、无差别性和双向性。

（1）综合性特点

绿色营销综合了市场营销、生态营销、社会营销和大市场营销观念的内容。市场营销观念的重点是满足消费的需求，“一切为了顾客需求”是企业制定一切工作的最高准则；生态营销观念要求企业把市场要求和自身资源条件有机结合，发展也要与周围自然的、社会的、经济的环境相协调；社会营销要求企业不仅要根据自身资源条件满足消费者需求，还要符合消费者及整个社会目前需要及长远需要，倡导符合社会长远利益，促进人类社会自身发展；大市场营销，是在传统的市场营销四要素（即产品、价格、渠道、促销）基础上加上权力与公共关系，使企业能成功地进入特定市场，在策略上必须协调地施用经济、心理、政治和公共关系等手段，以取得外国或地方有关方面的合作和支持。绿色营销观念是多种营销观念的综合，它要求企业在满足顾客需要和保护生态环境的前提下取得利润，把三方利益协调起来，实现可持续发展。

（2）统一性特点

绿色营销强调社会效益与企业经济效益统一在一起。企业在制定产品策略的实施战略决策时，既要考虑到产品的经济效益，同时又必须考虑社会公众的长远利益与身心健康，这样，产品才能在大市场中站住脚。人类要寻求可持续发展，就必须约束自己，尊重自然规律，实现经济、自然环境和生活质量三者之间的相互促进与协调。社会公众绿色意识的觉醒，使他们在购买产品时不仅考虑对自己身心健康的影响，也考虑对地球生态环境的影响，谴责破坏生态环境的企业，拒绝接受有害于环境的产品、服务和消费方式，只有国家、企业和消费者三者同时牢牢树立绿色意识并付诸实施，绿色营销才能蓬勃发展。

（3）无差别性特点

绿色标准及标志呈现世界无差别性。绿色产品的标准尽管世界各国不尽相同，但都是要求产品质量、产品生产和使用消费及处置等方面符合环境保护要求，对生态环境和人体健康无损害。

（4）双向性特点

绿色营销不仅要求企业树立绿色观念、生产绿色产品、开发绿色产业，同时也要求广大消费者购买绿色产品，对有害产品进行自觉抵制，树立绿色观念。绿色营销也是降低资源消费，提高经济效益的重要途径。日本推出节省25%燃油，少排80%废气的绿色汽车；美国研制出燃烧效率比现有汽车高3倍的小型汽车，推出装有计算机闲置部件“安眠”的电流控制芯片，推行低辐射的节能电视机……越来越多的事实证明，只有发展清洁技术，生产绿色产品，推进生产全过程控制和预防，才能建立节能、降耗、节水、节地的资源节约型经济，实现生产方式的变革，加速工业、交通及通信业发展模式的全面转换，实现以尽可能小的代价和最少的能源、资源消耗，获得最大的经济效益。国际商会和联合国环境规划署联合在巴黎召开的可持续发展商务宪章委员会提出的第一条基本原则就明确指出，要把可持续发展和保护环境作为企业发展的首要目标，只有“绿色企业”才有竞争力。绿色营销的兴起与发展，进一步培育消费者的环保观念。大量绿色食品的出现，已掀起热爱绿色食品的浪潮，促进了绿色消费意识的形成；可降解餐饮用具的使用，不仅减少了“白色污染”，也增强了人们保护环境、防止污染的意识；可回收电池的应用也大大促进了人们节约资源、回收废物的观念。消费者环保观念的进一步培育与加强又直接作用于可持续发展的进程。人们在思索、在期盼，希望绿色营销能让世界真正回归自然，回归绿色。

5.2　绿色管理

绿色管理（Green Management）就是将环境保护的观念融入企业的经营管理之中，它涉及企业管理的各个层次、各个领域、各个方面、各个过程，要求在企业管理中时时处处考虑环保、体现绿色。与传统的其他管理理念相比，绿色管理具有以下基本特点：① 综合性。绿色管理是对生态观念和社会观念进行综合的整体发展。② 绿色管理的前提是消费者觉醒的“绿色”意识。③ 绿色管理的基础在于绿色产品和绿色产业。④ 绿色标准及标志呈现世界无差别性。

5.2.1 企业推行绿色管理

企业在对外推行绿色观念的过程中，也要将绿色观念融入企业的生产经营管理活动中。目前，国际比较通行的做法是“5R”原则：研究（Research），就是把环保纳入企业的管理决策中来，重视对于环保的研究及相关的环境对策；削减（Reduce），通过采用新技术、新工艺、新材料，减少或消除有害废弃物的排放；再开发（Rediscover），积极进行科研活动，变普通产品为绿色产品，积极创造绿色品牌；循环（Recycle），对废旧产品进行回收处理，循环利用；保护（Reserve），积极参与环境整治活动，培养员工环保意识，树立企业绿色形象。

企业通过绿色管理原则，建立绿色发展战略，实施绿色经营管理策略，制订绿色营销方案，才能加快企业绿色企业文化的形成，推动企业绿色技术、绿色生产，生产出满足公众绿色需求的产品，实现社会和企业经济的可持续发展。

绿色营销观要求企业家要有全局、长远的发展意识。企业在制订企业发展规划和进行生产、营销的决策和管理时，必须时刻注意绿色意识的渗透，从“末端治理”这种被动的、高代价的对付环境问题的途径转向积极的、主动的、精细的环境治理。在可持续发展目标下，调整自身行为，从单纯追求短期最优化目标转向追求长期持续最优化目标，将可持续性目标作为企业的基本目标。

5.2.2　我国政府对绿色营销的宏观管理

5.2.2.1　树立绿色战略思想，制订绿色政策体系

（1）确立环境保护是基本国策的战略思想

环境保护之所以成为一项立国之策、兴国之策、是因为环境和自然资源是经济发展和人民生活的物质基础，是生存和发展之本。

（2）确立经济与生态协调发展的战略思想

经济建设和环境保护协调的真正动力不应来自于环境污染的压力，而应是经济发展的需求和促进。因此，实施这一战略思想，第一，要把环境规划纳入国民经济和社会发展计划，使经济建设、社会发展和环境保护从总体上得到协调。第二，在安排国民经济发展速度时，要适当，不可过热，要照顾到环境保护的投资规模。第三，加强经济快速发展中的资源开发利用的规划管理，把节约资源，提高资源利用率作为国家资源开发利用总体战略的一项主要目标，同时加强对废弃物的回收转化工作，使废弃物资源化。

（3）制订相关的环保政策

主要采取预防为主，防治结合，在社会经济发展的同时，采取积极主动措施，力求防患于未然，在工业化过程中，从市场的开发和产品的生产就开始走绿色化道路。

5.2.2.2　绿色营销管理中的制度和政策支持

（1）以市场机制促进自然资源的产业化

要促进自然资源的产业化必须做到以下几点：第一，推进资源价格合理化。资源价格要充分体现资源的补偿租金，即自然成本，体现资源的稀缺状况和短缺趋势，但我国长期资源补偿率偏低。具体改变措施要从根本上解决“资源无价”的观念，将资源产业推入市场，改进资源补偿费的计算方法，对于浪费的资源储备加倍更新的经济补偿机制；第二，对自然资源实行产业化管理。明晰产权、

明确责任，所有自然资源产业都要建立和完善有偿使用制度和价格体系，建立资源更新的经济补偿机制；第三，将资源核算纳入国民经济核算体系，让防治公害和节能的成本由本企业内部消化，并反映在企业效益上。实施环境成本制度。由于我国尚未实行环境成本制度，企业产品成本并未将环境成本计算在内，因而许多企业的环境成本外部化，企业将治理污染的成本推向社会。

（2）大力培育绿色市场

培育绿色产业市场是发展绿色产业的重要措施，是开展绿色营销管理的重要保障。要发挥政府在培育市场中的重要作用，让企业了解政府对环境保护的规划和要求。第一，引导企业开发生产市场所需的绿色产品，并形成企业跟着市场走，市场引导企业走的良性循环。第二，积极促进绿色需求，引导绿色消费。第三，大力开展绿色产品的经销，通过各地政府的绿色产品展销和绿色产品专营机构的建立，来促进绿色产品的经销。

（3）鼓励企业进行绿色生产，刺激消费者进行绿色消费

企业以追求利润为根本目标，而绿色消费者是为自身追求一种健康和安全。对于积极的绿色消费者，他们考虑产品的效益远远大于产品的价格；但对于不太成熟的绿色消费者（尤其是萌芽型消费者）和企业，价格和利润是有很大促进作用的。鉴于绿色产品的成本和价格比一般产品高，政府可制定奖励措施，对于开发绿色产品、综合利用自然资源、投资加强环境保护的企业，给予积极支持和鼓励，并在信贷、税收等方面给予优惠政策，积极推进企业经济增长方式的转变。此外，政府还可以通过给消费者和厂商适当补贴，分担他们的费用和风险。

（4）调整产业结构，开发绿色产品，积极发展环保产业

环保产业是国民经济结构中以防治环境污染，改善生态环境，

保护自然资源为目的所进行的技术开发、产品生产、产品流通、产业服务、工程承包等一系列活动。发展环保产业是开展绿色营销管理的基础，是产业结构调整的需要。20 世纪 90 年代以来，全球性产业结构发展的新趋势，就是向资源利用合理化、废物产生减量化的生态工业化模式转换。高投入、低产出，资源、能源消耗高的产业逐步消亡，符合环保要求的“绿色标志产品”受到消费者的欢迎。环境意识成了人们推选商品时的决定性准则，对商品的环境影响进行生命周期的全过程的控制。当前，国际上许多国家都在大力调整产品和产业结构，抓紧研制绿色产品。可以断言，具有绿色标志的产品，在不久的将来将风靡世界。一个以绿色产品为特征的新的全球性产业结构调整正在到来。

第 6 节　建立绿色技术体系

6.1　绿色技术的概念

绿色科技的发展经历了漫长的历史，也是科技发展的必然趋势。正式提出绿色科技的概念是在 20 世纪 90 年代，客观地讲，是公害事件和环境问题使科学家认识到绿色科技的重要性。为了解决环境问题，人类需要更为先进的技术来寻求一种新的技术体系，以实现人类的可持续发展。在此背景下，绿色技术应运而生。国内外对绿色技术的定义不一而足，类似的名称有：环境友善技术、无公害技术、环境技术、绿色技术等。

绿色技术是指能减少污染、降低消耗和改善生态的技术体系。绿色技术是由相关知识、能力和物质手段构成的动态系统。从广义上理解，绿色技术是一切能够获得持续发展，支撑世界经济，保护生态环境，减少贫困和人类痛苦的技术。狭义上，绿色技术是减轻环境污染或减少使用原材料、自然资源和能源的技术工艺和产品的总称[1]。

6.2 绿色技术的内涵和基本技术指标

绿色技术的内涵，是一种减少（或增加）人们在生产与消费过程中，产生的由生态环境传递的外部非经济性（或经济性）的技术[2]。技术对生态环境产生的负荷只有超过环境容量才会被视为非友善的，而且必将通过生态传递对人产生非经济性影响。绿色技术一方面减少或弥补已产生的非经济性影响（如治理技术），另一方面不产生非经济性影响或增加经济性影响（如无氟冰箱）。绿色技术从外延上看是一种能保护和节约能源和自然资源、避免或减少环境污染、减少人类活动的环境负荷从而保护生态的生产设备、生产规程、产品设计、产品制造、产品使用、产品处理方法等。因此，绿色技术不仅包括硬件，如污染控制设备、生态监测仪器以及绿色工艺技术，还包括软件（操作及运营方法），如废物管理（如物料再循环、废物交换）和那些旨在保护环境的工作与活动（如废旧车回收）等，即绿色技术不仅涉及技术、工艺、设备等，也涉及技术战略、技术选择、操作规程、生产组织等一系列管理活动。

绿色技术的基本技术标准描述如下，这对于进一步理解绿色技术的内涵是必要的。

（1）绿色技术不仅指某一单项技术，而主要是一个技术群，或者说是一整套技术，包括：持续农业与生态农业，清洁生产，生态破坏和污水、废气、固体废物防治技术，以及污染治理生物技术和作为灵敏耳目的环境监测更新技术；而这些技术之间又互有联系。

（2）绿色技术具有战略性，它与可持续发展战略的关系密不可分。可持续发展战略作为世界各国共同遵循的发展之路，是人类求生存与发展的唯一可选途径。而要实现可持续发展，绿色技术是必不可少的一个工具。

（3）绿色技术是个相对的动态发展的概念。随着技术进步、社会发展，绿色技术的内涵与外延也在不断地变化和发展。特别是由于人们对环境的价值观不断进步，而以之为价值基础的绿色技术也随之改变。以前人们也许会认为绿色技术就是防止废气、废水污染的技术，而现在绿色技术的内涵广得多，比如它还包括利用更少的资源生产产品的技术，使产品在售后消费者使用过程中不污染环境危害健康的技术等。

（4）绿色技术对高技术有很好的容纳度，绿色技术往往与高技术结合，关系紧密。例如利用太阳能制氢可以获得最清洁的燃料，从而有效地防止燃烧化石燃料所造成的大气污染。

不仅在绿色研发和绿色生产中涉及绿色技术，有时绿色技术将带来一场重大的革命，创造一个新的行业，改变一个原有行业的面貌。而在此过程中，有的企业应运而生，有的企业抓住机会得到发展，而有的企业则遭灭顶之灾。在如今越来越重视生态导向和技术导向的社会，绿色技术对于企业的意义是不言自明的。

6.3　绿色技术的特征

绿色技术的主要特征表现为它的动态性与复杂性[3]。

（1）绿色技术的动态性

绿色技术动态性与四大因素有关，即环境、人口、经济与技术

污染物 = 人口 ×（产量/人口）×（污染物/产量）

上面公式表示了污染物与人口数量、人均产量、生产技术水平之间的关系。如果采用增量方程，可表示为：

污染物排放的增长率 = 人口增长率 × 人均产量增长率 × 单位产量污染物排放增长率

可见，环境质量与人口变迁、经济发展、技术水平三大因素相关。

从历史的长河看，自然环境一直处于不断变迁和自我演化的过程当中。技术因素是影响环境质量最积极、最活跃的可变因素，它既是污染物排放的引起者，又是污染防治的创造者，它决定了环境质量的变化状况及趋势。技术因素有三种类型：

污染增加型技术：指污染物排放量增长率超过产值增长率；

污染减少型技术：指污染物排放量增长率低于产值增长率；

中性技术：指污染物排放量增长率等于产值增长率。

工业化国家的发展历程表明：随着经济的发展，污染增加型技术减少，污染减少型技术增加。各国政府都希望尽可能采用污染减少型技术，或发展绿色技术。技术因素的演变是客观条件作用的结果，包括经济、自然、社会、技术发展等各个方面。因此，在不同条件下，绿色技术有不同的内容，这就是绿色技术的动态性。我国绿色技术的发展重点要从当前的经济发展水平和环境保护重点出发：一方面应当结合重点污染行业，发展减废技术；另一方面应当积极面对新科技浪潮，利用信息、医药、生物与航天等技术提供的广阔前景，为发展污染减少型技术寻找新的契机。

在企业经营层次，绿色技术的思想应当渗透到企业发展的长远意识和谋略中去，引导企业把追求利润目标和减轻对周围环境不利影响的目标结合起来。企业经营的行为主体是企业，动力来自于企业的决策管理层，实施效果则取决于整个企业的素质和企业文化，具体内容包括产品设计、原材料和能源选用、工艺改进、管理优化等诸多方面。

（2）绿色技术的复杂性

绿色技术的复杂性表现在两个方面：广度上，技术改进往往会引发多种效应，如环境效应、经济效应与社会效应等，产生的综合影响是复杂的。深度上，技术改进与环境效应之间的联系不能只看表面，需要进行深入研究。例如，电动汽车采用蓄电池代替汽油或柴油作为动力源，行驶中不排放 NO_x、CO 等有害尾气，但在蓄电池生产过程中，要耗用石油或煤炭等初级能源，生产过程要排放出大量废气，它是把发生在行驶过程中的污染转移到了生产过程中；此外，还有废旧蓄电池的处置问题。对是否属于绿色技术的判断，不能只看一个方面有利，而看不到其他方面的不足或害处。又如，美国的一个州曾颁布了禁止使用一次性婴儿尿布的法令，促使当地居民开始使用多次变通尿布，这导致清洗尿布用的水量大幅度增加，而这个州恰恰是美国最干旱的州之一，水资源非常紧张，但人口稀少，幅员辽阔，垃圾填埋场没有问题，于是又重新使用一次性尿布。再如，人们对“禁磷”措施的有效性和科学性提出质疑：含磷洗衣粉与无磷洗衣粉对环境的负面影响大体相当，甚至后者还稍大于前者，这表明含磷洗衣粉对浮游动物捕食藻类能力的抑制作用较无磷洗衣粉小，“禁磷”并不能起到防治富营养化的作用。

6.4　绿色技术的层次

根据绿色技术的外延以及对环境的不同作用，绿色技术可分为三个层次：末端治理导向型、绿色工艺/清洁工艺导向型、绿色产品导向型。

（1）末端治理导向型技术是在默认现有生产技术体系和废弃物生成的前提下通过对废弃物的分离、处置、处理和焚化等手段试图减少已产生废弃物污染的技术。

（2）绿色/清洁工艺导向型技术是指在生产过程中采用先进的工艺与技术预防或减少污染产生的技术。它主要包括原材料替代、工艺技术改造、无废工艺、强化内部管理和现场循环利用等类型。

（3）绿色产品导向型技术是指在产品设计之初就使产品的设计、生产、消费过程不会给环境带来危害，它主要包括以下几个层次的含义：产品在生产过程中的废物最小化；产品消费后的残余物最少化（包括合理的产品体积、合理的包装与使用功能等）；可拆卸型设计；产品回收后再循环利用等。

这三类绿色技术的区别主要是涵盖的内容与范围不同，末端技术是针对产生后的污染治理为目标，绿色/清洁工艺是以生产制造过程中的污染预防为目标，绿色产品是以生产消费过程中的污染最少化与清洁化为目标。三类绿色技术的内在特性存在较大的差异（如表6－6－1和图6－6－1所示），创新过程中的决策、信息流动、学习过程、创新模式也有其不同的特征，区分它们的差异对宏观政策设计与微观企业管理都有一定的裨益。

表6－6－1　三类绿色技术含义特征比较

	末端技术	绿色/清洁工艺	绿色产品
技术特征	积木型	黏着型	全过程型
涉及范围	污染产生后	生产制造过程	生产消费过程
参与者	技术专才	企业内技术、管理	生产者、消费者
与经营管理的整合性	整合性差	与生产管理的整合	与经营全过程整合

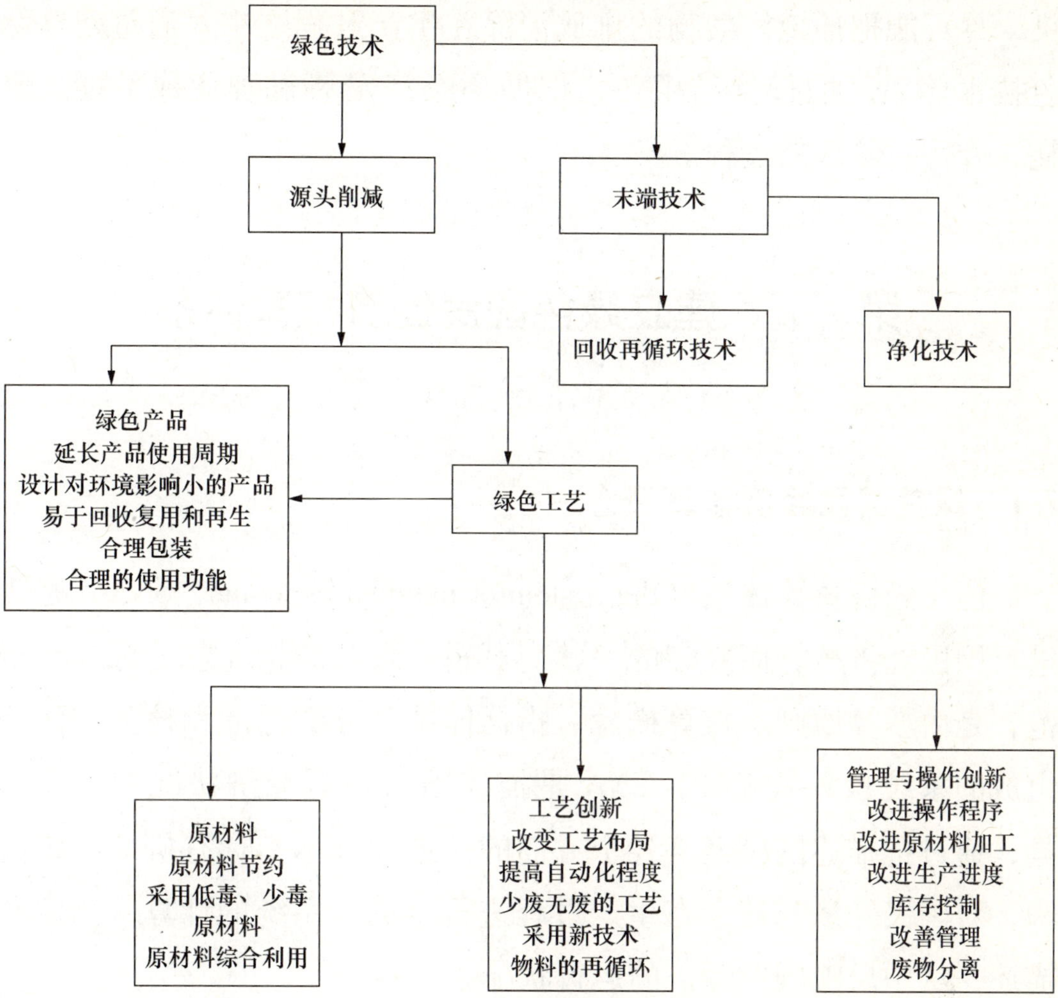

图 6－6－1　绿色技术层次体系示意图

6.5　绿色技术体系的建立

发展循环经济必须充分发挥科学技术的作用，以高新技术为基础，发展建立绿色技术体系。绿色技术体系包括用于消除污染物的环境工程技术、进行废物再利用的资源化技术，在生产过程无废、少废和生产绿色产品的清洁生产技术[4]。建立绿色技术体系的关键，是积极采用清洁生产技术，采用无害或低害新工艺、新技术，最大限度降低原材料和能源的消耗，实现少投入、高产出、低污染，尽可能把环境污染物的排放消除在生产过程之中。通过建立绿色技术体系，推行清洁生产，把循环经济发展过程变成节能、降耗、降污、除害的过程。

第 7 节　建立绿色国民经济核算体系

7.1　绿色国民经济核算概念

国民经济核算体系（the system of national accounts，SNA）是为进行国民经济核算而制定的一整套逻辑一致和结构完整的标准和规范，是由核算原则、核算概念、指标体系、分类标准和核算方法等组成的系统核算构架[1]。SNA 是描述国家宏观经济状况的重要工具，通过把描述国民经济各个方面的一系列基本指标有机地组织起来，对国民经济和社会在生产过程进行全面、系统的计算、测定和描述，从中反映国民经济的运行状况。

国内生产总值（Gross Domestic Product，GDP）是 SNA 的一个重要指标，是国民经济核算的一个结果，因为它可以作为衡量一个国家社会财富总量的参考系，被认为是衡量经济增长最有效的指标，在衡量国家经济发展水平方面得到了广泛的承认和应用[2]。但 GDP 能够作为度量社会福利指标的前提，是假设社会财富是影响社会福利的唯一因素。20 世纪 70 年代之前，这一假设一直被基本认可。但是在此之后，环境事故不断发生，生态恶化、资源短缺等问题相继出现，GDP 所反映的社会财富已经不能作为衡量社会福利的唯一因素，经济学家开始认识到使用传统的国民核算存在明显的缺陷，它忽略了经济发展的环境成本（环境污染和自然资源消耗），而这些因素已成长为影响社会福利的重要因素。

为了能全面反映经济发展水平和社会福利，人们希望建立一种能将环境和自然资源涵盖其中的核算体系——绿色国民经济核算体系，以便使得国民经济核算体系更加完善。

绿色国民经济核算，就是在现有的国民经济核算基础上，考虑了自然资源与环境因素，将经济活动中自然资源的耗减成本与环境污染代价予以扣除，进行资源、环境、经济的综合核算[3]。它能够实现经济系统与自然生态系统的连接，通过开展自然资源的存量与流量的核算，测算由于经济活动所造成的自然资源的耗减和生态环境污染的程度，来真实反映社会经济活动最终成果。可见，它既反映了资源环境存量和流量变化在国民经济活动中的作用，又体现出经济的有效增长对资源环境的要求，较好地解决了传统国民经济核算的缺陷和不足。

1993 年，联合国统计署提出了核算环境资源存量和资本流量的综合环境与经济核算系统（System of integrated Environment and Economics Accounting，SEEA）和"绿色 GDP"的概念，为建立绿色国民经济核算总量、自然资源账户和污染账户提供了一个共同的框架。2000 年又公布了 SEEA 操作手册，目前 SEEA－2003 版本也已正式公布。SEEA－2003 对综合环境经济核算体系进行了全面的阐述，详细说明了将资源耗减，环境保护和环境退化等问题纳入国民经济核算体系的概念、方法、分类和基本准则，构建了综合环境经济核算的基本框架。

7.2　绿色 GDP 核算方法

绿色 GDP 是绿色国民经济核算体系的重要指标，是指在 GDP 的基础上扣除对资源（包括土地、森林、草原、矿山、水）、环境

（包括生态环境、自然环境、人文环境）的破坏性影响后的余额。它在一定程度上反映了经济与环境之间的相互作用，是可持续发展的重要指标之一，也是环境与经济综合核算体系（SEEA）的核心指标。绿色 GDP 是经济净增长的概念，其计算公式为：

绿色 GDP = GDP - 经济增长的负效应

其中，经济增长的负效应包括：资源的损耗、环境破坏的损失和恢复的成本、社会的人文的损失（如精神享受的损失）等。

绿色 GDP 的核算方法，有两种思路：其一，非货币化方法。就是对资源、环境、社会、经济等进行多层次细分，对最低层次的子类提出分指标，再按照分指标的权重或其他统计方法，分层次得出量纲为 1 的综合指标，使用综合指标评价可持续发展。其二，货币化方法。1993 年，联合国统计署提出生态 GDP（EDP）的核算方法。雷明（1996）提出绿色 GDP（GGDP）的核算方法框架[14]。这两个方法都与传统 GDP 的国民经济核算体系相衔接，比较容易操作，易于为人们接受。在货币化核算方法体系中，一定年度的绿色 GDP 是通过统计方法，从各行业的年度会计报表中汇总而来的。

雷明博士（1996）在研究联合国 SEEA 和世界银行 SNA 的基础上，提出了环境生产总值（EDP）的指标。他认为，从生产的角度看，非生产自然资产的使用正如同固定资产消耗一样，应从传统 GDP 中扣除，即：

EDP = GDP - 固定资产消耗 - 非生产自然资产使用

这里的非生产自然资产包括两个组成部分：一部分是经济资产中非生产资产的使用，如矿藏的耗减、森林的采伐、水土流失、酸雨等；另一部分是环境资产的使用，包括从海洋和河流中捕鱼，猎取野生动物，人类对环境的污染及其他对生态系统的影响等。因此，绿色 GDP 的计算公式应为：

绿色 GDP = 传统 GDP - （生产过程资源耗竭全部 + 生产过程环境污染全部 + 资源恢复过程资源耗竭全部 + 资源恢复过程环境污染全部 + 污染治理过程环境污染全部 + 最终使用资源耗竭全部 + 最终使用环境污染全部） + 资源恢复部门新创造的价值 + 环境保护部门新创造的价值

7.3　绿色 GDP 核算体系的构建

目前绿色 GDP 的统计还存在很多困难，自绿色 GDP 概念提出以后，国际上还没有一个公认的成熟的核算方法体系，主要困难在于：

第一，核算技术不成熟。绿色 GDP 的核算技术的关键在于对资源消耗和环境代价的定量核算，但到目前为止，还没有建立一种成熟的可以准确确定环境和资源价格的方法。

第二，环境污染和资源损耗造成的损害通常存在滞后性。环境污染和资源损耗造成的影响有的需要经过一段时间才能显现出来，而后果显现出来之后，其影响又可能存在十几年甚至几十年的时间，另外资源损耗对发展潜力的影响也是长期的，这就对价格的估算带来巨大的困难。

第三，缺乏绿色 GDP 核算制度。绿色 GDP 是可持续发展的指标之一，应当可以进行纵向和横向的比较，因而要求 GDP 的系列指标、测算方法、参数选择和核算标准必须统一、规范，但由于统计核算方法尚未成熟，配套的核算制度也难以建立，比如，没有统一的统计标准、检测指标、核算标准等。

第四，资源环境的产权难以界定。环境具有公共物品的特征，具有非竞争性、非排他性、外部性等。资源具有一定的排他性、竞争性，但是在产权不明晰的情况下，比如存在过度开采、缺乏保护的问题。

针对以上困难和问题，在建立绿色 GDP 核算体系时，可以考虑的思路是：

（1）以现行的 GDP 核算体系为基础建立绿色 GDP 核算体系

将绿色 GDP 统计数值简化为当年 GDP 与当年用于治理环境污染的投资费用、当年资源耗竭成本、恢复环境和资源的费用等的差值，加上环境保护、资源恢复部门新创造的价值。基于这种计算方法，需要同时建立一系列资源环境核算体系，包括：① 矿产资源、水资源、森林资源、海洋资源的价值核算。② 环境资源的耗减核算。③ 环境资源的损失成本核算。④ 资源环境的恢复成本、再生成本和保护成本核算。⑤ 环境资源的替代成本和机会成本核算。⑥ 环境资源的改善收入。其中① ~ ⑤为 GDP 的减项，⑥ 为 GDP 的加项。

（2）建立资源环境的价格体系

为了实现绿色 GDP 的计算，需要对资源环境价值进行定价。根据国际市场相同资源的价格计算我国资源的价值，结合我国实际，确定相应价格体系，以实物量为基础，对我国现有的资源总量和环境质量进行价值估算。随着我国自然资源产权越来越明晰，一些资源的价格逐渐通过市场确定出来，例如土地、水、森林、矿产资源等。但是，环境的价格难以确定，因为环境具有突出的公共物品的性质，不易分割，共享性大，产权的界定比较困难，因而交易起来困难。但是现在许多国家通过规定排污水平和排污权交易来实现减排的目的，为环境定价找到一个比较好的途径。

（3）制定绿色 GDP 指标体系

绿色 GDP 的指标通常要包含三类：① 自然资源指标，用来反映自然资源损耗的程度，主要有自然资源储量指标、自然资源开采率指标、自然资源利用率指标、自然资源恢复率指标等。② 环境资源指标，用来反映环境质量变化、环境成本和环境效益。环境指标包括：环境投入产出比、环境恢复率、城市环境指标、农村环境指标、“三废”处理率等。③ 社会经济指标，反映经济发展与人口、教育、医疗卫生、就业、社会结构等的变化。主要包括失业率、国民接受教育率、犯罪率、医疗保健水平、人均绿色 GDP、城市化比率等。

（4）改变地方政府政绩考察办法，把绿色 GDP 作为考核首要依据

发展绿色投资需要地方政府高度重视起来，地方政府是发展绿色投资的重要力量，要充分发挥地方政府在绿色投资中的作用。但是，由于发展绿色投资的经济效益一般具有滞后性，与地方政府追求经济高增长、快发展的要求相悖，绿色投资的发展自身缺乏强大的激励。为此，要改变地方政府的业绩考核方式和办法，把绿色 GDP 增长作为首要的标准，也就是在考察 GDP 的增长情况时，把环境保护、资源节约、循环经济、社会就业、公平公正、收入差距等作为地方官员的业绩标准，凡是有不良记录的，即使 GDP 增长速度很快，也要进行相应的折扣，甚至在环境破坏严重、生态恶化严重、资源浪费过多、社会差距过大、就业状况差等情况发生时，给有关当事者严重处分。同时，对绿色投资做得好的地方政府予以奖励。在强大的激励措施引导下，那么绿色投资必然受到地方政府重视，得到迅速发展。

参考文献

［1］张洪军，刘正恩，曹福存．生态规划——尺度、空间布局与可持续发展［M］．北京：化学工业出版社，2007.

［2］张凯，崔兆杰. 清洁生产理论与方法［M］. 北京：科学出版社，2005.

［3］劳爱乐（美），耿勇. 工业生态学和生态工业园［M］. 北京：化学工业出版社，2003.

［4］王兆华. 生态工业园工业共生网络研究［D］. 大连理工大学，2002.

［5］李刚，王蓉，马海峰，等. 江苏省物质流核算及其统计指标分析［J］. 统计与决策，2011（6）：99－102.

［6］徐大伟，王子彦，李亚伟. 基于工业代谢的工业生态链梯级循环物质流研究［J］. 环境科学与技术，2005（2）：43－44.

［7］姜言秀. 绿色消费——循环经济在消费领域的实现形式［J］. 理论学刊，2010，12：59－61.

［8］张杰. 谈绿色包装艺术设计［J］. 包装工程，2003，24（6）：69－71.

［9］袁武林. 企业绿色营销策略探析［J］. 商场现代化，2008，4：114－115.

［10］衡孝庆，魏星梅，邹成效. 绿色技术研究综述［J］. 科技进步与对策，2010，14：153－155.

［11］董炳艳，靳乐山. 中国绿色技术创新研究进展初探［J］. 科技管理研究，2005，2：62－64.

［12］王金南，蒋洪强，曹东. 绿色国民经济核算［M］. 北京：中国环境科学出版社，2009.

［13］李刚，张彦伟，王蓉. 绿色国民核算体系的演化与发展［J］. 南京财经大学学报，2009，2：6－10.

［14］康伟. 绿色 GDP 及其核算体系的构建途径［J］. 经济与管理，2008，11：92－94.

思考题

1. 生态设计的概念是什么？
2. 生态规划的目的是什么？
3. 什么是清洁生产审核？对发展循环经济有何作用？
4. 循环经济试点的程序和要求有哪些内容？
5. 绿色消费的含义是什么？
6. 什么是绿色营销和绿色管理？
7. 绿色技术的概念是什么？
8. 绿色技术的内涵和基本技术指标是什么？
9. 发展循环经济的途径有哪些？
10. 生态规划与设计是如何促进循环经济的？
11. 如何通过绿色消费促进社会的循环经济建设？

第7章　循环经济典型案例分析

第1节　企业循环经济建设案例
——山东信发铝电集团

1.1　山东信发铝电集团有限公司概况[1,2]

山东信发铝电集团有限公司位于山东省聊城市茌平县，始建于1972年，现有所属企业及控股公司50余家，职工15 000余人，是一家集发电、供热、电解铝、氧化铝、碳素、氟化盐、中高密度板、味精、铝深加工等十大产业链条于一体的现代化大型企业集团。到2005年底，拥有企业及控股公司65家，总资产200多亿元，职工16 500余人。目前，集团总装机容量达到110万kW，2005年发电59.08亿kWh，供热626万t，年产电解铝24.2万t、氧化铝32万t、碳素13万t、中/高密度板35万m^3、味精5.15万t，铝深加工能力20万t。

近年来，集团公司围绕“热、电、铝、板、块、粉、碱、盐、精、加工”十大产业链条作文章，加快发展上下游产品的开发、创新，完善产业链条，走“热电联产、铝电联营、铝粉配套、汽板结合、综合开发”的路子，不断延伸产业链，增加产业附加值。先后投资建立了中高密度板及深加工企业、铝深加工企业、强化木地板企业等多家企业，初步形成了资源综合利用、产业优势互补、特色鲜明的循环经济产业集群，为集团公司持续高效的发展奠定了良好的基础，同时带动了区域经济发展。

1.2　循环经济发展模式分析

依托企业扎实的产业基础和显著的比较优势，以产业结构优化调整和生态化转型为中心，以资源集约利用、能源梯级利用、物质循环利用为准则，以信发集团为核心，纵向延伸成“链”、横向耦合成“网”、产业复合成“群”，构建起以铝产业为主导、能源为基础、化工为配套、商贸物流为辅助的，布局合理、技术先进、经济高效、竞争力强的复合共生型生态铝产业基地，成为铝产业生态化转型、发展模式转变的引领者。

该集团循环经济产业模式综合运用接通、组装、补充、延伸产业链四种生态连接技术，最终建立起循环型、复合型、高效型的生态产业系统。信发集团循环链网总体设计图如图 7－1－1 所示[1]。

1.2.1　延伸产品产业链

集团现有铝产业主要集中在氧化铝、电解铝生产阶段，下游铝深加工产品生产较少，且停留在中低端产品阶段。采用低成本、无污染、高效益的先进深加工工艺技术，开发应用于市场潜力大、附加值高的深加工产品，如应用于信息产业、航空航天、生物工程、海洋工程和新能源等领域的板、带、箔材深加工产品，研发精炼剂、铝板带、铝线材、铝箔、铝压铸件、高精铝及各种铝合金制品等加工项目。在铝型材方面，重点发展适用于汽车、轨道交通设备以及机电设备、电子电器等领域的高端工业铝型材深加工项目。在

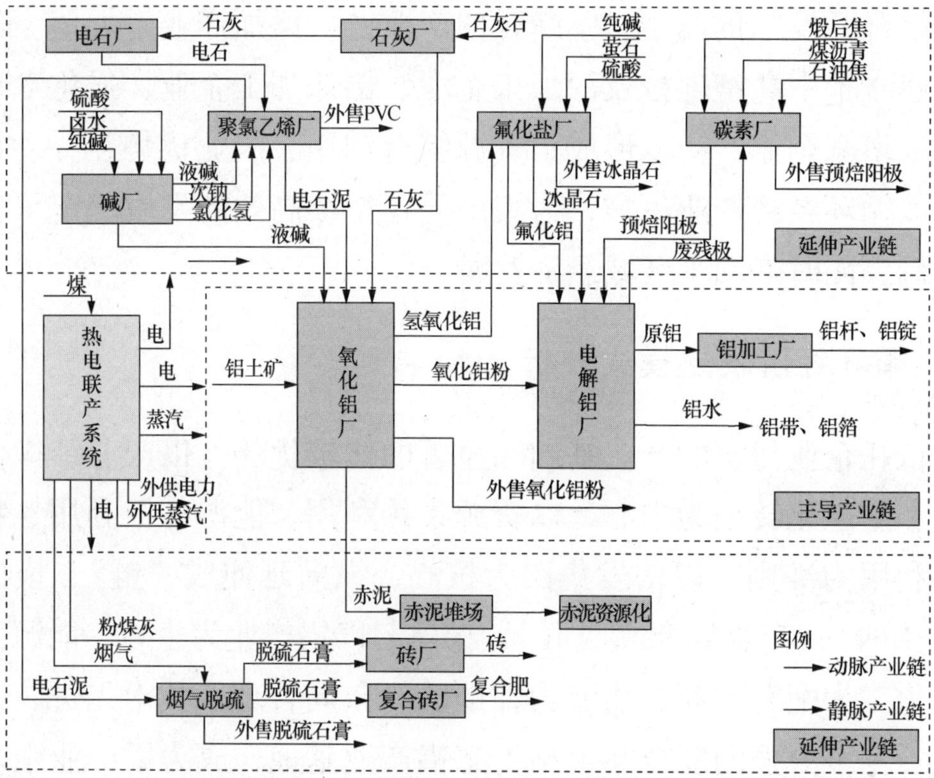

图 7-1-1　信发集团循环链网总体设计图

铝板带材方面，重点发展高性能预拉伸板、CTP 版基、高档 PS 版基、高档装饰板、罐料、磁盘机片及汽车车身板等高性能高精度铝板带产品。在铝箔材方面，开发空调箔、电子箔、复合箔、电缆带、包装箔以及航天航空用材等产品，特别是应用于铝电解电容器的铝电极箔。

纵向延伸是针对主导产业链的物料输入点向上游的原料加工产业延伸，针对产品产出点向下游的产品深加工产业延伸，进一步拉长主产业链，形成原料成本更低、物质转化效率更高、产品附加值更高的新型生态产业链。前向延伸的重点是铝土矿资源供应领域，后向延伸的重点是铝和聚氯乙烯领域。除了园区内部，纵向延伸还应采用辐射到园区外部更大范围的地区，形成与区外企业之间、地区之间的产业共生关系，如图 7-1-2 所示。

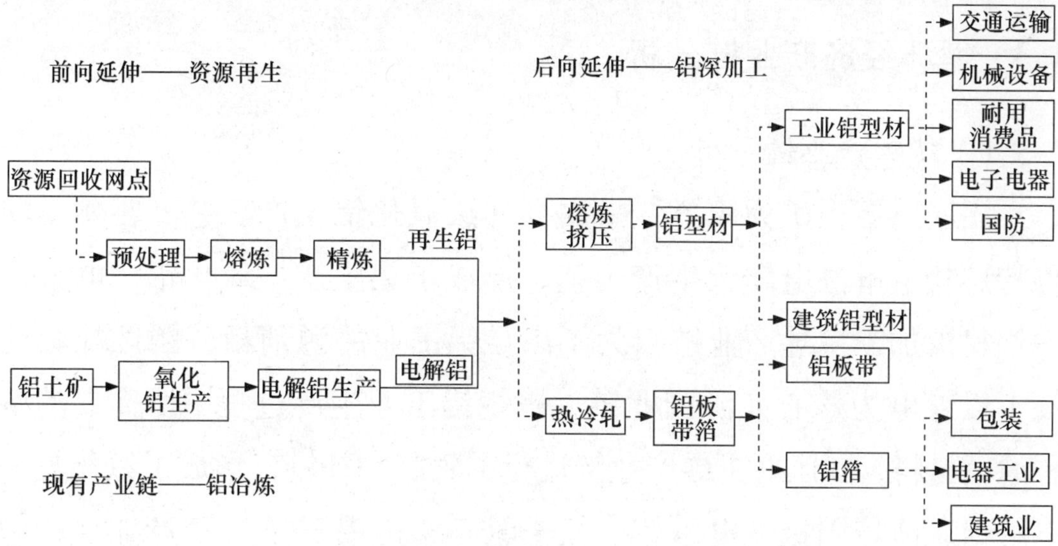

图7－1－2　产业链纵向延伸示意图

1.2.2　拓展产品产业链

集团对氯碱行业定位为铝产业的配套产业，烧碱产品均被集团内氧化铝生产企业所消耗，但PVC产品仍面临产能过剩、市场竞争激烈等问题，因此，园区应在保障铝产业可持续发展的同时，积极发展PVC下游产品和以园区未利用的液氯、盐酸为原料的氯碱下游精细化工产品，开发精细化、功能化、系列化产品，提高产品的附加值，有效地延伸产业链，以品质和性能占领竞争激烈的市场，使产品更接近终端用户，既降低成本，又增强市场抗风险能力。园区PVC产业链延伸，可从四个方面有所突破：第一，实施差别化战略，发展医用专用料、电线电缆专用料、管道专用料等PVC专用料以及PVC纳米复合材料、PVC涂料、PVC合金等功能性产品；第二，发展新型、环保的PVC加工产品，包括各种管道、异型材、薄膜以及容器等；第三，发展以新型高分子合成材料CPVC为主的PVC衍生产品和改性PVC等深加工产品；第四，发展以氯乙烯单体为原料的下游衍生产品。

1.3 循环经济产业链分析

1.3.1 动脉产业链分析

园区以铝土矿为原料，采用拜耳法氧化铝生产工艺、霍尔—埃鲁特熔盐电解法电解铝生产工艺，形成了铝土矿—氧化铝—电解铝—铝材深加工主导产业链。为了满足铝工业能源消耗，园区配套建设了以煤电为核心能源产业链。围绕铝工业生产过程中所需要的各种原辅材料，园区对主导产业链进行了延链和补链，形成了氟化盐—电解铝、预焙阳极—电解铝、盐—碱—氧化铝三条配套产业链。同时，对氯碱产业链进一步完善，建立了盐—碱—聚氯乙烯精细化工产业链以及与之配套的煤—热电—电石—聚氯乙烯产业链。在此基础上，园区形成了铝工业、热电、氯碱、精细化工四大动脉产业链。

（1）铝工业动脉产业链

园区现有信发华信铝业有限公司铝厂、信发希望铝业有限公司铝厂、信源铝业有限公司铝厂三家电解铝生产企业，同时园区周边有多个铝材深加工企业。华信铝业现有年产7 万 t190 kA大型预焙电解槽和年产 16 万 t 电解铝 240 kA 大型预焙电解槽，信发希望铝业现有 14 万 t/a 电解铝 240 kA 大型预焙电解槽，信源铝业现有 42 万 t/a 电解铝 240kA 大型预焙电解槽。上述三家电解铝生产企业均采用自动化程度高、高效、高产、低耗、低污染的霍尔—埃鲁物（特）熔盐电解法制铝清洁生产工艺，园区电解铝总产能达 80 万 t/a。

园区现有茌平信发华宇氧化铝有限公司一家氧化铝生产企业，主要以国外优质铝土矿和自备供热发电机组为原料和能源，采用低耗能的“低温溶出拜耳法”工艺，氧化铝产能达 300 万 t/a。

（2）热电动脉产业链

园区基于热电联产、铝电联营、热—电—铝一体化发展模式，配套电解铝生产企业建设了热电生产企业，担负着向园区及园区周边区域供电、供热的任务。园区现有发电容量180万kW·h、供热能力1 200t标煤/h。园区现有热电厂已全部实施脱硫工程；冲灰系统部分实现干除灰，湿除灰系统冲灰水已实现循环利用，实现了热电系统污废水零排放。

（3）氯碱动脉产业链

园区现有信发中信化工有限公司一家氯碱生产企业，采用自然循环复极式高电流密度电解槽工艺生产离子膜烧碱，为园区氧化铝生产提供所需辅料液碱。依托离子膜烧碱生产，信发中信化工有限公司采用电石法、悬浮聚合工艺建设了聚氯乙烯生产线，进一步延伸和完善产业链。同时，为了保证氯碱生产的资源保障，园区企业依托山东肥城当地丰富的卤水资源建设盐厂，解决了氯碱生产过程的原盐供给。目前，园区现有烧碱生产能力25万t/a、聚氯乙烯20万t/a。

（4）精细化工动脉产业链

围绕园区铝工业主导产业链，园区形成了信发华兴、中兴碳素、华信碳素三家化工企业生产铝工业产业链所需的冰晶石、氟化盐和预焙阳极（即碳块）等各种辅料，同时回收并重新加工利用废阳极。目前，园区现有预焙阳极年生产能力30万t、冰晶石、氟化盐年生产能力0.7万t。

1.3.2　静脉产业链分析

针对生产过程产生的废水、废气、固废，园区横向拓展废物回收及资源化利用链条，形成了与动脉产业共生发展的静脉产业链。

（1）粉煤灰资源化利用静脉产业链

针对园区各热电厂产生的大量粉煤灰、炉渣，园区周边配套建设了茌平鼎泰建材有限公司年产12亿块粉煤灰蒸压砖生产线。此项目因其原材料运输成本低和采用气力除灰方式灰质好等特点，使其具有规模大、成本低优势。该项目年消耗粉煤灰 150 多万 t、炉渣 12 万 t，各热电企业产生的粉煤灰全部资源化利用，剩余的炉渣外售做筑路材料，实现年销售收入 2.04 亿元。

（2）电石泥综合利用静脉产业链

园区信发化工有限公司 PVC 生产过程 2010 年产电石泥 75 万 t，主要成分为氢氧化钙，可替代园区所需的石灰。为此，园区将部分电石泥替石灰用作锅炉脱硫剂，年消耗湿电石泥 70 多万 t，节约脱硫成本 2 亿元，达到了以废治废的目的。另外一部分电石泥，替代氧化铝生产所需的石灰。由于信发化工与华宇氧化铝地理位置相邻，电石泥可直接由管道输入氧化铝车间，每吨氧化铝可节约石灰 200 多 t，每年可节省资金达 3.5 亿元，不仅节省了氧化铝厂溶出工艺中所需的灰乳，而且节省了建设电石泥废渣处理装置的投资和废渣存放场地建设费用，年增效益 1 800 万元，既节省了大量资金，又实现了废物综合利用。

（3）赤泥综合利用静脉产业链

赤泥作为氧化铝生产的一种副产品，每年产生的大量赤泥堆存占用了大量土地。赤泥中富含铁、铊、镓等金属元素，为开发赤泥的利用价值，园区大力开发了赤泥综合利用项目。首先，对赤泥进行脱水处理，赤泥中约 10% 的水量分离处理后回收利用，泥则进行深加工、制砖、砌块、制造人造大理石等外售。其次，提取赤泥中约 20% 的硅元素外售用作水泥配料。此外，赤泥中还含有 30% 的四氧化三铁，为了回收赤泥中的铁元素，园区与济南钢铁股份有限公司成立了济钢信发公司对其进行提铁，提取的铁粉运往济南进行炼钢。该项目每年转化赤泥 300 多万 t，提取铁粉 65 万 t，实现年产值 1.3 亿元。经过三步提取后的赤泥中的主要物质是含量达 40% 的铝矿粉，可用于烧结法工艺炼制氧化铝，氧化铝产量可达19万t，直接经济效益达7.6亿元。

（4）区域废水深度处理与资源利用静脉产业链

园区承担了原山东省环保局环境保护科学研究计划项目——区域废水深度处理与资源利用关键技术及示范工程。依托项目研发和示范工程建设，园区实现了铝电行业整体区域废水零排放。针对区域行业水质水量的使用要求，研究建立了企业内部、企业之间和区域之间水资源梯级利用和废水资源化利用模式。

在企业内部水资源梯级利用方面，园区内各企业生产用水，按照分质供水思想和各生产工序对水质的要求，对水质较好的原水首先满足工艺要求高的生产阶段用水，然后再进入水质要求略低的生产工序，最后用于对水质要求低的热电厂冲灰水系统。其中，园区各热电厂锅炉排水、设备冷却水等处理后用于凉水塔系统补水，各酸碱废水用于冲灰水系统等。

在企业之间水资源梯级利用方面，园区各企业根据地理位置相邻的优越性，对其他企业产生的高温蒸汽冷凝水回用到热电厂锅炉补给水系统，既利用了高温水的热量，又杜绝了水质较好冷凝水外排或回用到其他水质要求低的生产工序。园区内生活污水产生量小的企业，其生活污水可经简单处理回用到其相邻热电厂的冲灰水系统等。

在区域之间水资源梯级利用方面，园区内产生的大量设备冷却、凉水塔系统排水，属于清净下水，按照分散收集、集中处理的原则，利用区域调蓄作用，深度处理后回用到各热电厂凉水塔补水系统，节约了大量原水用于电厂凉水塔系统补水，富余的清净下水用于农业灌溉，不仅减少了工业用水量，而且满足了农业生产要求，降低了区域地下水资源的开采量。

1.4 案例评析

山东信发铝电集团有限公司目前已建立起耗汽、耗电生产制造企业多达50余家，率先在同行业中成功实现了热电平衡、铝电“双赢”的最佳产业模式，被有关专家誉为中国铝行业的最佳生产模式之一，该循环经济发展模式及产业链构建具有动静耦合，产业共生，资源共享的特点。

集团当前围绕铝冶炼过程，已经初步形成了铝冶炼、热电、氯碱、精细化工四大动脉产业链和针对赤泥、粉煤灰、电石泥和废水等废物资源的静脉产业链。通过动、静脉产业链之间的物质、能量、信息流动和基础设施共享，已经形成较为紧密的产业共生网络。集团各产业链相互毗邻、共生发展，一方面降低了各企业的原材料及产品的运输成本；另一方面可充分利用各行业的互补性，建立起副产品、水、能源的梯级利用网络。此外，各企业可共享公铁路、供水、供电、污水治理等基础设施，有利于降低基建成本和环境成本。可见，随着产业体系的不断发展完善，资源的加工深度也将不断提高，产品的价值也将不断增值，而各企业的生产成本则得到了很好的控制，从而使得园区的整个产业具备了低成本、高效益、高效率的优势。

未来该集团还应在固体废弃物特别是赤泥的资源化利用方面探索更为经济可行的发展模式，破除技术壁垒后应加强降低成本的资源化利用方案的研究与实施。

第2节　循环经济园区案例

2.1　综合类生态工业园案例——日照经济技术开发区生态工业园

2.1.1　园区概况

日照经济技术开发区国家生态工业示范园区创建工作始于2003年，其生态工业园项目被列为“中欧环境合作计划（EMCP）”项目之一，2010年8月26日，获得三部委批复，成为全国第七家、山东省第二家综合类国家生态工业示范园区。2003年7月，开发区生态工业园项目被选入“中欧环境管理合作计划（EMCP）”，同步启动了国家生态工业示范园区创建工作。日照经济开发区管委会委托环境保护部环境规划院编制了《日照经济开发区国家生态工业示范园区建设规划》，并于2006年8月通过原国家环境保护总局主持的专家论证会。之后，日照经济开发区根据专家论证会通过的建设规划开展了国家生态工业示范园区的创建工作。2010年，环境保护部、商务部、科技部联合下发文件，正式批复开发区为国家生态工业示范园区，开发区成为全国第八家、山东省第三家国家生态工业示范园区。经过不断地建设和优化，日照市经济技术开发区根据自身特色，大力发展临港工业、服务业和物流业，争取实现依港兴区，港区一体化，共同发展。

2.1.2　循环经济发展模式分析

日照经济技术开发区国家生态工业示范园区从点（企业）、线（企业间）和面（社会大循环）同步推进循环经济建设，按照“产业链招商、集群化发展”的产业发展战略和“大项目—产业链—产业集群”的思路，通过纵向延伸、横向耦合，积极引导同类优势产业向园区聚集，重点培育了浆纸、机械装备、粮油食品、纺织服装、热电、生物化工六大特色生态产业体系。

（1）企业内部小循环[3]

企业内部小循环的典型例子是山东亚太森博浆纸有限公司构建的循环经济产业链，如图 7－2－1 所示。该产业链特点包括：

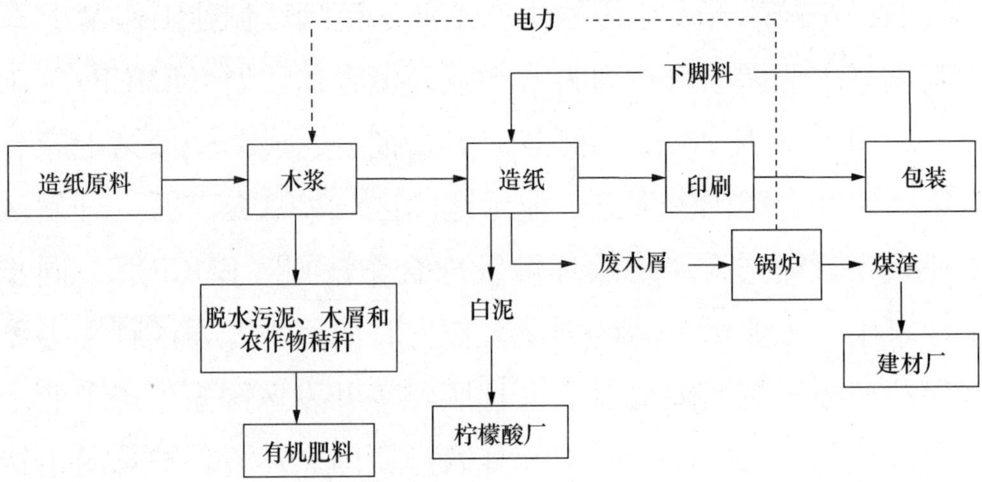

图 7－2－1　浆纸生态产业链

① 动静耦合，产业链完善

浆纸一体化，造纸的下游有印刷和包装产业，并且产生的副产品和废物均进行资源化利用。

② 节约用水效果好，水资源利用率高，实现污水资源化

加大节水技改力度生产用水采用“分质供应、分级处理、温度对口、梯级利用、小半径循环、分区域闭路”，日节省清水用量 1 500 m^3 左右；采用先进的白水回收系统进行水循环利用，使水耗指标大幅降低。公司水循环利用率达到 90% 以上，黑液回收率达到

100%，碱回收率达到99.3%。该公司还建设了污水三级脱色处理系统，采用絮凝加气浮工艺，处理后COD < 80 mg/L，色度 < 40，优于地方和行业标准。同时，对污水处理过程中产生的污泥，通过压滤、干化处理后，作为生产有机肥的原料，实现了综合利用。

（2）产业之间中循环

日照经济开发区积极发展循环经济，推进企业之间、产业之间的物质交换和梯级利用，努力打造“资源—产品—再生资源”的新型资源利用模式。通过构建产业复合体系，有效地实现了资源的多层次利用，变废为宝，并有效地减少了污染物排放。

典型的产业链如粮油食品产业链、醋酸乙酯产业链和酒加工产业链等。

粮油食品产业链：新良油脂、邦基三维油脂公司在油脂加工过程中产生的豆粕带动了周边地区饲料加工业的发展，废白土经二次提取后用作农肥，用于农业生产，形成的粮油食品产业链条如图7－2－2所示。

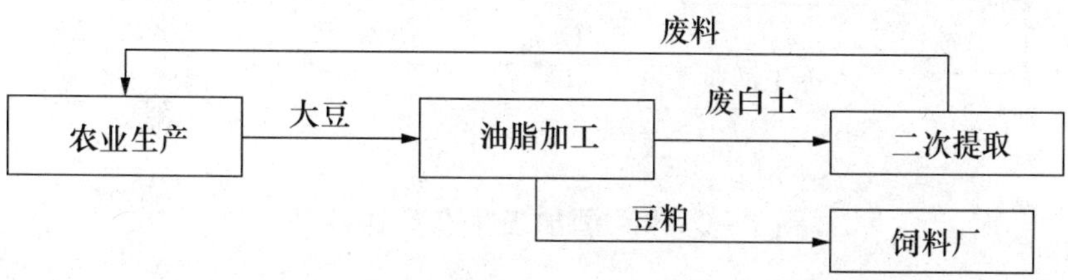

图7－2－2　粮油食品生态产业链条

醋酸乙酯产业链：凌云海糖业的废糖蜜作为酒精厂的原料生产酒精，酒精又被用于生产醋酸乙酯，酒精厂将CO_2回收用于食品加工。废糖蜜还被食品行业用做生化发酵培养基，形成的生态链条如图7－2－3所示。

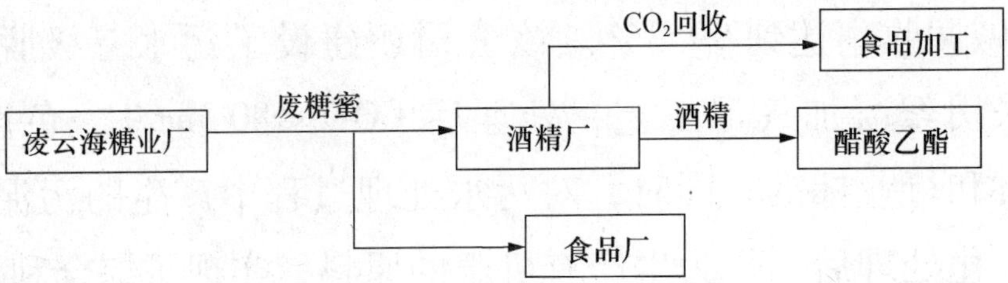

图 7-2-3 醋酸乙酯生态产业链条

酒加工产业链：以尧王酒业公司、青岛啤酒公司为骨干生产白酒、啤酒，鼎新玻璃、众兴包装等企业配套生产玻璃瓶、瓶盖、酒盒包装等，形成一条酒加工产业链。尧王酒业公司利用酒糟、酒泥生产有机肥，实现了废酒糟的100%利用，年可增加销售收入30多万元。所形成的酒加工生态产业链如图 7-2-4 所示。

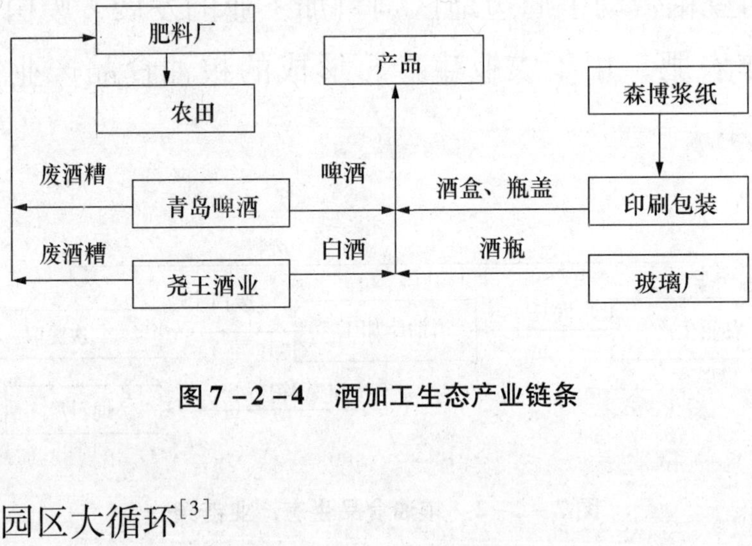

图 7-2-4 酒加工生态产业链条

（3）园区大循环[3]

以日照市第一污水处理厂的中水回用工程为核心，以生态协会、生态工业信息平台为媒介，帮助园区的60多家企业建立了废物循环利用链网，形成了资源在园区的大循环。

将中水回用于日照港喷淋及市政绿化等用水单元，形成了水资源在园区的大循环。利用日照市进行全市产业结构调整的契机，积极招引园区外的大企业、好项目入园，洁晶集团搬迁入园后，带动益康农业等企业形成了海藻废渣利用链；招引尧王酒业、青岛啤酒入园，带动形成了酒加工产业链。利用园区内外企业的产业互补性，在区内企业与区外 30 多家企业之间建立起了废物、能源的交换利用关系，形成了区域大循环，进一步提高了资源能源利用效率。

2.2　行业类生态工业园案例——祥光铜业生态工业园[4]

2.2.1　园区概况

阳谷祥光铜业有限公司（以下简称祥光铜业）是新建大型现代化有色金属冶炼企业，成立于 2005 年 1 月。祥光铜业以其先进的技术和环保优势获得了国家发展和改革委员会、财政部、环境保护部和山东发改委的有关批准和验收，被山东省政府列为重点建设项目，被列入国家发展和改革委员会第一批铜冶炼行业准入名单，被认定为高新技术企业，被环境保护部评为十大“国家环境友好工程”之一，是迄今为止整个冶金行业中唯一获此殊荣的企业。

2.2.2　循环经济建设特点分析

（1）以生态理念为指导，创新铜业发展模式

牢固树立生态理念，贯彻落实科学发展观，紧密结合实际，从发展理念、产业布局、技术进步、决策规划、管理机制等方面勇于创新，大胆探索发展循环经济的新路子。通过生态设计，引进先进工艺装备，整合国内国际人才技术资源，着力打造循环经济示范基地、环境保护示范基地和生态文明示范基地，打破了人们对铜冶炼高能耗高污染的传统认识，创新了铜业发展新模式。

（2）推进清洁生产，夯实循环经济基础

重视污染源头控制，自觉开展清洁生产，采用世界上最先进、

最环保的铜冶炼先进工艺装备，实现了节能减排，奠定坚实的循环经济基础。

（3）动静脉耦合，初步构建循环经济产业体系

摒弃“资源—产品—废弃物”的传统经营思想，引入“资源—产品—再生资源”的循环经济理念，进行生态设计，在生产各环节贯彻循环经济和科学发展观，通过技术创新和管理创新，实现了动脉与静脉的耦合，初步构建了较完善的循环经济产业体系。

（4）以人才技术为支撑，打造自主创新体系

发展循环经济关键在于技术创新，人才是创新的源泉，加大人力资源的开发力度，实施人才发展战略，制定相应的激励机制、用人机制，大胆引进人才，以技术人员的自主培养为主，造就一支敢于拼搏的高素质人才队伍。同时加大科研开发的投入，依靠自主创新，借助国内国际优势资源，实现企业与全球智力资源的结合，促进科技成果的产业化。

（5）强化企业管理，提高制度保障

向管理要效益，靠创新提速度，以生产为中心，推行标准化作业、全员预防维修的 TPM 管理模式、自主管理、工程师责任制和作业长制，从总经理到一线员工全员参与生产维护，对生产设备动态监测，确保了生产设备健康运行。在水资源管理方面，结合国家相关标准，建立了完善合理的节水机制。在能源管理方面，成立了以总裁为组长的节约能源领导小组，建立了三级能源管理体系的节能机制。紧密结合三标一体，用标准规范作业程序，用制度约束员工行为，积极促进循环经济建设。

2.2.3 循环经济发展模式分析

（1）扩大生产规模，增强循环经济产业体系稳定性

国外铜冶炼企业的发展，对中国铜冶炼工业的冲击越来越大。

一方面，控制了大部分原料市场；另一方面，随着全球一体化，国内外铜市场进一步融合，挤占中国市场份额。

扩大生产规模获得规模效益的同时也将带来物质流、能量流和信息流效率提高，有利于与体系外部的交流，将提升循环经济产业体系抗冲击能力。

为增强循环经济产业体系的稳定性，祥光铜业要树立危机意识，抓住铜业结构调整机遇，加快产能扩张，力争在产能方面进入国内前列。

（2）延伸产品产业链条，提高企业经济竞争力

目前，祥光铜业动脉产业链终端产品为阴极铜，公司将加快延伸“铜精矿—高纯阴极铜—铜材加工”为主体的铜产业链条，把发展重点转向技术含量高的铜深加工方面，扬长避短，发挥在先进冶炼方面的优势，充分运用高新技术和先进工艺，开发高端产品，提高附加值。

祥光铜业将加大力度提高资源利用水平，以提高关键资源利用为着力点，加强动静脉耦合与拓展，不断提高铜元素和铜矿中伴生的有价元素的回收及其利用水平。一方面坚持“利用两种资源和两个市场”的发展思路，优化资源供应结构，构建再生铜产业链；另一方面以加强动脉产业与静脉产业耦合为主线，加快发展废弃物资源化技术，延伸固体废渣产业链和副产硫酸的产业链。通过完善全产业链特色的循环经济体系，提高企业经济竞争力，实现可持续发展，打造百年祥光铜业的卓越品牌。

（3）加强配套设施建设，提高循环经济体系保障力

祥光铜业二期投产后，虽吨铜水耗和能耗指标显著降低，但由于规模迅速扩大，水和能源消耗总量增长，对相应的配套设施要求越来越高，公司将加强相关配套设施的建设，主要包括废水深度处

理设施、低温余热回收利用设施。

祥光铜业对双闪炉和阳极炉烟气余热、烟气制酸中温余热进行回收，产生的蒸汽供发电、生产及生活使用，实现了能源的梯级利用。目前仍有部分低温余热资源未被充分利用，公司将在扩产的同时对余热利用系统作相应的调整，针对不同的余热资源采用不同的回收方法，设置不同的利用系统，以确保在经济合理的情况下追求余热资源利用的最大化和系统的简单化。

（4）发展培育产业集群，带动区域经济发展

产业集群是区域经济发展的重要载体，是发展区域经济的重要途径。祥光铜业作为地方龙头企业，其快速发展壮大，将对地方各行各业产生明显的拉升带动作用，有助于相关产业链的完善和发展，有助于实现不同产业部门之间的资源共享，进一步形成更加完善的物质闭路循环、能量梯级利用的循环经济体系，实现经济增长方式的转变、提高经济增长的质量和效益。

祥光铜业的上、下游产业链与社会各行各业关系十分密切，尤其是下游的铜材加工、机械配件等，都深入到社会的各个部门。企业的发展带来物流、人流、价值流，带动着相关服务业的发展，包括建设适应公司发展需要的物流产业园区，确保原料、中间产品、终端产品的物流效率；建设与公司发展相适应的餐饮、商住和生态工业旅游。祥光铜业的快速发展，必然带来资源和相关产业的集聚效应，拉动本地以及周边地区相关产业的迅速发展，发展产业集群可以统筹城乡发展、加快农村工业化与城镇化进程。

2.3　静脉类生态工业园案例——青岛新天地园区[5]

2.3.1　园区概况

青岛新天地静脉产业园位于姜山镇，居山东半岛东部经济发达

的青岛、烟台、威海、潍坊四个开放城市的几何中心。公司是集危险废物、医疗废物和工业固体废物、废旧家电及电子产品、报废汽车、废旧轮胎的收集、运输、综合利用与处置的专业化公司。新天地是国家首批"城市矿产"示范基地、国家首批循环经济试点单位、商务部第二批再生资源回收体系建设试点单位、中国环保产业骨干企业、山东省环保产业十大自主创新品牌企业、山东省最具环境责任企业。2006 年园区成为我国第一个静脉产业类国家生态工业示范园区，园区规划占地面积 220 hm^2。

作为我国节能环保战略新兴产业的领军企业，不断思考和实践循环经济发展新模式，在"垃圾分类、绿色回收、城市矿产深加工、危险废物无害化处置、静脉产业园区建设"等方面开展了大量工作，积极推动建设以环境无害化为基础、资源高效循环利用的生态产业链。

2.3.2　新天地静脉产业园区循环经济规划

青岛新天地生态工业园区（静脉产业类）建设的功能定位是固体废物处理处置国际交流基地、固体废物处理处置技术研发中心、青岛市生态环境保护教育基地、高等院校实习基地、固体废物资源化与污染控制生态工业园区。青岛新天地生态工业园区（静脉产业类）建设规划总体框架图如图 7－2－5[5] 所示。

2.3.3　新天地静脉产业园区工业代谢分析

（1）水资源代谢分析

水资源代谢主要通过对园区用水现状的详细调查，在对园区需水预测科学分析的基础上对水资源进行一体化利用，一体化利用的目标是实现污水"零排放"。水资源一体化利用主要考虑减少新鲜用水量、废水产生量，开发新的可利用水资源，实施有效的废水处理等，提高水资源利用率，实现水资源的可持续利用。通过对园区废水和生活污水进行回收、再利用和再生循环等过程的废水集成，使园区新鲜水用量、需处理废水总量和污染物总量大幅度减少。通过园区雨水收集来开发水源；逐级用水，实现一水多用，中水回用和再生水的利用，提高水的重复利用率，因地制宜，强化处理，建立分散式与集中式处理系统相结合、工业与生活污水相配合的废水处理系统。对工业废水中大量的可回收物质或重金属先进行回收，对有毒有害物质先进行安全处置，再进行集中处理。对于企业不能回用或循环的污水实施集中处理，出水用于绿化和杂用。水资源一体化主要通过水资源阶梯利用、中水回用、雨水资源化、建立水资源信息平台等来实现。

（2）能源代谢分析

能源代谢通过对园区消耗的液化气、燃料油、煤炭、电力等能源消耗现状的分析，再根据入园项目和企业的能源需求进一步确定园区内能源消耗。然后通过以下措施进行能源的综合利用：减少能量消耗，在园区企业内推广新型节能技术和节能工艺，限制采用能耗大、利用率低、对环境污染严重的工艺，并积极推广再生资源的使用；能源阶梯利用，避免能源数量上的损耗。在区内根据不同行业、产品、工艺的用能质量需求，规划和设计能源阶梯利用流程，根据能源品位逐级利用，使能源在产业链中得到充分利用，提高能源利用效率；过程优化用能结构，集中供热供电，将园区内焚烧炉的余热充分利用起来，从而达到节约能源、改善环境、提高供热质量的作用，同时节约成本、提高经济效益。

（3）固体废物代谢分析

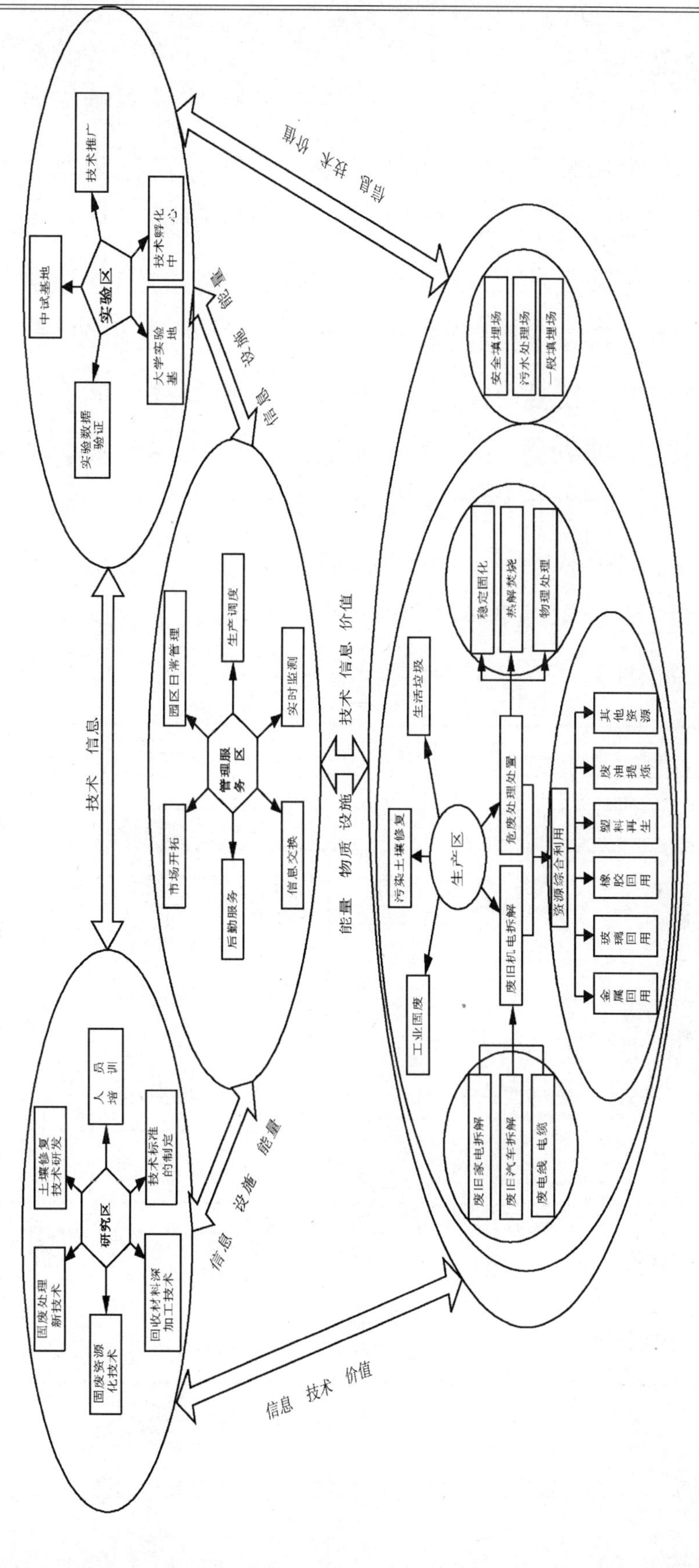

图 7－2－5　青岛新天地静脉产业园建设规划总体框架图

入园固废包括废旧汽车、废旧家电、生活垃圾、危险废物、废电线电缆电机变压器、废玻璃、橡胶和塑料等。这些固废作为园区的处理对象被收集运输至园区进行处理，一部分转化为其他生产过程的原材料，一部分无利用价值的废物被安全填埋，从而实现固废的减量化、资源化和无害化。园区建设初期接纳的固体废物以青岛及周边城市为主，随着园区规模的扩大，设施的逐步发展与完善，其接纳固体废物的范围将包括整个山东半岛并最终面向全国，建成国内最大的固废处理处置与综合利用基地。园区建成后，入园固废为主要加工对象，建有报废汽车废机电拆解、废家电拆解、废轮胎废橡胶加工、废旧塑料加工、废玻璃加工、废电缆的加工和其他固体废物加工等板块，实现各种废物的综合利用和无害化处理。各板块的代谢过程如图 7－2－6 所示。

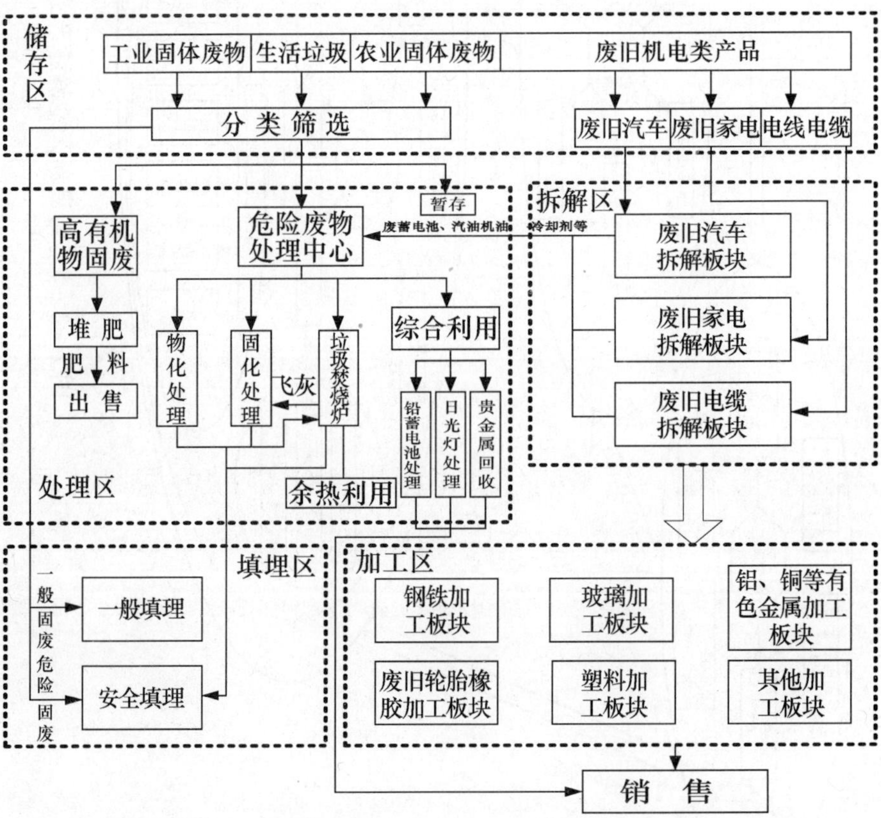

图 7－2－6　青岛新天地静脉产业园区内固体废物代谢图

2.3.4　新天地静脉产业园循环经济发展模式

多年来，以青岛新天地静脉产业园区为平台，逐步建立了以“绿色回收为基础、科技平台为支撑、循环利用为核心、环境安全为保障、产业园区为载体、三级循环为目标”的多层次、多方位的循环经济发展新模式。2011 年，园区被列为国家 10 个园区循环经济典型模式案例之一，并已在全省推广。

（1）以绿色回收为基础，建成网络化回收体系

解决“城市矿产”数量是资源循环利用产业规模发展的重要条件，而建设“城市矿产”绿色回收体系是解决原料的重要途径之一。

经山东省政府批准，新天地建立了覆盖全省的固体废物信息交换中心，包括一个信息控制中心（青岛）；17 个（地级城市）分信息交换中心；覆盖全省的 436 个（县、区、市）直营或授权加盟回收站，并采用 GIS/GPS 和远程视频技术实现回收、储存、运输、利用、处置全过程动态监控。

新天地承建了青岛、菏泽、太原、长春、漯河等国家试点城市的再生资源回收体系项目，围绕“绿色社区、绿色工厂、绿色学校、绿色政府”，以科学设置、升级整合回收站点、对接企业提供一站式服务、创建“海贝卡”、开通回收热线电话和网络回收平台等多元化回收方式，建立并不断完善再生资源绿色回收体系。在此基础上，新天地承担了全省公共机构废旧商品回收体系建设，力争到 2015 年，实现各主要品种废旧商品回收利用率达到 90% 以上。

（2）配套高标准环保集中处置设施，提高生态化能力

无害化是“城市矿产”开发的重要前提，也是企业社会责任的直接体现。近年来，新天地已建设完成了青岛危险废物处置中心、青岛市医疗废物处置中心，其中焚烧系统技术工艺达到国内一流水

平，各类污染物排放达到欧盟2000/76/EC排放标准。每年避免了6万t有害废物造成的巨大环境安全隐患，保障了人民群众的身体健康，为山东半岛蓝色经济区国家战略和青岛蓝色硅谷战略的实施提供了重要的“绿色支点”。在此基础上，新天地承担的陕西省危险废物处置中心已投入运营，山东工业固体废物处置中心的建设也在积极推进中。

为解决土地污染修复问题，避免污染对环境造成持续危害，新天地与韩国SK集团合资成立了环境修复公司，并自主研发完成了铬污染土壤修复关键技术，开展了国内多个省的污染土壤修复项目。此外，园区已通过ISO 14001环境管理体系认证和清洁生产审核，并积极推进ISO 9001质量管理体系和OHSAS 18000职业卫生和健康管理体系的认证工作。

（3）以创新支撑进步，壮大内生式发展动力

新天地与中国环境科学研究院、清华大学、中国海洋大学等科研院所建立了“产学研”合作机制，在中国环境科学研究院设立了刘鸿亮院士奖学金，开展人才联合培养机制，共同创建“城市矿产”开发工程技术中心、中国环境科学研究院博士后工作站青岛新天地实验研究基地等技术创新平台。承担了中韩、中日、中瑞、中德等国际合作研发课题；承担了科技部“863计划”、国家科技支撑计划等科研课题；参与了十余项国家标准的编制；开展环保和资源循环利用的新装备研发制造，已获得污染物防治与安全处置、废家电及废汽车资源回收与循环利用等关键核心技术专利，促进了产业技术升级，已在全国推广。

（4）以国家“城市矿产”示范基地为契机，延伸产业链

新天地在建设废旧电器电子产品资源化利用（国家发展和改革委员会首批两个试点之一和国家第一批循环经济试点）、氟利昂再

生利用、废旧钢桶翻新、国家秘密载体销毁中心等项目的基础上，积极推进国家“城市矿产”示范基地的建设，包括建设报废汽车拆解项目、废轮胎资源化利用项目、贵金属提取项目、废塑料再生利用项目、废矿物油处理项目、国际再生资源监管区、“城市矿产”工程技术产业孵化基地研发中心等 7 个项目。形成项目规模：加工处理废塑料 50 万 t、废旧机电产品 20 万 t，资源再利用废塑料 10 万 t、报废汽车 2.5 万辆、废旧轮胎 1 万 t、废矿物油 10 万 t、金属富集体 5 000 t “城市矿产”，在实现节能减排的同时，可为蓝色经济的快速发展提供大量宝贵的再生原料。

（5）以上下游紧密衔接为关键，实现三级循环

新天地不断延伸“城市矿产”产业链，并探索与上下游产业的相互衔接，积极创建了企业和园区层面、区域产业层面和国际层面的三级“城市矿产”资源再循环模式。

环境服务微循环：新天地与 9 000 多家企业建立了长期合作关系，为企业、园区和社区提供了“城市矿产”废物处理处置一体化解决方案，创造了“一对一”的物质流动层面的微循环。

区域城市产业衔接循环：青岛新天地静脉产业园作为载体，与青岛石化、汽车、家电、电子、造船、港口六大动脉产业集群建立优势互补的集“城市矿产”回收—无害化处理—资源再生—加工制造—产品销售、服务于一体的具有蓝色经济区特色的动脉、静脉有机结合的“6 + 1”生态工业发展模式，创造了上下游有效链接的产业体系层面的区域大循环。

国际资源整合模式：新天地积极推进再生资源国际监管区的建设，开展“城市矿产”资源的规模进口加工，创造再生资源的国际大循环。

2.3.5　循环经济环境效益和示范作用

多年来，新天地模式已逐步发挥出显著的环境效益。2011 年，

园区减排二氧化碳68万t，减少废物排放近200万t，减少废水排放330万t，减少二氧化硫排放1.2万t。园区资源利用率均大于91%，工业用水重复利用率达100%，危险废物安全处置率100%，多年来共处置了危险废物、医疗废物和一般工业固废超过16万t。排放达标率达到100%。多年来共处置了危险废物、医疗废物和一般工业固废8万t。

2011年，“新天地模式”已被列为全国10个园区循环经济典型模式案例之一，已在全国十余省推广中不断完善。为提升完善城市基础功能、促进节能环保产业升级进步、推进循环型社会创建，以及为全社会公众节能环保意识和素质的提高作出了积极贡献。

第3节　社会层次循环经济案例——山东省循环经济建设

在建设循环经济型企业和园区的基础上，按照“减量化、资源化、无害化”的原则，构建大于园区尺度的循环经济体系，最终实现区域范围内物质和能量的循环。社会层次循环经济建设包括城市、省域和国家三个范畴。本节以山东省循环经济建设为案例，分析省域建设循环经济的模式、机制及主要措施。

3.1　山东省循环经济建设概况[6]

2005年10月，山东省被国家发展和改革委员会等六部委确定为国家循环经济试点省，济南钢铁集团有限公司等8家企业和青岛市、烟台经济技术开发区被列为国家循环经济试点单位。山东省在市、园区、企业3个层面实施了循环经济“123”工程，在全省重点培育 10 个循环型城市、20 个循环型园区、300 家循环型企业，生态工业和循环经济建设成绩显著，对循环经济理论、目标体系、实施途径、试点示范等方面不断进行探索和实践，在资源开采、加工和消耗类企业中，涌现出一批循环经济型企业，重点行业循环经济发展模式初步形成。在重点园区和部分中心城市，初步建立起比较完善的循环经济产业体系。农业节水、节药、节肥、节能、节地和废物综合利用工作取得新的突破，公众的资源节约意识和循环经济理念进一步增强。

山东省试点工作主要分为 2006 年至 2008 年、2009 年至 2010 年两个阶段。山东省各级各部门和广大企业按照“减量化、资源化、无害化”原则，在生产、流通和消费过程中积极探索循环经济的有效发展模式，着力提高资源产出率，有力推动了循环经济发展。“十一五”山东省循环经济主要指标完成情况如表 7－3－1 所示。

表 7－3－1　“十一五”山东省循环经济主要指标完成情况

序号	指标	单位	2010 年目标	2010 年实际完成
1	万元 GDP 综合能耗	t 标煤	1.03	1.02
2	万元 GDP 取水量	m^3	79	65.50
3	规模以上工业用水重复利用率	%	75	89.54
4	农业灌溉水有效利用系数	—	0.6	0.61
5	每公顷建设用地产出 GDP	万元	130	140
6	主要工业固体废物综合利用率	%	95	95.1
7	主要再生资源回收利用率	%	65	65.2
8	农业秸秆综合利用率	%	75	75.1
9	城市再生水利用率	%	10	10.6
10	生活垃圾无害化处理率	%	65	80
11	适宜农村沼气用户普及率	%	23	23.6

3.2 山东省循环经济建设主要措施

(1) 加强政策引导，完善推进机制

注重政策法规体系建设。认真贯彻落实《中华人民共和国循环经济促进法》、《中华人民共和国清洁生产促进法》等法律法规，颁布实施了《山东省清洁生产促进条例》、《山东省节约能源条例》、《山东省再生资源回收利用管理办法》等法规，出台了《关于发展循环经济建设资源节约型社会的意见》、《关于贯彻国办发［2010］36号文件精神加强餐厨废弃物管理工作的意见》、《关于进一步做好建筑垃圾综合利用工作的意见》等规范性文件，保障了循环经济的快速发展。

强化组织协调。明确了省经济和信息化委员会为循环经济主管部门。2006年4月成立了山东省政府节约能源办公室，负责组织协调全省循环经济发展工作。全省各市和大部分县（市、区）也都成立了节约能源办公室，有专人负责推进循环经济工作，建立了联席会议制度，形成了全省上下协同、横向联动、紧密衔接的组织推动体系。

(2) 开展试点示范，引领全面发展

做实企业小循环。通过采用生态设计、清洁能源、清洁原料和清洁工艺技术，引进、研发关键链接技术，推广清洁产品等措施，减少了资源能源消耗，形成了企业内部小循环。在钢铁、电力、化工、煤炭、造纸、有色、建材、轻工等领域，涌现出了济南钢铁、山东泉林纸业等一批发展循环经济的先进典型企业。

推动园区中循环。充分发挥园区内产业集聚效应，围绕资源的循环利用和高效产出，建立了各具特色的循环经济产业链，推动了园区内企业间废物交换利用、能量梯级利用、水资源循环利用以及基础设施的集成共享，成功培育了以烟台经济技术开发区、潍坊滨海经济技术开发区等为代表的循环经济型园区。

构建城市大循环。合理规划区域内的物质流、能量流和信息流，整合各种要素，建立了产业耦合、系统复合、区域整合的共生体系，完善了废旧物资的回收网络及再生利用体系，构建了循环经济区域大循环，青岛、淄博等循环经济型城市建设初见成效。

（3）坚持多措并举，提升实施效果

突出抓好再制造产业。到2010年，全省规模以上再制造企业已达23家，复强动力、潍柴动力、泰山建能、富美科技、胜机石油5家企业列为国家再制造试点企业，其中济南复强动力有限公司作为国内最早开展汽车零部件再制造的企业，经过多年发展已形成了比较完善的生产、技术、营销和管理体系，再制造达到国际先进水平。

大力发展资源综合利用产业。引导企业对生产过程中产生的废渣、废水、废气、余压、余热等进行回收利用，推动不同行业、不同企业间产业链的延伸和耦合，实现废物的综合利用。充分发挥建材、冶金、电力等行业对废物的消纳作用，实现废物的最大资源化利用。“十一五”期间，全省资源综合利用企业730家，利用工业固体废物2.5亿t，利用废气358亿m^3，回用废水4 836万t，实现综合利用产品销售收入1 490亿元。

完善再生资源回收利用体系。在济南、淄博、烟台、临沂、兖州5市开展再生资源回收利用试点工作，建立以社区回收为基础的新型回收网络，开办各类再生资源交易市场，打造再生资源产生—回收—利用产业链，在全省形成了一批专门从事再生资源回收利用的企业和园区。

（4）破解技术瓶颈，强化科技推动

积极打造循环经济技术创新平台。财政投入专项扶持资金，重点支持以循环经济为主要研发内容的企业技术中心建设。发挥洁净煤、重型汽车、橡胶、生物制造等行业技术中心及高等院校、研究院所的作用，加强行业共性循环经济技术研究，集中突破了一批节能、节水、节地、节材、节矿和循环生产的共性与关键技术。

组织实施关键技术的产业化和示范推广。通过现场会、技术装备展览会、节能技术设备展洽会等多种形式，推广循环经济重大技术成果1100项，实施了1500多项循环经济重点项目。总结完善了山东泉林纸业20万t秸秆清洁制浆及废液资源化工程等“十大循环经济示范工程”，推出了莱芜钢铁集团等“十大循环经济发展模式”。

3.3 山东省“十二五”循环经济建设模式及发展重点

按照源头减量、过程循环、纵向延伸、横向耦合、系统复合的循环经济发展思路，结合山东半岛蓝色经济区、黄河三角洲高效生态经济区等重点区域建设，突出“工业、农业、服务业、园区、社会”五大重点领域，优化资源配置和经济发展方式，加强上下游企业间的链接，推进产业间的协作和区域内的系统整合，积极探索循环经济标准化模式，建设循环经济链网体系，重点培育500家循环经济示范单位、20种循环经济发展模式。

(1) 精心打造12个重点工业循环经济发展模式，促进工业高端高质高效发展

围绕钢铁、有色、煤炭、电力、石油加工、化工、建材、造纸、纺织、装备制造业、新能源、新医药等12个重点行业，大力推进循环经济示范技术、示范项目、示范企业和示范模式建设，建立循环经济工业体系，重点培育400家循环经济示范企业、12种循环经济示范模式，推动山东省工业经济向低投入、低排放、低消耗和

高效益转型。

（2）积极培育 6 种农业循环经济发展模式，提高农业可持续发展能力

围绕种植业、林业、畜牧业、渔业的发展，以农业产业链延伸和废物综合利用为抓手，重点培育 20 家循环经济示范单位、6 种农业循环经济模式，包括："上农下渔"模式、"农林牧渔复合型"模式、沼气池、畜（禽）舍、厕所、日光温室"四位一体"模式、"秸秆综合利用型"、"畜—沼—菜（渔）"模式、"城郊型"农业模式，促进农业向无公害、绿色、有机、生态方向发展。

（3）创新两大特色服务业循环经济发展模式，优化全省循环经济产业体系

依托丰富的旅游资源，建立工业、农业、滨海、文化四个特色生态旅游循环经济产业链。加大循环经济型物流园区建设，形成以旅游业、物流业、商贸流通业、会展业以及科技服务业为主导，餐饮服务业、房地产业等为基础，第三产业与第一、二产业相互渗透、相互关联、相互促进的循环经济型产业体系，培育 10 家循环经济示范单位、2 种循环经济发展模式。

旅游业循环经济发展模式：一是通过倡导旅游消费过程的减量化和资源化，积极开展"绿色饭店"创建活动，在酒店等消费服务场所取消免费一次性用品的提供，鼓励使用可循环、能再生、易降解产品。改进酒店、旅游区能源供应结构，根据实际情况，积极发展太阳能、地热能、风能等清洁能源利用技术，推广清污分流、中水回用技术，有效削减旅游业的能源、资源消耗和污染排放。二是通过培育四大特色旅游产业链，包括旅游业—工业产业链、农业—旅游业—会展业产业链、滨海生态旅游特色产业链、文化旅游—加工业产业链。以生态旅游业为核心，加快开发旅游产品及特色农产

品，带动特色农业、工业、餐饮娱乐服务业、农产品及花卉会展业的协同发展，促进生态文化建设和基础设施建设，培育各具特色的旅游业循环经济发展模式。

物流业循环经济发展模式：采用先进的物流管理和装备技术，降低供应链一体化运作过程中的资源能源消耗和污染排放。强化绿色生产管理，实施工艺流程再造，减少废料和污染物的排放，积极采用绿色、生态型物流包装。支持物流企业淘汰落后装备，大力推广无线射频识别（RFID）、电子数据交换（EDI）以及物联网等新技术的应用，用标准化和信息化综合集成包装、装卸、运输、仓储、配送等物流环节，提高物流效率，建立节能环保型绿色物流服务体系。

（4）着力培育一批循环经济示范园区，全面提升全省循环经济聚集度

充分发挥区域资源优势和产业辐射带动作用，优化园区产业布局，鼓励基础设施和信息集成共享，实现企业间废物及副产品交换利用、能量和水资源的优化配置和梯级利用，着力培育 8 个综合类、7 个行业类、5 个静脉产业类，共 20 个循环经济示范园区。

依托日照经济技术开发区、烟台经济技术开发区、临沂经济技术开发区、青岛高新区市北新产业园、济南高新技术产业开发区、淄博高新技术产业开发区、山东东阿工业园区、东营经济开发区等，建设 8 个各具特色的综合类循环经济示范园区。依托山东潍坊滨海经济技术开发区、山东鲁北生态工业园、青岛畜牧科技示范园、阳谷祥光铜业科技园、青岛家电产业基地、德州新能源产业基地、郓城煤化工工业园等，建设 7 个各具特色的行业类循环经济示范园区。依托青岛新天地静脉产业园、烟台资源再生加工区、临沂金升有色金属产业基地、滨州阳信龙福化纤产业园、德州粉煤灰综

合利用工业园建设 5 个各具特色的静脉产业类循环经济示范园区。

（5）同步推进循环型社会建设，改善人民生活质量

强化公众参与意识，提高全社会的资源环境意识。加强基础设施建设，形成与循环经济发展相适应的公共服务能力。大力发展绿色建筑，全方位推进循环经济，切实把循环经济理念、原则纳入社会经济发展等重大决策中，使社会区域内的物质代谢、能量流动和信息传递形成一个环环相扣的网络。积极开展循环经济型示范单位建设，以点带面，促进全社会生产与消费方式的转变，全省建成 50 个循环经济示范单位（学校、社区、农村社区、城市）。

参考文献

[1]《信发集团循环经济建设规划》

[2]《茌平经济开发区信发生态工业园建设技术报告》

[3]《日照经济开发区创建国家生态工业示范园区回顾性评价报告》

[4]《祥光生态工业园建设规划》

[5]《青岛新天地静脉产业园建设规划》

[6]《山东省循环经济发展“十二五”规划》

思考题

1. 企业发展循环经济的主要途径是什么？
2. 园区循环经济有哪些类型？各自的相同和不同之处有哪些？
3. 循环经济园区建设应从哪些方面入手？
4. 静脉产业园区的主要特点是什么？对发展循环经济有何作用？
5. 社会层次的循环经济建设的主要措施是什么？